RAÍCES CUBANAS

COLECCION CUBA Y SUS JUECES

Del Mismo autor

Historia de la Química Industrial
Total Quality and Productivity Management
Performance Management
Strategic Planning
Management Development
Process Improvement Teams
Quality Strategies
Gestión de Futuro
Contramaestre
Baraguá
Poetas y Memorias de Cuba
Jimaguayú
Guáimaro
Colonial Cuba
Republican Cuba
Exiled Cuba
Three Days in March
Raíces cubanas

EDICIONES UNIVERSAL, Miami, Florida, 2015

RAUL EDUARDO CHAO

RAÍCES CUBANAS

Eventos, aciertos y desaciertos históricos que por 450 años forjaron el caracter de lo que llegó a ser la República de Cuba

Copyright © 2015 by Raúl Eduardo Chao

———

Primera edición, 2015

EDICIONES UNIVERSAL
P.O. Box 450353 (Shenandoah Station)
Miami, FL 33245-0353. USA
Tel: (305) 642-3234 Fax: (305) 642-7978
e-mail: ediciones@ediciones.com
http://www.ediciones.com

Library of Congress Catalog Card No.: 2015955540
ISBN-10: 1-59388-273-4
ISBN-13: 978-1-59388-273-0

Book Covers:

LOS RESTOS DEL INGENIO LA DEMAJAGUA
Pirograbado de Jack Smith, 2015

UNA VISTA DEL VALLE DE LOS INGENIOS

Todos los derechos
son reservados. Ninguna parte de
este libro puede ser reproducida o transmitida
en ninguna forma o por ningún medio electrónico o mecánico,
incluyendo fotocopiadoras, grabadoras o sistemas computarizados,
sin el permiso por escrito del autor, excepto en el caso
de breves citas incorporadas en artículos críticos o en
revistas. Para obtener información diríjase a
Ediciones Universal.

Dedicado a
dos generaciones de
cubanos nacidos y criados
bajo la sombra de la mas férrea
dictadura que ha sufrido la patria,
y que supieron sobreponerse a la
opresión y escoger una tierra de
libertad, justicia y democracia.
Muy en especial a
Ivis y Pablo,
Yania y Pablo,
Niurca y Eduardo,
Tamara y Eduardo.

Muerte de José Martí, 19 de mayo de 1895
Pirograbado de Jack Smith, 2015

Índice

Introducción	10
La Isla en la Pre-Historia	11
El Encuentro con la Civilización Europea	17
Cuba se Convirtió en una Colonia Importante	37
Los cubanos comienzan a Sentirse Independientes	79
Cuba en Armas en Busca de su Independencia	139
Una Nueva y Tercera Guerra de Independencia	185
Una Inesperada Intervención Pone Fin a la Guerra	212
Por Fin Nació la Anhelada República de Cuba	240
Ante una Férrea Dictadura Tomó Forma la Revolución de 1933	304
Un Último Asalto a la Vida Constitucional puso Fin a la República de Cuba	348
Epílogo	377
Apéndices	378
Índice de Temas	397

Introducción

En enero de 1492 la reina Isabel I de Castilla puso fin a siete siglos de vida musulmana en la península ibérica (711-1492 AD) cuando sus ejércitos cristianos recuperaron la Alhambra de Granada, el último bastión del Emirato musulmán. Con ello dio fin a la doctrina continental de que Europa terminaba en los Pirineos. Al verse libre, España se convirtió en el reino más pobre del continente europeo, pero a pesar de ello financió la gran aventura de Cristóbal Colón que transformó a España en el país más rico del mundo occidental. En octubre de ese año, Cuba comenzó a formar parte del mundo español.

Durante 400 años de presencia española en Cuba la isla fue explorada, semi-abandonada por falta de metales preciosos, redescubierta por su posición estratégica en el nuevo continente, defendida ante las ambiciones de otros países europeos, colonizada, desarrollada económicamente, explotada por su valioso tesoro agrícola de azúcar, tabaco y café, incumplidamente prometida a ser considerada como una provincia española, convertida en territorio de adiestramiento para futuros gobernantes peninsulares, sometida al más recio absolutismo de la metrópoli, combatida para aplastar su deseos de independencia y finalmente menospreciada y su futuro obsequiado a otra potencia mundial.

Durante esos 400 años los criollos de la isla pasaron por sucesivas etapas en las cuales se identificaron con España, contribuyeron al enriquecimiento de la cultura y el poderío español, pidieron y se le negaron mínimas reformas políticas, soñaron en balde con una posible autonomía, buscaron infructuosamente una anexión a una metrópoli cercana, se batieron honrosamente por su independencia y por último, ya libres, resistieron desagravios o resarcimientos y dieron la bienvenida a quienes generosamente les habían proporcionado sus raíces culturales.

Este libro es un recuento de los 400 años en que se forjó el carácter de la nación cubana y los 50 años siguientes en que los cubanos trataron infructuosamente de establecer una república democrática, honesta y soberana siguiendo el ineludible dictum de José Martí, *con todos y para el bien de todos*.

La isla en la pre-historia

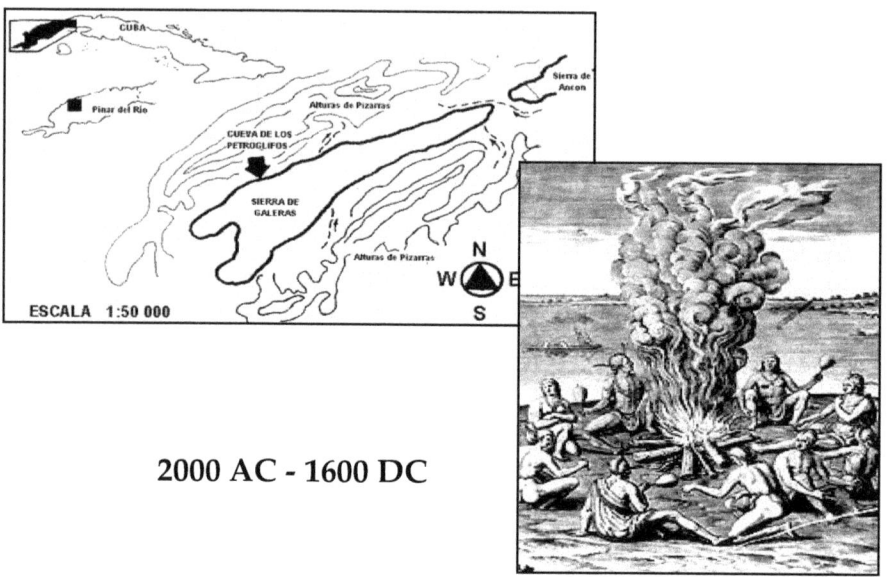

2000 AC - 1600 DC

Los Guanahatabeyes de la isla de Cuba

Los *Guanahatabeyes* fueron los primeros indígenas de Cuba, años antes de los días del contacto europeo. Eran arcaicos, cazadores y recolectores, con un lenguaje distinto a la cultura de sus vecinos, los *Taínos*; fueron probablemente la reliquia de una cultura anterior que se extendió ampliamente por el Caribe antes del ascenso de los *Taínos*. Vivían al aire libre y en cuevas; no fabricaron casas, practicaban la agricultura y subsistían de mariscos, probablemente complementando su dieta con pescado y caza. No produjeron alfarería cerámica alguna y sus herramientas eran simplemente piedras, conchas y huesos. Su lengua, distinta de la *Taína*, se perdió a excepción de unos cuantos nombres de lugares. Otras culturas similares existieron en el sur de la Florida más o menos al mismo tiempo, aunque esto puede ser simplemente una adaptación independiente a un entorno similar.

Colón visitó los *Guanahatabeyes* en abril de 1494, durante su segundo viaje. Sus intérpretes *Taínos* no pudieron comunicarse con ellos. Desaparecieron antes que se pudiera registrar mayor información sobre ellos. Algunos estudiosos han confundido los *Guanahatabeyes* con los *Siboneyes*. Muchos sitios *Guanahatabeyes* han sido encontrados en el oeste de Cuba.

GRABADOS: CUEVAS DONDE SE HAN ENCONTRADO RESTOS DE *GUANAHATABEYES* EN EL OESTE DE CUBA; UNA CEREMONIA RELIGIOSA.

1500 AC - 1700 DC

La vida diaria de los *taínos* (1)

La cultura *taína* era procedente del grupo sudamericano *Arawak*, que avanzó de isla en isla a través de las Indias Occidentales. En Cuba, se especula que las tribus *Taínas* se vieron obligadas a emigrar hacia el oeste, doscientos años antes de la llegada de los españoles, por los ataques de una tribu sanguinaria conocida como los *Caribes*. Estos asaltaban un pueblo, mataban a todos los hombres y consumían su carne. Las mujeres eran hechas esclavas.

En Cuba, los *Taínos* encontraron un paraíso muy adecuado para su estilo de vida tranquilo. Los *Siboneyes*, otro grupo *Arawak* que estaba allí antes que ellos, con el tiempo se convirtieron en siervos de los taínos, que fueron más evolucionados y tecnológicamente mucho más avanzados.

Las sociedades *taínas* típicas eran pescadoras y cazadoras, e introdujeron la agricultura en la isla. Sus alimentos básicos incluían maíz, frijoles, calabaza, maní, yuca, y tabaco; crearon una variedad de herramientas y artefactos puliendo piedras y tallas de madera, elaborando una gran variedad de piezas utilitarias y pequeñas figuras de animales y formas humanas, hombres y mujeres, que representaban espíritus sagrados por sus comunidades.

GRABADOS: POBLADOS Y BARBACOAS DE LOS *TAÍNOS*.

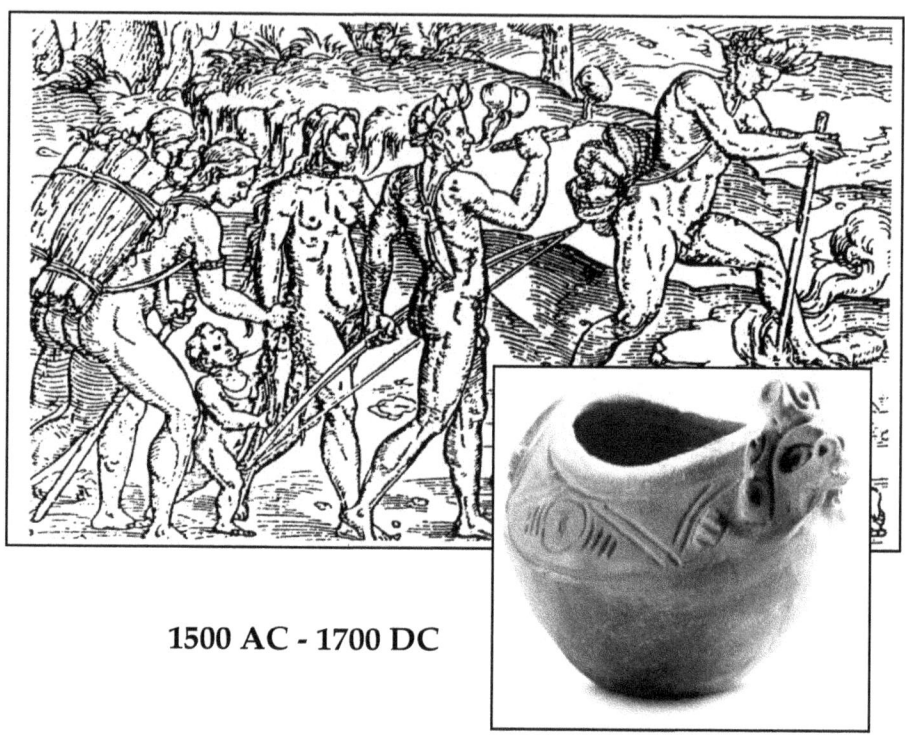

1500 AC - 1700 DC

La vida diaria de los *Taínos* (2)

Los *Taínos* hicieron casas (bohíos), de caña y bambú; sus aldeas eran gobernadas por *caciques* o *behiques*, con funciones de sacerdotes, médicos y jefes. Cultivaron algodón, usándolo para tejer redes de pesca y hamacas para dormir. El tabaco fue utilizado con fines religiosos, medicinales y ceremoniales.

Los hombres *taínos* no usaban ropa, pero las mujeres llevaban delantales de algodón que les cubrían delante desde la cintura hasta las rodillas; ambos sexos parecen haber disfrutado el mismo estatus en la sociedad. Ambos pintaban sus cuerpos en colores brillantes, con joyas hechas de piedras brillantes, plumas y conchas.

Los escritores contemporáneos notaron que «*Los indios que Colón y sus hombres se encontraron en Cuba fueron un pueblo sencillo y feliz que vivía en un mundo pacífico y apacible. No tenían enemigos, humanos o animales, y por lo tanto no estaban acostumbrados a combatir. Su incapacidad para resistir a los invasores españoles fue patética.*»

GRABADOS: COMUNIDAD *TAÍNA* SEGÚN UN CARTÓGRAFO DE COLÓN;
UN OBJETO DE CERÁMICA DE LOS *TAÍNOS*.

1500 AC - 1700 DC

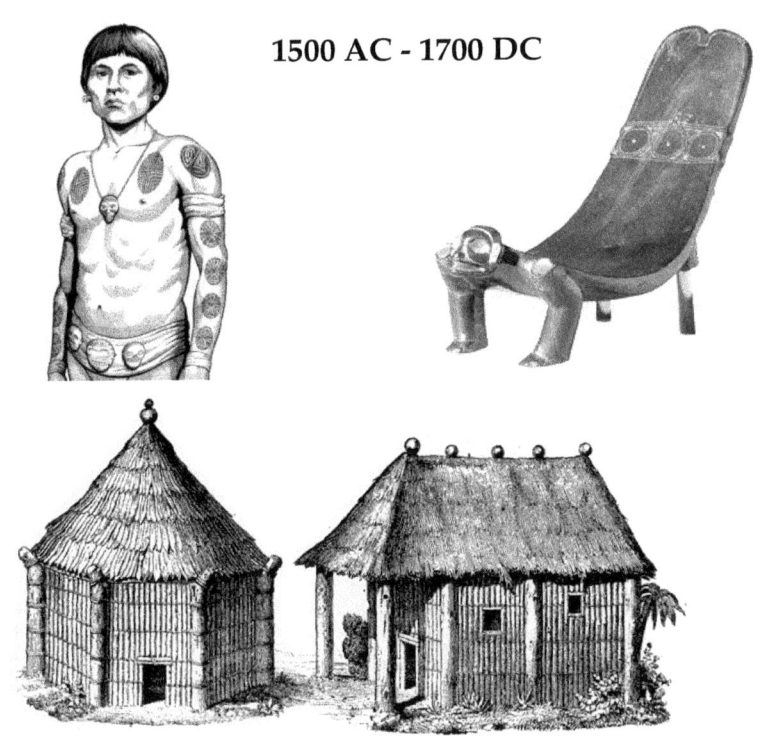

La vida diaria de los *taínos* (3)

IMAGENES : *CACIQUE TAÍNO*; *DUJO*, LA SILLA CEREMONIAL HECHA CON MADERA DE GUAYACÁN; DOS CASAS, A LA IZQUIERDA PARA UNA FAMILIA, A LA DERECHA LA DE UN CACIQUE; UN CAMPO CEREMONIAL DE JUEGOS.

1500 AC - 1700 DC

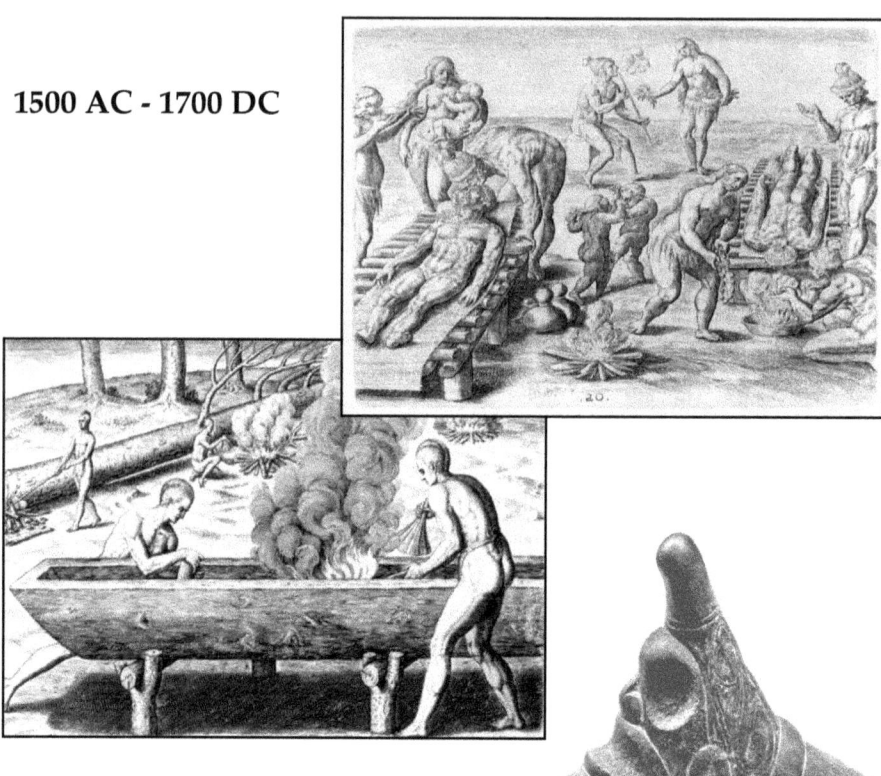

Cosmología y medicina *taína*

La cultura *taína* impresionó tanto al español que la observó como a los sociólogos modernos. Había una jerarquía de dioses que habitaban el cielo; *Yocahu* fue el creador supremo; *Jurakán*, estaba perpetuamente enojado y gobernó el poder del huracán. Los *Cemíes*, dioses de ambos sexos, eran iconos en forma de figuras humanas y animales, y collares hechos de madera, piedra, huesos y restos humanos. Los *taínos* creían que el estar en la buena voluntad de sus *Cemíes* los protegía de la enfermedad, los huracanes o desastres en la guerra. A cargo de la medicina estaban los *Behiques*, que poseían poderes sobrenaturales. Eran médicos-hechiceros, teólogos, adivinos y profetas, los únicos encargados y autorizados para curar; no sabían anatomía o fisiología pero sus habilidades eran fabulosamente intuitivas.

GRABADOS: DOS ESCENAS DE TRATAMIENTOS MÉDICOS; UN DIOS *CEMÍ*.

El encuentro con la civilización europea

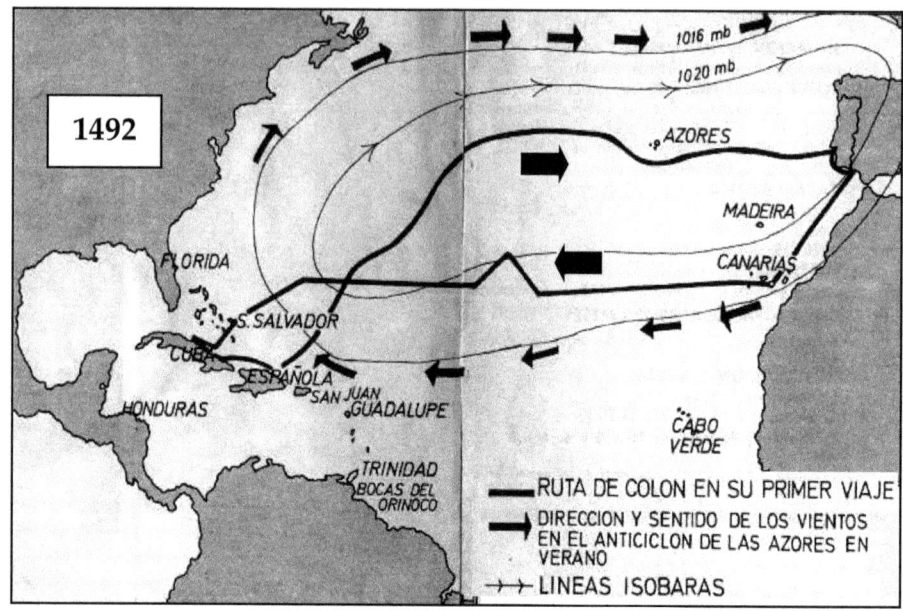

El primer viaje de Colón al Caribe

En la década de 1480, mientras los navegantes portugueses exploraban las costas occidentales del África, el marino genovés Cristóbal Colón proyectó abrir una nueva ruta hacia el lejano oriente navegando directamente hacia el oeste. A comienzos de 1484 presentó su gran proyecto al rey Juan II de Portugal pidiéndole que financiara su anhelada expedición rumbo al oeste. El monarca rechazó el proyecto. Colón se marchó de Portugal y enrumbó a Castilla donde después de siete años de sufrimientos la reina Isabel la Católica lo respaldaría para que hiciera realidad su soñado viaje.

En su primer viaje zarpó del puerto de Palos (España) el 3 de agosto de 1492 y llegó a tres islas del Caribe: *Guanahaní* (San Salvador), *Cuba* (Juana) y *Santo Domingo* (La Española). En La Española encalló su mejor barco, la *Santa María*, y con su madera se construyó un fortín llamado *La Navidad*. Colón regresó a España en la carabela *La Niña*. Una fuerte tormenta lo obligó a desviarse a Lisboa el 4 de marzo, pero el 15 de marzo ancló sus naves en Barcelona, el puerto catalán que hoy en día cuenta con una columna monumental en su honor.

MAPA: COLÓN INTELIGENTEMENTE UTILIZÓ LOS VIENTOS PROPICIOS TANTO PARA IR AL NUEVO MUNDO COMO PARA VOLVER A ESPAÑA.

El encuentro de Colón con la isla de Cuba

El día 27 de octubre de 1492 Colón llegó a Cuba, a la que llamó *Juana* en honor del príncipe Juan, primogénito de los Reyes Católicos. En 1515, Fernando el Católico rebautizó la isla como *Fernandina*; en definitiva se impuso en nombre de *Cuba*, que era como la conocían sus pobladores primitivos.

El 27 de octubre 1492 Colón llegó de noche a la costa norte de lo que hoy es la provincia de Camagüey y, siendo tan tarde, decidió fondear sus naves. Por la mañana ordenó no desembarcar en esa zona, y después de esperar un tiempo, tomó rumbo oeste llegando en pocas horas a un «*río caudaloso*» que describió en su bitácora como el «*Río de los Mares.*» En ese lugar, probablemente la zona de Nuevitas, fue que Colón pisó tierra cubana.

Terminada la ceremonia donde tomó posesión de la tierra en nombre del rey Fernando, y le puso a Cuba el nombre de Juana, navegó en bote río arriba, donde después escribió «*Esta es la tierra más hermosa que ojos humanos hayan visto.*» Impaciente por encontrar oro, izó velas el 12 de diciembre, y pasando por Maisí, descubrió *La Española* (hoy República Dominicana y Haití).

GRABADOS: DESEMBARCO Y ENCUENTRO DE COLÓN CON LOS *TAÍNOS*.

1503 - 1730

Las Encomiendas

Ya en el siglo XVI, Cuba no era un paradigma de orden y moralidad. Los españoles que llegaban a la isla creían que iban a conquistar un señorío y hacerse ricos. La Corona no había concedido tal cosa sino *Encomiendas* y *Mercedes* que podían ser revocadas en cualquier momento. La mentalidad fue entonces explotar inmisericordemente los nativos para sacarles el máximo de provecho en el mínimo tiempo.

La Real Cédula de 1512, por ejemplo, a la vez que le recomendaba a Velázquez tratar bien a los indios, exigía que «*desa ysla se saque todo el provecho que se pudiere sacar.*»

El resultado fue que, como en el resto de las Antillas, Cuba vio desaparecer sus pueblos nativos. La prensa española se hizo eco de las quejas de sus primeros colonos: «*las inmoralidades, abusos y favoritismos originados por el elástico sistema de encomiendas, convirtió la vida en la naciente colonia en un torbellino de envidias. En el fondo de muchos pechos se ha asentado una gran decepción. Para criar ganado bueno bastaban los pastos de Extremadura. No es eso lo que se espera de estas Indias tan lejanas.*»

En justicia, los *encomenderos* no solo fueron agresivos con los indios nativos. Ya en el año 1512 ocurrió la primera sublevación de españoles en Cuba: se insubordinó, entre muchos, Hernán Cortés, por no mencionar al propio *Cacique Hatuey*.

GRABADOS: NOMBRAMIENTO A ENCOMENDEROS Y SUS LABORES.

1512

La campaña y el castigo de Hatuey

En 1511, Diego Velásquez partió de La Española (hoy la República Dominicana y Haití) para conquistar y colonizar a Cuba.

Hatuey, un jefe *taíno* de isla de La Española, que había escapado en canoas con alrededor de cuatrocientos hombres, mujeres y niños, advirtió a los cubanos lo que podían esperar de los españoles: mostró a los cubanos una cesta llena de oro y de joyas diciéndoles «*este es el dios de los españoles. Por él luchan y matan; por él nos persiguen y es por eso qué tenemos que lanzarlos al mar.*»

Los *Taínos* de Cuba oriental y central no podían creer el horrible mensaje de *Hatuey* y solamente unos pocos se le unieron. Gracias a un traidor, Velásquez pudo rodear y capturar a *Hatuey*. En febrero 2, 1512, *Hatuey* fue atado en una hoguera en el campo español, donde fue quemado vivo. Momentos antes de encender el fuego, un sacerdote le ofreció la salvación de su alma, mostrándole la cruz y pidiendo que aceptara a Jesús para ir al cielo. «*¿Hay gente como ustedes en cielo?*» preguntó *Hatuey*. «*Hay muchos como nosotros en cielo,*» contestó el sacerdote. *Hatuey* contestó que él «*no deseaba saber nada de un dios que permitía que tal crueldad fuera hecha en su nombre.*»

GRABADOS: LA QUEMA DE *HATUEY* EN LA HOGUERA.

1517 - 1527

La rebelión y los ataques de *Guamá*

Guamá fue un cacique Aruaco de la región de Baracoa, que se mantuvo alzado contra los colonizadores españoles durante diez años. Al conocer que en la isla había disminuido el número de colonizadores (muchos se habían enrolado en las expediciones que partían hacia México), se sublevó contra los españoles, con indígenas que acataban su dirección. Para protegerse, se internaron en las sierras de Baracoa. Como no podían enfrentarse abiertamente al armamento superior de los enemigos, optaron por realizar ataques sorpresivos, bajando a los poblados para asaltarlos. *Guamá* incorporó a sus filas indios encomendados, desesperados por la explotación a que eran sometidos.

Entre 1527 y 1530 los rebeldes asaltaron e incendiaron Puerto Príncipe (hoy Camagüey), causando gran destrucción; la población huyó atemorizada. También atacaron Baracoa, creando tanto temor entre sus habitantes, que tuvieron que refugiarse en la costa, solicitando refuerzos a La Española diciendo: «*Los indios que trabajaban en las minas, viendo que Guamá andaba alzado y rebelado, se van con él y no se coge oro porque los soldados no osan salir a buscarlos.*» Se formaron cuadrillas en Puerto Príncipe y Sancti Spíritus, compuestas por españoles, indios mansos, esclavos negros y perros cimarrones. Necesitaron muchos días para localizar el *palenque* de *Guamá*, que encontraron vacío. Las crónicas no revelan como terminaron los asaltos de *Guamá*.

GRABADOS: ESCENAS DE LA ÉPOCA MOSTRANDO REBELIONES.

Habana, 1514

Santiago, 1515

Fundación de ciudades en Cuba

En un período que duró desde 1511 hasta 1515, Diego Velázquez, en sus viajes de colonización de oriente a occidente de la isla, fundó las siete primeras villas coloniales cubanas: Baracoa, Bayamo, Trinidad, Sancti Spíritus, Santiago de Cuba, Puerto Príncipe (hoy Camagüey) y La Habana.

Ya en 1520 hay evidencia de la ubicación de las villas: desde Baracoa como primera en la lista hasta Santiago de Cuba como la séptima. El plan político-militar de Velázquez marcó siempre la ruta por el sur, debido al conocimiento que habían ganado los españoles en la ocupación de tierras caribeñas, entre ellas, La Española, Puerto Rico, Veragua (Panamá), y Jamaica.

El orden de las fundaciones de las primeras siete Villas en la isla fue, de acuerdo a la Historia de las Indias, de Fray Bartolomé de las Casas: «La Asunción de la Baracoa, mediados de 1512; San Salvador de Bayamo, segundo semestre de 1513; La Trinidad, principios de 1514; Sancti Spíritus, primer semestre de 1514; San Cristóbal de la Habana, finales de 1514; Santa María del Puerto del Príncipe, primer semestre de 1515; Santiago de Cuba, finales del primer Semestre de 1515.»

CUADRO Y DIBUJO: VERMAY'S *FUNDACIÓN DE LA HABANA* Y CARICATURA DE LA FUNDACIÓN DE SANTIAGO.

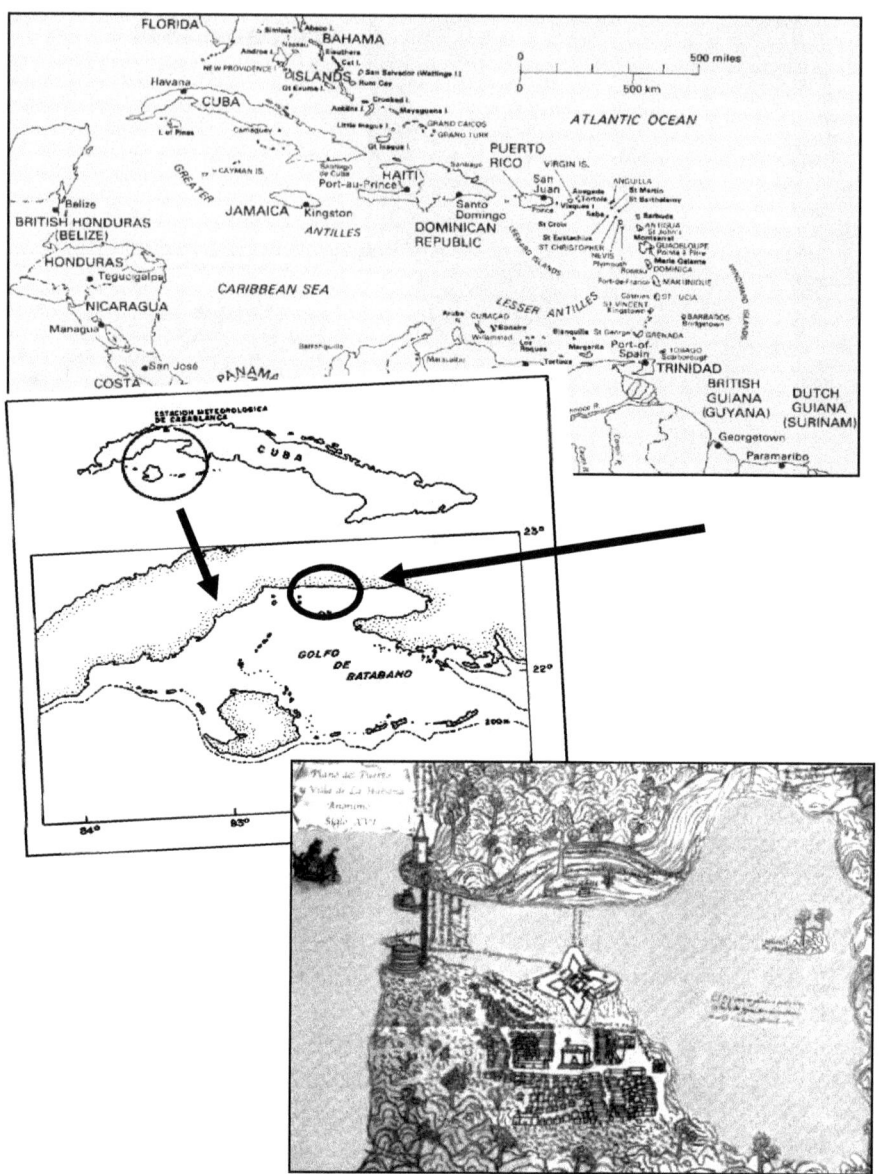

El asentamiento final de La Habana

IMAGENES:
MAPA DEL AREA DEL CARIBE; LA LOCALIZACIÓN INICIAL DE SAN
CRISTOBAL DE LA HABANA, CERCA DE LO QUE HOY ES BATABANÓ; MAPA
DEL ASENTAMIENTO EN LA BAHÍA DE CARENAS, DONDE HOY SE
ENCUENTRA LA CIUDAD DE LA HABANA.

1517 - 1540

De Cuba partieron los conquistadores hacia el resto del continente

Los primeros conquistadores españoles de las américas fueron lanzados desde Cuba por Diego Velázquez de Cuéllar, primer adelantado y gobernador de Cuba. Los conquistadores eran guerreros aficionados blandiendo estrategias, armas y caballería europea, en busca de territorios que conquistar y utilizar para sus propios fines, hayan sido religiosos, políticos o económicos. La mayoría de ellos no tenían experiencia militar, pero eran hijos de militares participantes en la *Guerra de Reconquista* contra los Moros en España. Varios sacerdotes (dominicos, franciscanos, carmelitas y jesuitas) ayudaron en lo administrativo ya que eran los únicos que podían escribir y leer.

Hubo siempre nativos que se unieron a las campañas, sirviendo como intérpretes, guías, médicos, escribas, enfermeros y funcionarios. Cuatro de los conquistadores llegaron a ser muy famosos y cautivaron la imaginación de la gente en Europa: *Hernán Cortés*, el conquistador del Imperio Azteca; *Francisco Pizarro*, el hombre que llevó a la conquista del Imperio Inca; *Vasco Núñez de Balboa*, el europeo que por primera vez vio el Océano Pacífico, y *Juan Ponce de León*, el explorador de la Florida y el primer europeo en entrar en lo que hoy es Estados Unidos.

GRABADO Y PORTARRETRATOS: (DE IZQUIERDA A DERECHA) PONCE DE LEÓN, HERNÁN CORTÉS, FRANCISCO PIZARRO, DIEGO VELÁZQUEZ, HERNANDO DE SOTO Y PÁNFILO DE NARVÁEZ.

Cuba bajo el ataque de piratas, corsarios y bucaneros

A penas unos años después del encuentro de Cristóbal Colón con el continente americano, barcos bajo la bandera francesa comenzaron a merodear la isla de Cuba. En 1537 el primer acto de piratería ocurría en Pinar del Rio; un año después, un lugarteniente de *Jacques de Sores*, asaltó La Habana y saqueó sus iglesias. Ocho años más tarde *Jean-François de la Roque de Roberval*, procedente de Canadá, atacó La Habana y otras ciudades del Caribe, asesinando, robando y raptando mujeres. Durante los próximos 50 años fueron atacadas Remedios, Bayamo, Trinidad, Baracoa, la Isla de Pinos, esta vez no solo por corsarios franceses sino también por los ingleses *Francis Drake, Henri Morgan* y *John Hawkins* y los holandeses *Pyet Hein (Pata de Palo)* y *Jacques Jean David Nau (el Olonés)*, entre otros.

GRABADO: ESCENA DE UN ATAQUE DE PIRATAS DE LA ÉPOCA.

Piratas, corsarios, bucaneros, defensores e intrigantes de la época

IMÁGENES:
PIET HEIN, TAMBIÉN CONOCIDO COMO PATA DE PALO, HOLANDÉS, SEMBRÓ EL TERROR EN CUBA ALREDEDOR DE 1620;
DON FADRIQUE OF TOLEDO, 4TH DUQUE DE ALBA, CONQUISTADOR DE GRANADA, GRANDE DE ESPAÑA, ENEMIGO MORTAL DE PIRATAS Y BUCANEROS
UN SELLO DE CORREOS HOLANDÉS CON LA IMAGEN DE PIET HEIN;
PIET PIETERSZOON, EL OLONÉS, EL PIRATA QUE SAQUEÓ MATANZAS EN 1628;
OLIVER CROMWELL (1599-1658), EL PRIMER MINISTRO INGLÉS QUE OCUPÓ JAMAICA DESPUÉS DE FRACASAR EN CUBA Y LA ESPAÑOLA.

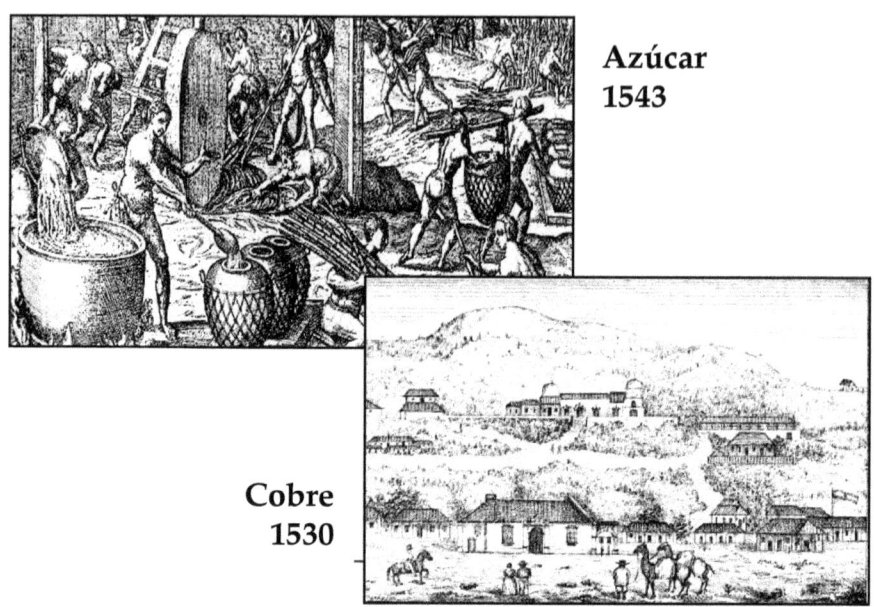

Azúcar
1543

Cobre
1530

El comienzo de la producción económica

En el año 1543 Cuba no despegaba económicamente; los colonos que venían a la América seguían rumbo al continente en busca de oro. Fue entonces que Diego Velázquez introdujo la caña de azúcar en Cuba, utilizando expertos llegados de Islas Canarias. A finales del siglo XVI se instaló el primer trapiche en la zona de La Habana; para finales de 1600 ya funcionaban unos 60. No fue sino hasta principios del siglo XIX, sin embargo, con la introducción de la máquina de vapor perfeccionada por los ingleses, llamaba *"Maquina Cornualles"*, cuando Cuba entró en la gran era del azúcar.

La existencia del mineral de cobre se conoció oficialmente en el año 1530 cuando las autoridades coloniales de la Isla les refieren a los reyes de España que en el cerro *El Cardenillo*, en la Villa de Santiago del Prado (hoy *El Cobre*), se hallaba presente ese metal tan importante para la producción de armamentos. La aldea se convirtió en pueblo minero; algo más de 400 años de explotación hicieron desaparecer el cerro original del *Cardenillo* convertido hoy en un enorme lago de cerca de 4 millones de metros cúbicos de agua. Fue allí en esas minas que se produjo la gran sublevación esclava del 24 de julio de 1731 que trajo la libertad a la raza negra, 80 años antes de la abolición de la esclavitud.

GRABADOS: *TAÍNOS* PRODUCIENDO AZÚCAR DE CAÑA EN LOS ALREDEDORES DE SANTIAGO DE CUBA; MINAS DE COBRE EN EL CERRO *EL CARDENILLO*, EN LA VILLA DE SANTIAGO DEL PRADO.

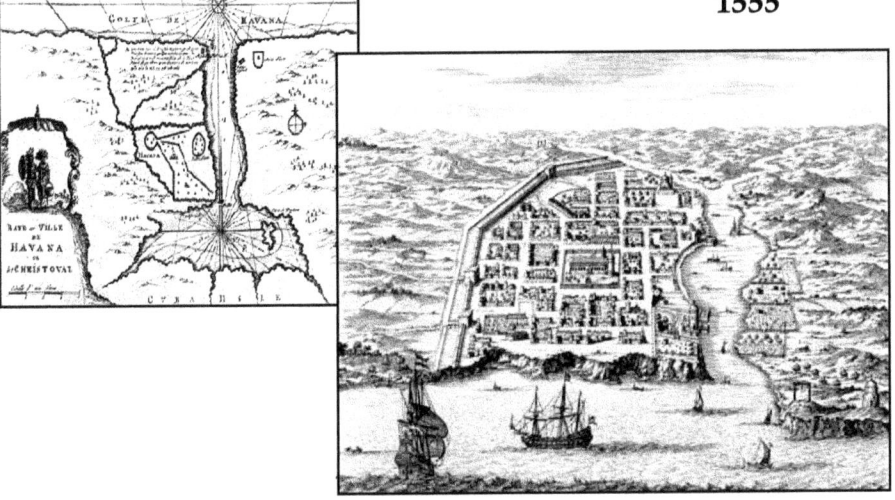

1555

La Habana convertida en el punto de reunión de la Flota de Indias

Desde el descubrimiento de América, docenas de barcos españoles llevaban riquezas de vuelta a España. En la década de 1520, y debido al incremento de la piratería inglesa y francesa, se decidió organizar un sistema de *convoyes* para aumentar la seguridad del transporte. La idea era establecer dos flotas distintas, una partiendo de Veracruz, la otra desde Cartagena de Indias, ambas compuestas por **galeones** fuertemente armados con cañones y barcos mercantes (*carracas*) para llevar la carga. Tras completar la carga de sus productos (productos manufacturados, pero después, también esclavos), las flotas se reunían en La Habana, para el viaje de vuelta. Junto a los envíos de particulares, la flota llevaba el *quinto real*, un impuesto del 20 % en los metales preciosos y los envíos de particulares. Gracias a ese monopolio, España se convirtió en el país más rico de Europa.

En 1550 la Flota incluía 17 barcos; a finales del siglo XVI, eran 100. La última *Flota de Indias* zarpó en **1776**; en la década de **1780**, España abrió las colonias al mercado libre y ya no era necesaria la Flota. En más de 250 años de Flota, las pérdidas por ataques fueron mínimas. Puede calificarse así a la *Flota de Indias* como una de las operaciones navales más exitosas de la historia.

GRABADOS: DOS VISTAS RUDIMENTARIAS DE LA HABANA CUANDO DESPLAZÓ A SANTO DOMINGO COMO PUNTO DE REUNIÓN DE LA FLOTA.

La Habana protegida por la *Fuerza Vieja*

Ante la amenaza que representaban los ataques de corsarios y piratas, y por la importancia que había adquirido La Habana para el comercio americano (como puerto de escala casi obligada para las embarcaciones que retornaban a Europa desde México y Perú), la Corona española emprendió la fortificación de la plaza. La primera obra de fortificación, conocida como la *Fuerza Vieja*, no era más que una torre de altos pilotes de madera rodeada de un muro de piedra de 10 pies de altura, con una sola puerta, detrás del cual se encontraban 8 cañones apuntando en todas direcciones. Esa primitiva fortaleza fue destruida durante el ataque llevado a cabo por el corsario francés *Jacques de Sores* en 1555.

Una nueva fortificación más amplia y sólida, a un costo de 12,000 pesos, fue planeada y construida bajo la dirección del ingeniero gallego Bartolomé Sánchez. Las obras exigieron abrir una cantera al pie del macizo rocoso de caliza conchífera entre el promontorio del Morro y la escarpa de La Cabaña. Años más tarde se complementó esa fuente de piedra con otra cantera cerca de la desembocadura del río Almendares, de la cual se abastecieron también los constructores de las primeras casas de mampostería de La Habana.

Dibujo: LA *FUERZA VIEJA*, PRIMERA FORTALEZA DE LA HABANA.

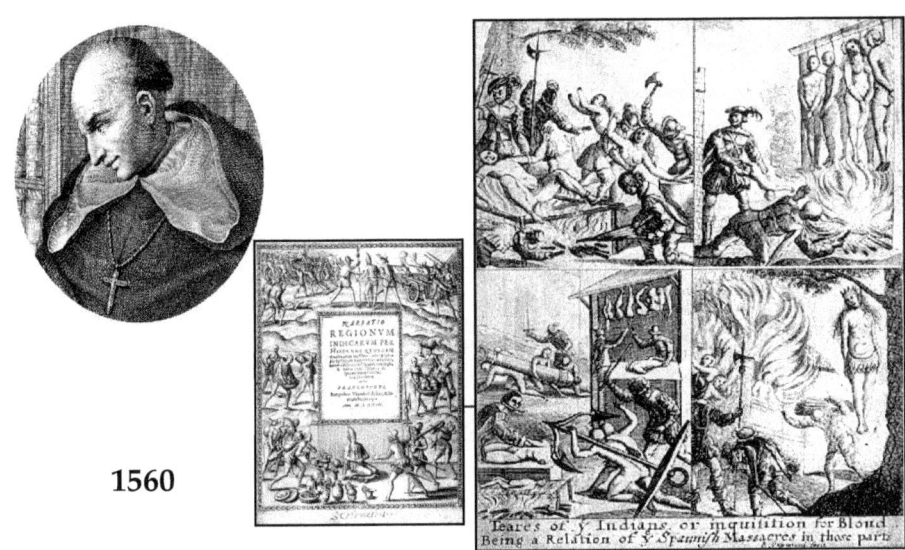

1560

Las acusaciones de Bartolomé de Las Casas

Bartolomé de Las Casas (capellán del ejército durante la conquista de Cuba por Velázquez) fue un hombre de inmensas contradicciones. Por un lado se le considera un gran humanitario, el protector de los indios *taínos*; por otra parte, fue el propulsor de la importación de esclavos africanos en el continente americano para hacer el trabajo duro de los *taínos* no podían realizar.

En 1513 escribió su *Historia de las Indias*, acusando a encomenderos de pecados mortales, excomulgándolos y negándole absolución a los dueños de esclavos, incluso en su lecho de muerte. Sus enemigos lo consideraron un herético extremista.

El autor que más se difundió las ideas de Bartolomé de Las Casas, en los años 1500s en Europa fue Teodoro de Bry, un editor, joyero y grabador belga. De Bry creó y publicó un gran número de grabados en su libro *Narración histórica y verdadera de las crueles masacres y matanzas de más de veinte millones de inocentes cometidos por los españoles, escritas en español por Las Casas, un testigo de esas cosas*. Incluyó en ese libro una serie de ilustraciones horripilantes de "tortura española"; esa cantidad enorme y grotesca de ilustraciones en el libro de De Bry tuvieron una gran influencia en la percepción europea del Nuevo Mundo, en particular la presunta agresividad y el desprecio de España por la vida humana. Fue una parte integral de la Leyenda Negra. La verosimilitud de estos dibujos era muy sospechosa ya De Bry nunca cruzó el Atlántico.

GRABADOS: PADRE LAS CASAS, PÁGINAS DE LOS LIBROS DE DE BRY.

Los absurdos escritos del Padre Las Casas

«Los españoles con sus caballos, con sus lanzas y espadas, comenzaron a cometer asesinatos y otras crueldades extrañas. Entraron en ciudades y pueblos, sin escatimar ni los niños ni los hombres y mujeres de edad. Arrancaron el vientre y les cortaron en pedazos como si hubieran estado matando corderos en un campo.

Hacían apuestas entre sí sobre quién podría partir con su espada un hombre en dos, o podría cortarle la cabeza de un solo golpe. Tomaron los más pequeños por los talones y aplastaron la cabeza contra los acantilados. Otros los arrojaban a los ríos riendo y burlándose de ellos cuando caían al agua. Pusieron a todos en el filo de la espada.

Una vez que vi a cuatro o cinco importantes nobles nativos asados sobre parrillas improvisadas. Ellos gritaban lastimosamente. Esto preocupó a nuestro capitán; ordenó que a partir de entonces se les estrangulara.

Son matarifes y enemigos de la humanidad; incluso enseñaron a sus perros a desgarrar nativos a pedazos a primera vista. Y, cuando, aunque raros, los indios con justicia condenaban a muerte a algún español, los españoles decidieron que por cada español asesinado tenían que matar cien indios.

Una vez que los indios nos recibieron con comida y buen humor, los españoles, todos ellos pasaron por la espada en mi presencia, más de tres mil almas. En tres o cuatro meses fui testigo de más de seis mil niños muertos.»

IMÁGENES: ALGUNOS DE LOS LIBROS CON GRABADOS DE DE BRY QUE FORMARON LA BASE DE LA **LEYENDA NEGRA CONTRA ESPAÑA.** UN EJEMPLO DE LOS ESCRITOS EXAGERADOS E INSÓLITOS DE LAS CASAS.

1575 - HOY

Descendientes de *Taínos* en Cuba

Cuatrocientos años después de la *"extinción"* de los *Taínos* cubanos, en 1895, un batallón de guantanameros, descendientes de *Taínos*, combatieron a España al mando del general Antonio Maceo. La más notable hazaña de ese *Regimiento Hatuey*, fue la *Batalla de Sao del Indio*, el 31 de agosto de 1895.

Mientras las primeras villas cubanas, comenzando por Baracoa, se fundaron por deseos de los españoles, pueblos como *Jiguaní* (rio de oro en *Taíno*) y otros territorios entre los ríos Contramaestre y Cautillo, se crearon por interés de descendientes de *Taínos* que se reconcentraron para sentirse más seguros. Entre muchos cubanos que los ayudaron se destacaron los ascendientes de Calixto García Iñiguez. Los primeros colonizadores preferían unirse y tener hijos con mujeres *Taínas*, no con africanas, una tradición que se mantuvo por generaciones en el valle del Cauto. Hoy en esta región se emplean vocablos como: *tubonuco* (azul cerca del ojo), *nacío* (cosa dura), *sabana* (pocos árboles dentro), *ñata* (no hecha), *manía* (no gusta al indio), *areíto* (mejor paso del indio en la noche) y otros como *hayaca, sobaco, macana, jigüe, güira, guayaba, yagua, guano, yarey*, entre otros.

Frases como «*te comiste la guayaba*», comunes en las regiones *taínas* cubanas, tienen una clara etimología: *Maquetaure Guayaba*, era el dios de los muertos y los ausentes; y las guayabas eran los alimentos predilectos de los muertos (las *opías* en Taíno).

Fotos: Familias *Taínas* de la zona entre Santiago y Guantánamo, 1850 y en el Valle de Viñales en 1950.

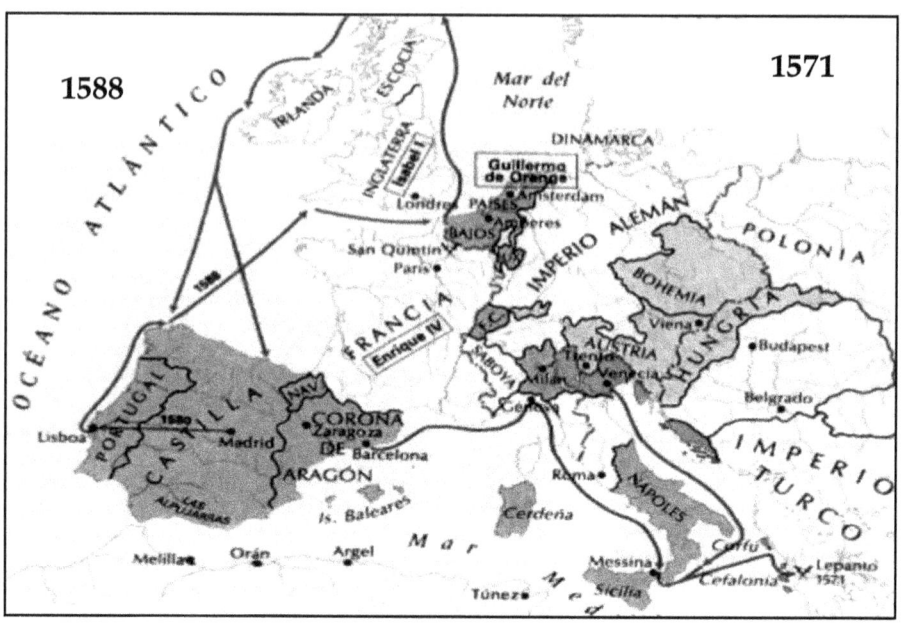

Un acierto y un desacierto de España: la Batalla de Lepanto y la Gran Armada

La Batalla de Lepanto tuvo lugar el 7 de octubre de 1571, frente a las costas del Peloponeso en Grecia. La *Liga Santa*, una coalición cristiana dirigida por don Juan de Austria, hermanastro de Felipe II de España, se enfrentó al Imperio Turco, cuya flota era capitaneada por Alí Pachá, regente Otomano. Participaron 580 naves y 100,000 hombres. La batalla duró 4 horas. En total hubo 40,000 bajas. España y sus aliados ganaron.

Los Musulmanes no pudieron amenazar más a Europa.

17 años después, los continuados atentados y despojos que sufría España en América en manos de piratas y corsarios ingleses, principalmente Morgan y Drake, obligaron a Felipe II de España a tomar represalias. La estrategia fue invadir Inglaterra con una armada invencible: 130 naves, más de 40,000 hombres. La batalla naval duró ocho días, terminando desastrosamente para España el 7 de agosto de 1588.

Inglaterra se consagró como la más poderosa fuerza naval del planeta y comenzó una decadencia general en España.

MAPA: RUTA DE LEPANTO (1521) Y RUTA DE LA GRAN ARMADA (1588).

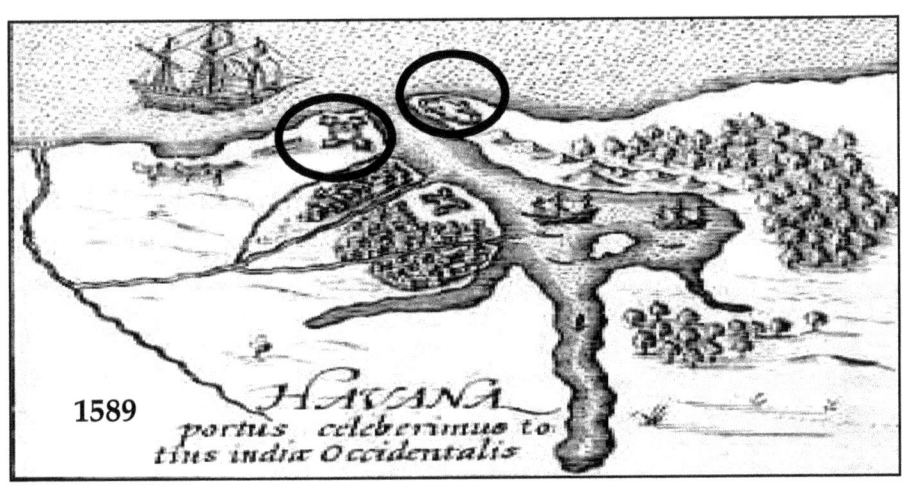

España comenzó a fortificar La Habana

Durante la era colonial, en La Habana se construyeron fortalezas como en ninguna otra ciudad en las Américas; la Habana era sumamente importante para el tráfico marítimo entre las Américas y Europa. El dueño de La Habana era dueño del *Estrecho de la Florida*; el paso al Atlántico desde el Golfo de México. España no podía darse el lujo de perder el estrecho, ni el refugio que le ofrecía la bahía de La Habana contra piratas y huracanes.

En 1537 y 1538 la villa de San Cristóbal de La Habana fue saqueada y quemada por corsarios franceses. Después de un nuevo ataque en febrero de 1556 por el pirata francés *Jacques de Sores*, se establecieron vigías en la entrada de la bahía, por sotavento, en un lugar que ya nombraban la Punta.

En 1585 se inauguró el *Castillo de los Tres Reyes Magos del Morro* en una posición estratégica a la entrada del puerto de la Habana. Estaba situado en una larga lengüeta que salía al mar frente al puerto. Apostado sobre una alta roca, el *Castillo de los Tres Reyes del Morro* representaba la clásica fortificación permanente abaluartada del siglo XVI.

Años después, en 1589 se inauguró en el margen opuesto el *Castillo de San Salvador La Punta*, un polígono irregular de construcción sencilla de piedra sin ornamentos, cuyo fin era ayudar al Morro en la función defensiva a la entrada de la bahía.

Durante la época colonial todas las noches se extendía una cadena de 250 metros desde el *Castillo de La Punta* hasta el *Castillo del Morro*, para cerrar la boca del puerto a los barcos.

MAPA: EN LOS CÍRCULOS, *LA PUNTA* (IZQUIERDA) Y *EL MORRO* (DERECHA).

Dominicos, franciscanos y jesuitas comenzaron a fundar escuelas en Cuba

Desde su llegada a América, la monarquía española contó con la iglesia católica para apoyar la magna empresa de conquista y colonización de los nuevos territorios. Después de la fundación de las primeras villas, la primera *scholastría* (una institución creada en el medioevo español), funcionó en la Catedral de Santiago de Cuba, en 1523. Tenía por objetivo difundir el cristianismo y preparar oficiantes para el culto, con el conocimiento de la Gramática latina y la doctrina cristiana. El *maestrescuela* debía *«leer gramática en latín a vecinos o colocar a personas que lo hicieran en su lugar, para que la aprendiesen; enseñar por sí a los clérigos y demás personal de la Iglesia y a todos los diocesanos que la quisieran oír.»*

No fue sino hasta el siglo XVI, que la educación escolarizada en conventos, seminarios, colegios y parroquias, fue instituida. Solo tuvo un alcance restringido, pues prevaleció la educación no escolarizada. Constituían fuentes de educación: la familia y la sociedad en su conjunto mediante el ejemplo y la transmisión oral. Los primeros hijos de *vecinos* asimilaron las costumbres y hábitos de vida de sus antecesores; muchos de ellos, si contaban con un progenitor educado, recibían instrucción en el seno del hogar; otros se conformaban adquiriendo un oficio.

El idioma y el cristianismo fueron los dos elementos culturales de mayor importancia provenientes de la herencia española. El concepto de *vecino*, a propósito, tuvo particular importancia en el lenguaje colonial. *Vecino* era aquel que tenía posesión de la tierra, que suponía asentamiento, arraigo y participación en el orden económico y sociocultural de la comunidad.

Dibujos: SACERDOTES DE LAS TRES ÓRDENES RELIGIOSAS EVANGELIZANDO.

*Cuba se convirtió
en una colonia importante*

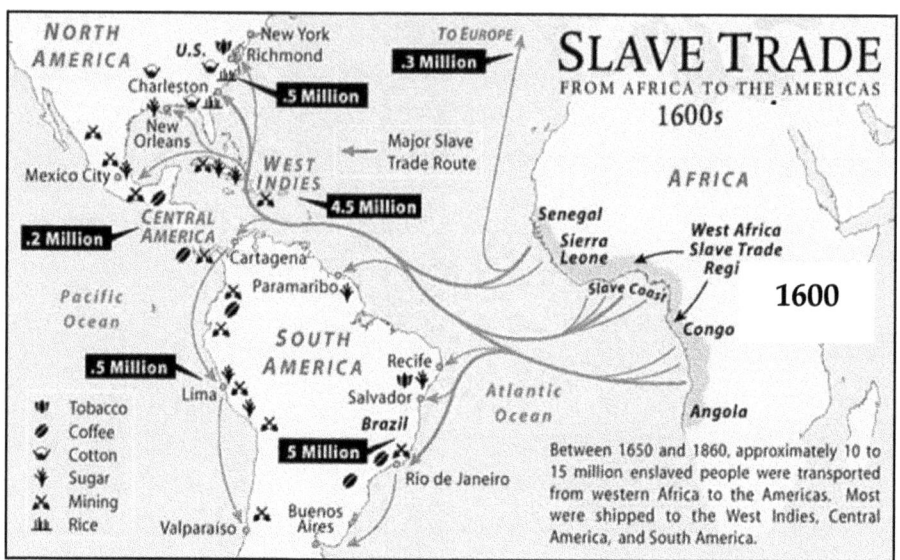

El inhumano tráfico de esclavos (1)

Los españoles fueron los primeros europeos en utilizar esclavos africanos en el nuevo mundo, particularmente en Cuba y La Española, donde la alarmante tasa de mortalidad de la población nativa provocó la primeras leyes reales protegiendo a la población local (Leyes de Burgos, 1512–1513). Los primeros esclavos africanos llegaron en La Española en 1501 poco tiempo después de que la bula menor *Inter Caetera* de 1493 concediera todo el nuevo mundo a España.

El comercio de esclavos no fue una actividad exclusivamente de europeos, también fue obra de nativos africanos, sin los cuales la trata hubiese sido imposible. Las zonas costeras de África constituían el centro de intercambio, en donde los traficantes ofrecían telas, enseres, armas y otros objetos por cautivos, capturados por los mismos africanos. Estos enclaves eran fuertes bien ubicados y defendidos en las zonas costeras; contaban con almacenes para las mercaderías y barracones en donde confinaban a las víctimas en espera de ser embarcados en las naves. Los europeos comúnmente aseguraban el suministro de esclavos a través de pactos y acuerdos con poderosos reinos, quienes sometían a etnias rivales, e incluso a sus propios súbditos, esclavizando aldeas y poblados enteros. Reinos como el *Ashanti* en Gana; el *Fon* en Dahomey; los de habla *mande, mandinga* y *susu* en Guinea, y otro como el *Fula* y *Akán* victimizaron a los pueblos *Kissi, Ga, Mondemo* entre muchos otros.

MAPA: EL TRÁFICO DE ESCLAVOS HACIA EL NUEVO MUNDO.

1600s - 1800s

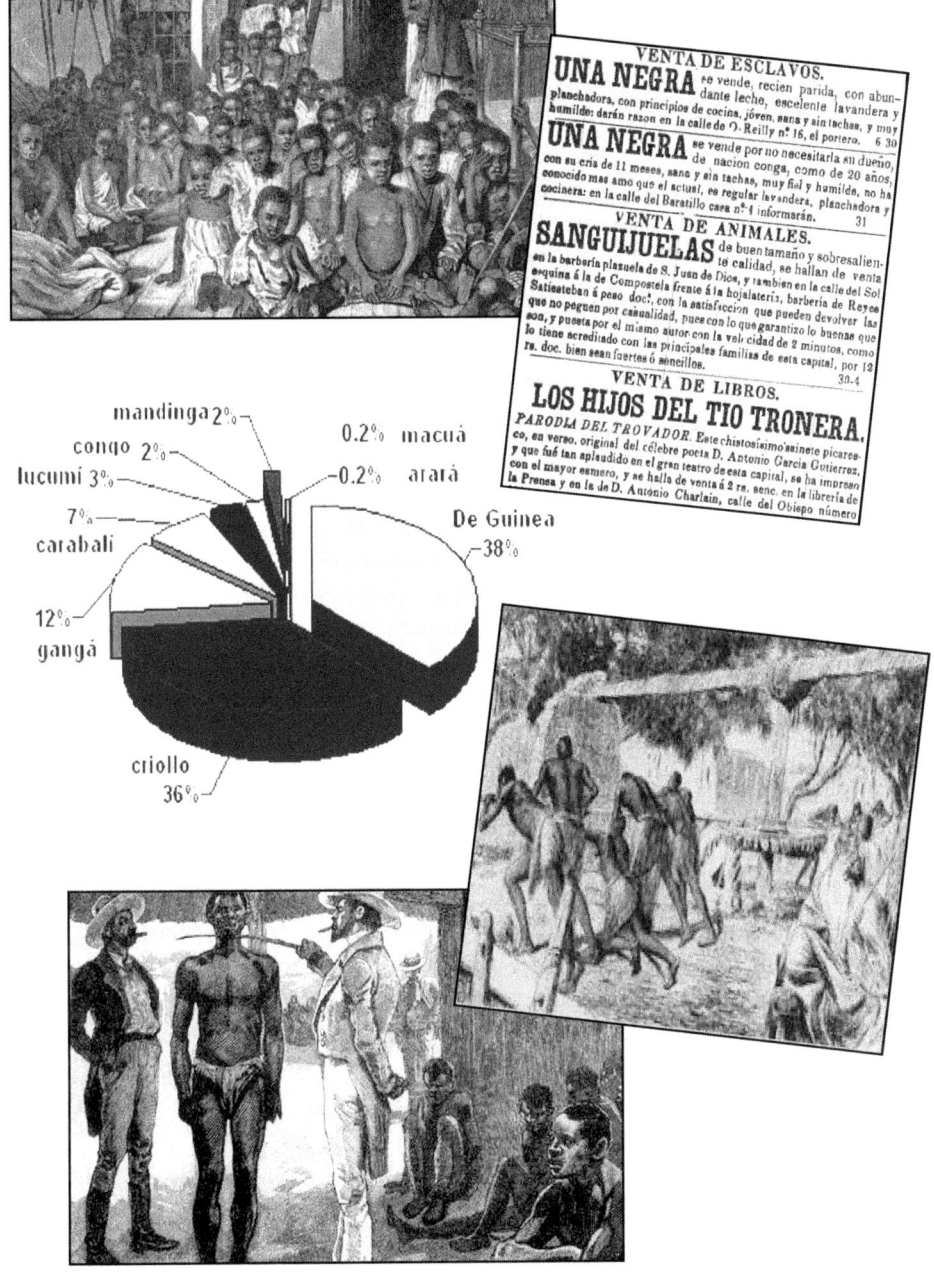

El inhumano tráfico de esclavos (2)

IMÁGENES: NIÑOS ESCLAVOS, ORÍGENES ÉTNICOS Y VENTAS.

Los jefes africanos y la esclavitud

Los pueblos africanos tuvieron un papel clave en el comercio de esclavos. La esclavitud era una práctica común entre ellos. Había tres tipos: los que eran esclavos después de una conquista, los que eran esclavos por tener deudas pendientes de pago y aquellos cuyos padres les dieron como esclavos a sus jefes.

Los jefes de tribu hacían trueques de esclavos con los compradores europeos a cambio de ron, especias, telas u otros bienes. Cuando la demanda de esclavos en el Atlántico aumentó, los jefes locales ampliaron la oferta. La trata de esclavos socavó las economías locales; la fuerza de trabajo de muchos pueblos *«fue enviada al extranjero en las redadas de esclavos y las guerras civiles se convirtieron en la principal fuente de esclavos para los jefes de tribus.»* Crímenes que eran punibles con otros castigos se tornaron en punibles para abastecer esclavos.

Los prisioneros y cautivos que se vendían eran grupos étnicos vecinos o enemigos. Los esclavos cautivos no eran considerados como parte de la tribu y los jefes no tenían lealtad alguna con ellos. Frecuentemente, los jefes vendían los criminales a esclavistas de manera para evitar que cometieran delitos en la zona. La mayoría de esclavos, sin embargo, eran resultado de redadas y secuestros que ocurrían a punta de pistola, los vendedores trabajando con los compradores europeos. Fueron pocos los reyes africanos que se negaron a vender cautivos o criminales. Cuando en 1807, por ejemplo, el parlamento del Reino Unido abolió el comercio de esclavos, el rey de *Bonny* (hoy Nigeria) se horrorizó por el término de la práctica escribiendo a Londres *«Creemos que el comercio debe continuar. Nuestros oráculos dicen que su país, por grande que sea, no debe detener un comercio ordenado por Dios.»*

GRABADO: JEFES DE TRIBU CAPTURANDO FUTUROS ESCLAVOS.

1600s - 1800s

El mercado de esclavos en Cuba

En 1492 habían en la península ibérica unos 100,000 esclavos; durante los próximos 50 años los españoles trajeron muchos a Cuba para realizar labores domésticas. En los primeros años los trabajos agrícolas y de minería lo hacían los nativos ya esclavizados. Cuando Diego Velázquez comenzó a colonizar a Cuba, llegó con un pequeño ejército que incluía unos cuantos esclavos traídos desde la península ibérica. Una vez fundadas las primeras 7 villas en Cuba, Velázquez autorizó a los colonos a tener esclavos negros en pequeños números. Esos primeros esclavos entraron en Cuba con licencias otorgadas por la Corona a traficantes bajo contrato. Cuando Cuba comenzó a ser víctima de los piratas, los colonos les compraron esclavos de contrabando.

En 1540 habían unos 600 esclavos africanos trabajando en haciendas, y labores mineras. Al ir escaseando la mano de obra indígena a medida que la isla se desarrollaba económicamente, el tráfico de esclavos negros aumentó, especialmente debido al crecimiento de la industria azucarera. En 1600 España desarrolló el concepto de *Asiento*. La Corona vendía a ciertas compañías o empresarios el derecho a importar esclavos a sus colonias, con la condición que las compañías se comprometieran a estabilizar la demanda. En 1656 varias compañías francesas e inglesas fueron admitidas al derecho de *Asiento*. La entrada record de esclavos en Cuba fue entre los años 1801 y 1865, cuando llegaron a la isla 616,200 negros de África.

DIBUJO: CAPATACES AZUCAREROS EXAMINANDO "LA MERCANCÍA."

1608

El obispo Juan de Cabezas Altamirano raptado por el pirata Gilbert Girón

La primera obra literaria que surgió en Cuba escrita por una persona que residía en la isla, fue *Espejo de Paciencia*, un extenso poema épico que consta de 1,211 versos y data de 1608, escrito en octavas reales por el canario Silvestre de Balboa y Troya de Quesada, que trabajaba como escribano del cabildo en la villa de Santa María del Puerto del Príncipe, actualmente Camagüey.

El poema trata del secuestro del obispo fray Juan de las Cabezas Altamirano por el pirata francés *Gilberto Girón* en 1604, cerca de San Salvador de Bayamo. Girón pidió un rescate para libertar al prelado, y un grupo de decididos bayameses asaltó poco después a los bandidos del mar, con el resultado de que un negro esclavo, Salvador Golomón, dio muerte al cabecilla pirata y puso en salvo el honor de los criollos.

El pirata Gilberto Girón fue quien dio el nombre a la famosa *Playa Girón*, lugar donde habituaba a refugiarse después de sus fechorías.

IMÁGENES: EL OBISPO JUAN DE LAS CABEZAS ALTAMIRANO Y UNA PLACA RECORDATORIA EN UN PARQUE DE CAMAGÜEY.

1612

El encuentro o aparición de la Virgen de la Caridad en Nipe

La primera referencia histórica a la Virgen de la Caridad del Cobre fue un manuscrito redactado en el año 1703 por el primer capellán del Santuario del Cobre, lugar donde fue por primera vez venerada la imagen. El autor, don Onofre de Fonseca y Arce de Bracamonte, Pbro., nació en la isla vecina de Jamaica y pasó a Cuba con su familia acompañando a numerosos residentes que abandonaron su tierra natal después de la invasión inglesa que tuvo lugar en 1655. En su manuscrito se relatan los hechos acaecidos durante y después del hallazgo de la imagen de la Virgen flotando sobre las aguas de la bahía de Nipe en 1612. Los datos están basados en los Autos de 1687-1688 levantados con los testimonios de Juan Moreno, testigo de vista en la época de la aparición de la Virgen, y numerosos personajes del pueblo del Cobre que dieron fe de esos eventos durante la entronización de la imagen en el Santuario cuando este fue construido (1612 a 1615) en lo alto del cerro de las minas.

Dibujo y Foto: Medalla de la Virgen de la Caridad del Cobre y la portada del libro del presbítero Onoré de Fronseca.

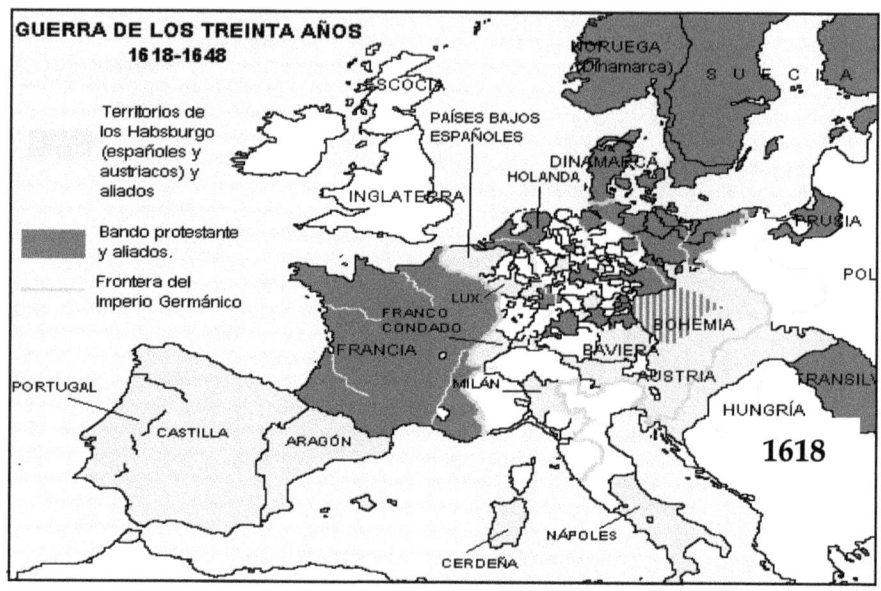

Rompe la Guerra de los 30 Años y Cuba es asediada por piratas holandeses

A la Guerra de los 30 Años, que era una tradicional pugna entre católicos y protestantes, se sumó la oposición entre el emperador de Austria y los príncipes alemanes por el control de Europa Central. Fue una lucha en busca de hegemonía entre la dinastía germánica de los Habsburgo y el cardenal Richelieu al frente de la Francia católica de Luis XIII. Se puso en juego el control comercial del mar Báltico que abastecía a Europa de materias primas.

Inicialmente, y en teoría según acordado en la Paz de Habsburgo (1555), el emperador Carlos V ejercía su poder sobre múltiples territorios; en la práctica, cada uno de ellos, era gobernado por un príncipe, que tomaba decisiones importantes independientemente. Cada príncipe podía elegir la religión oficial, católica o protestante, según su conciencia, lo que originó una profunda crisis religiosa continental. Sobrevino una seria persecución contra los protestantes, a lo que se sumó la expansión y crecimiento del calvinismo, que hacía peligrar el poder que quería mantener y consolidar la iglesia católica.

Para España, la guerra fue un conflicto que aceleró su decadencia y le hizo perder su hegemonía en Europa. Para Cuba, la consecuencia mayor fue la voraz intrusión de corsarios holandeses en sus costas.

MAPA: EUROPA AL COMENZAR LA GUERRA DE LOS 30 AÑOS.

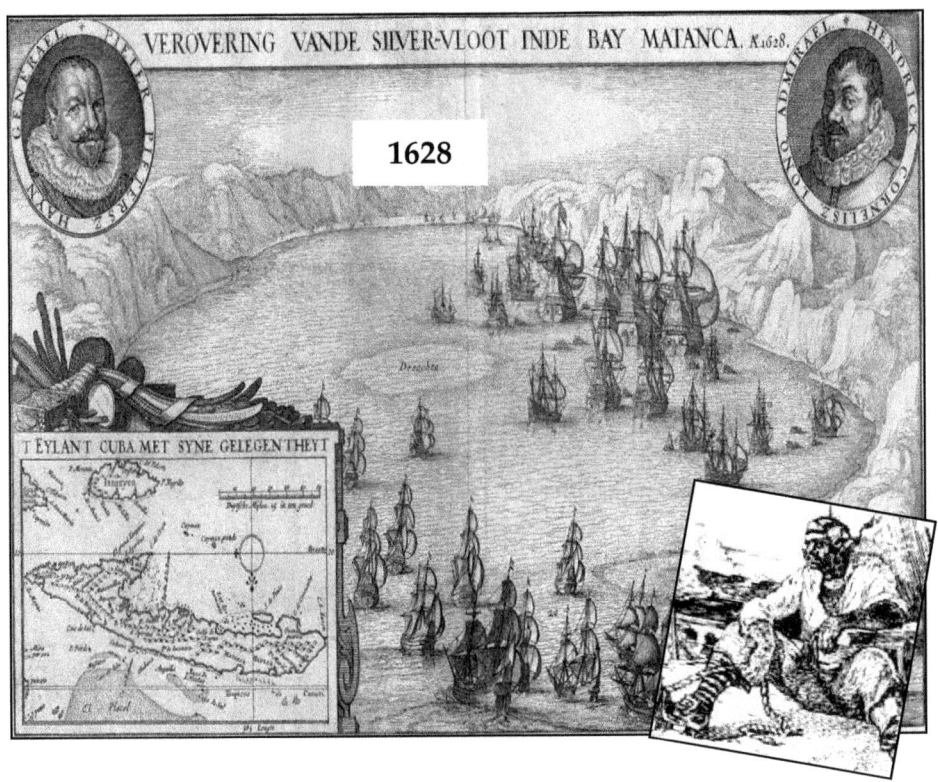

El famoso pirata holandés Pata de Palo

Uno de los más temibles y exitosos piratas que atacaron a Cuba fue *"Pata de Palo"* (Cornelio Jol, aka Cornelis Corneliszoon Jol, 1597-1641), quien se apoderó de uno de los mayores botines de la historia: 100 mil libras oro que transportaba un galeón español. Cornelio asaltó la ciudad de Matanzas, y ejecutó a toda su población, incluidos ancianos, mujeres y niños refugiados en la iglesia de la ciudad, que luego incendió. Se cree que en Matanzas dejó enterrado un tesoro en monedas de oro y plata españolas.

Cornelio Jol tuvo un singular discípulo, el mulato cubano Diego Grillo (1550-1632), único pirata de raza negra, dueño de una fortuna cuyo secreto pasó de generación en generación por su familia, que cambió identidades y residencias hasta impregnar de un insoluble misterio los destinos del oro y su sangre. Diego nació y se crió en La Habana, llegando a ser uno de los más conocidos piratas de Cuba. Era hijo de peninsular y negra. Se dice que hablaba perfectamente español e inglés.

GRABADOS: PATA DE PALO EN MATANZAS, DIEGO GRILLO.

1630 - 1700

Cuba bajo el ataque de piratas, corsarios y bucaneros

A partir de 1670, una vez España reconoció las colonias inglesas, la piratería apoyada por Inglaterra comenzó a desaparecer; los británicos emprendieron el desmantelamiento de sus bucaneros en Jamaica y la isla Tortugas. La piratería holandesa empezó a disminuir en 1688 cuando España reconoció la independencia de los Países Bajos.

La desaparición de piratas, corsarios y bucaneros no trajo paz a las islas caribeñas. En 1702 la Guerra de Sucesión española ocasionó un vacío de poder en la península. Los ingleses pronto se presentaron frente a La Habana; solo la presencia de una flota francesa en puerto los hizo desistir de atacar la capital. En su lugar, la flota inglesa partió para Trinidad y arrasó la ciudad. En 1739 desembarcaron casi 2,000 hombres en Guantánamo, teniendo que retirarse y abandonar la toma de Santiago debido a la resistencia del ejército español. La toma de La Habana por los ingleses tuvo que esperar hasta 1762.

FOTOS, DERECHA A IZQUIERDA: HENRY MORGAN, EL OLONÉS, FRANCIS DRAKE Y BARBANEGRA.

La Habana se embelleció con la construcción de la Plaza del Cristo

Por acuerdo del ayuntamiento, en marzo de 1640 se creó la Plaza del Cristo, en la manzana comprendida entre las calles Teniente Rey, Bernaza, Lamparilla y Villegas. La plaza marcaba el final de las catorce cruces o estaciones de la cruz durante las procesiones de la cuaresma. Las dimensiones de la plaza fueron diseñadas de acuerdo con el carácter de las procesiones que iban a tener lugar en la misma. El área de los alrededores fue de inmediato ocupada por dignos vecinos cuyas casas fueron construidas de acuerdo a su jerarquía, el linaje orgulloso y su ilustre ascendencia. En el último tercio del siglo 18 allí se instaló el Palacio Episcopal de La Habana en el cruce de las calles Bernaza y Teniente Rey, convirtiendo la plaza en un conjunto arquitectónico monumental.

En 1836 el capitán general Miguel de Tacón y Rosique ordenó abrir allí un mercado de mampostería conocido como el Mercado del Cristo.

DIBUJO: LA PLAZA DEL CRISTO EN UN DÍA DE MERCADO.

1648

De repente una tercera parte de los habaneros murió de Fiebre Amarilla

La Fiebre Amarilla o Vómito Negro, como se le bautizó popularmente, fue para los españoles una enfermedad nueva, terrible, mortal, que diezmó a sus tropas y frenó el desarrollo económico y social de las tierras del nuevo mundo, por lo menos por un prolongado lapso de tiempo. Fue además una de las principales enfermedades a que los médicos de la época se tuvieron que enfrentar; por eso no es de extrañar que fijaran su interés en la misma un grupo grande de profesionales desde casi los primeros momentos de la aparición de la plaga.

En Cuba el primer libro sobre medicina publicado fue sobre la Fiebre Amarilla: *Memoria sobre el Vómito Negro, enfermedad epidémica de las Indias Occidentales*. El autor fue el insigne médico doctor Tomás Romay y Chacón (1764-1849), una de las figuras más grandes de la medicina cubana de todos los tiempos, con una admirable labor en el campo de la salud pública y la prevención de enfermedades. A Romay se le considera el primer higienista e iniciador de la ciencia médica en Cuba.

DIBUJO Y PORTARRETRATO: EFECTOS DE LA *FIEBRE AMARILLA*;
DR. TOMÁS ROMAY Y CHACÓN.

1653 - 1697

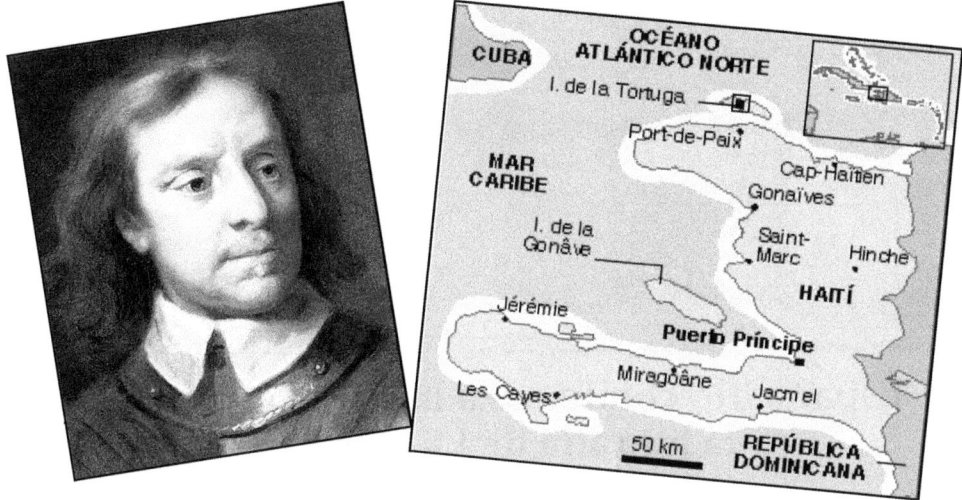

Oliver Cromwell inició una política de hostigamiento hacia Cuba y España

En 1654 zarpó de Inglaterra un fuerte flota hacia el Caribe enviada por Cromwell, ministro de Enrique VIII, contra las posesiones de España y particularmente Cuba. La isla tenía en ese momento 40,000 habitantes. Los ingleses ocuparon de inmediato la isla de Jamaica y Cuba recibió casi todos los españoles que huyeron del poderío inglés. España reforzó sus guarniciones en México y el Caribe. En la Habana se hicieron planes para rodear la ciudad con una muralla.

En 1658 murió Cromwell y la Casa de Estuardo fue restaurada en la persona de Carlos II. Jacobo Estuardo, hermano de Carlos, era el único católico de la familia. Los católicos fueron inhabilitados para cargos públicos. En 1659 Cuba seguía bajo ataques de ingleses y franceses que controlaban la isla de Tortuga. En 1662, tropas del Almirante británico Sir Chistopher Myngs saqueó Santiago de Cuba y Guantánamo. En 1665 los corsarios Edwards Mansfield, inglés, y Pierre Legrand, francés, saquearon Sancti Spíritus. En 1666 Henry Morgan tomó y saqueó Puerto Príncipe.

Finalmente, en Madrid y La Haya, España firmó un acuerdo de paz con Inglaterra y Francia para eliminar el filibusterismo. En 1675 los ingleses lo violaron saqueando la villa de Trinidad.

PORTARRETRATO Y MAPA: SIR OLIVER CROMWELL (1599-1658); LA ISLA DE TORTUGA, PARAÍSO DE PIRATAS EN EL CARIBE.

1675 - 1698

España dió comienzo a la construcción de la muralla de La Habana

Una vez comenzadas las obras de fortificaciones costeras, que incluían las fortalezas de La Fuerza, La Punta, El Morro, La Cabaña y los torreones de Cojímar, La Chorrera y San Lázaro, se pensó en amurallar la ciudad para convertirla en una plaza inexpugnable. Ya en 1603 se había proyectado el amurallamiento de La Habana pero inicialmente se pensó que podía realizarse con troncos de ceibas y otros árboles gigantescos; de hecho algunas obras comenzaron en lo que después se llamó *El Vedado*, desde el barrio de Campeche hasta La Punta.

Las nuevas obras duraron 25 años y abarcaron parte del litoral formando un arco de 4.5 km de largo y 10 m de altura; se dispusieron nueve baluartes, varias puertas de acceso (siendo las principales la de Monserrate, la de Luz, la de San José y la de Jesús María) y se instalaron 180 piezas de artillería, cercando totalmente los límites de la ciudad.

El acceso a la ciudad se rigió con estricto horario de apertura al amanecer y cierre al anochecer. El crecimiento de la ciudad fuera de la muralla y la poca utilidad militar de la misma, comenzó a representar un obstáculo para el tráfico y el comercio, por lo cual se decidió derribarla. La demolición comenzó en 1863 y se extendió hasta inicios del siglo XX. La única puerta que se dejó intacta como recuerdo fue la Puerta de la Tenaza, en Egido y Desamparados. El barrio, conocido como Las Murallas, que incluían 100 metros inmediatos fuera de la muralla, pronto se convirtió en la génesis de La Habana moderna, con importantes edificios civiles y comerciales y terrenos para construir lujosos palacios y residencias.

FOTO: SECCIÓN DE LA MURALLA DE LA HABANA
(EGIDO Y DESAMPARADOS)

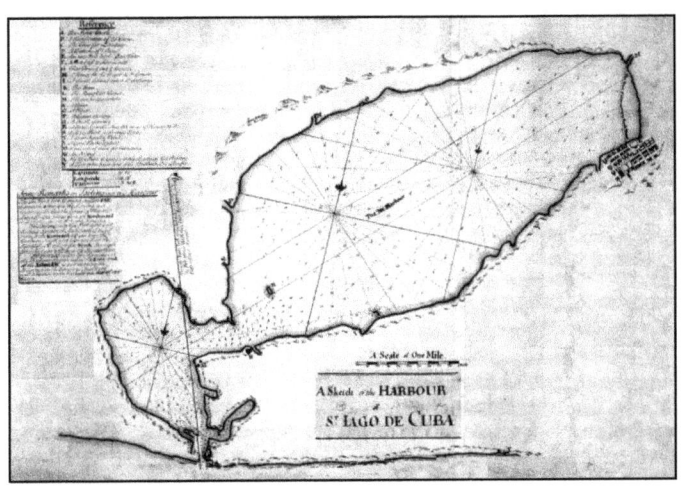

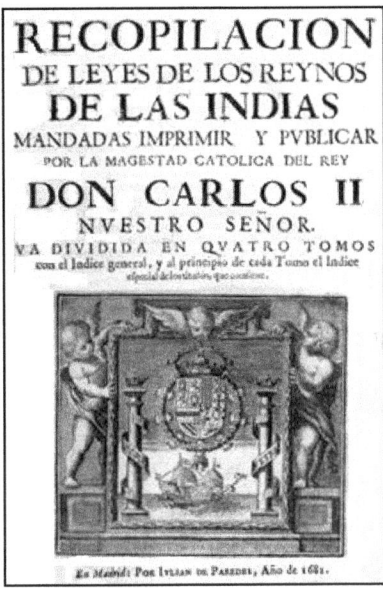

Planos, defensas y leyes nuevas en Cuba

IMÁGENES: PLANO DE SANTIAGO DE CUBA EN 1660; DOS GARITAS DE LA MURALLA DE LA HABANA, LA DEL *SANTO ANGEL* Y LA *MAESTRANZA*; EL COMPENDIO DE LEYES Y REGULACIONES PARA LAS COLONIAS DE CARLOS II, *EL HECHIZADO*.

Los grandes obispos de la Cuba colonial

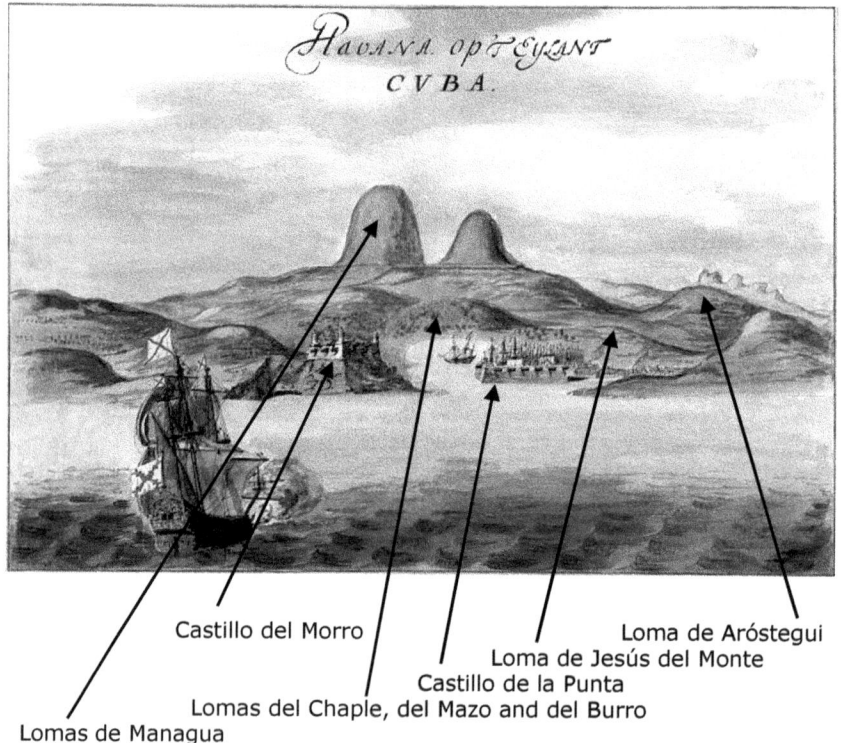

Castillo del Morro
Loma de Aróstegui
Loma de Jesús del Monte
Castillo de la Punta
Lomas del Chaple, del Mazo and del Burro
Lomas de Managua

IMÁGENES:
LOS TRES GRANDES OBISPOS DE LA CUBA COLONIAL: JUAN JOSÉ DÍAZ DE ESPADA Y FERNÁNDEZ DE LANDA (1756-1832), DIEGO EVELINO DE COMPOSTELA (1685-1704) AND JERÓNIMO NOSTI DE VALDÉS (1646-1729); UNA DE LAS MÁS ANTIGUAS VISTAS DE LA HABANA, MOSTRANDO LA POSICIÓN DE LAS LOMAS QUE LA RODEAN.

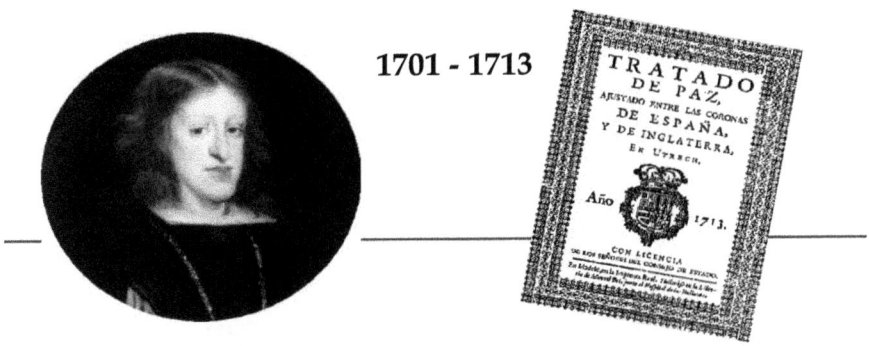

La guerra de sucesión española

La Guerra de Sucesión Española (España era un botín tentador para las potencias europeas) duró desde 1701 hasta la firma del tratado de Utrecht en 1713. Su causa inmediata fue la muerte sin descendencia de Carlos II de España (*el hechizado*, raquítico, enfermizo y de corta inteligencia), último representante de la Casa de Habsburgo; ello dejó como lógica alternativa la instauración de la Casa de Borbón en el trono de España. Tanto Luis XIV de Francia, (de la Casa de Borbón) como el emperador Leopoldo I del Sacro Imperio Romano Germánico, (de la Casa de Habsburgo), alegaban derechos a la sucesión española; ambos estaban casados con hijas de Felipe IV y sus madres eran hijas de Felipe III. En España, la guerra se convirtió en un conflicto civil entre borbónicos (partidarios de la Corona de Castilla), y antiborbónicos (partidarios de la Corona de Aragón).

Con la guerra España perdió sus posesiones europeas. La Gran Bretaña, por el contrario, consiguió el dominio del Atlántico y del Mediterráneo, con bases en Gibraltar y Menorca, lo que, junto a las concesiones territoriales y comerciales en América, estableció los cimientos del Imperio Británico. Para las potencias marítimas europeas (Inglaterra, Holanda y Francia), el beneficio principal fue el dominio sobre el comercio y los metales preciosos de Indias.

En Cuba el decadente estado de España limitaba la prosperidad de la isla. Los cubanos se fascinaron durante la Guerra con el esplendor y la grandeza de la Francia de Luis XIV. Cuba se benefició de las actividades de los corsarios y el contrabando introducido por los franceses, así como las nuevas ventajas comerciales obtenidas por los británicos a la conclusión de las hostilidades. Desde el punto de vista político, la élite habanera sintió las primeras aspiraciones separatistas al notar la diferencia entre sus intereses y los interéses de los peninsulares.

FOTOS: CARLOS II DE ESPAÑA; EL *TRATADO DE UTRECHT* EN 1713.

1713 - 1730

El Tratado de Asiento entre España e Inglaterra

Por el *Tratado del Asiento* de 1713 entre España e Inglaterra (resultado de la Paz de Utrecht), Inglaterra obtuvo por 30 años el monopolio de la trata de esclavos en Cuba: 144,000 "*piezas de Indias*" a ser entregadas en La Habana a razón de 4,800 por año. (Una *pieza* era equivalente a un joven hombre negro en buena salud. Un esclavo enfermo o una mujer valían menos de una pieza). Inglaterra también obtuvo autorización para introducir productos ingleses en Cuba. España recibió a cambio recursos monetarios importantes (el cobro de derechos por la introducción de negros y un por ciento de la ganancia total de la compañía.) El Rey recibía 33 pesos por cada *pieza*. El Tratado de Asiento rompió el monopolio colonial hispano, agudizó la corrupción y debilitó el poderío español en Cuba. Cuba se benefició con el desarrollo de intercambio comercial con Europa.

En la Habana se instituyó una de las llamadas Factorías y se designaron Factores, especie de administradores con atribuciones para decidir sobre mercancías y traspasos de propiedad a los compradores. Una vez obtenida la carga de esclavos en las costas africanas, los ingleses la vendían directamente a la Factoría en La Habana, que solía vender los esclavos en Cuba o en otras colonias españolas. En muchas ocasiones se efectuaban trueques en lugar de pagos en efectivo, sobre todo con tabaco, que ya tenía fama de alta calidad, buen precio y gran demanda.

IMÁGENES: FACTORÍA INGLESA EN LA HABANA; EL *TRATADO DE ASIENTO*.

1717

Comienza el Estanco del Tabaco

Por una instrucción fechada 11 de abril de 1717, el rey Felipe V impuso un monopolio real de todo el tabaco que se cultivaba en Cuba, decisión que fue conocida como el *Estanco del Tabaco*. Con esta decisión el imperio español elegía a la isla de Cuba como punto de abastecimiento principal de tabaco y el tabaco cubano comenzó a desplazar el de Virginia y Brasil en el mercado europeo. Con esa instrucción del Estanco, Sevilla se convirtió en el centro distribuidor exclusivo de tabaco en polvo de toda la América. Inicialmente, sin embargo, La Habana no tenía el predominio total del aprovisionamiento metropolitano. El tabaco en rama, según la instrucción, se importaría desde la propia Habana, pero también desde Trinidad de la Guayana, Puerto Rico y Santo Domingo e incluso del Brasil. Con el tiempo, Cuba llegó a tener el suministro total de tabaco, condición que duró hasta la formación de la Real Compañía de Comercio de La Habana en 1740.

Debido al Estanco, todos los cosecheros y comerciantes estaban obligados a vender el tabaco al Estado a un precio previamente fijado. Todo el tabaco cubano era cosechado por hombres libres, principalmente originarios de Islas Canarias. Los inmigrantes canarios no se dedicaron exclusivamente al cultivo del tabaco. La explotación de pequeños huertos para abastecer de *maloja* (alimento para el ganado) o de vegetales la ciudad y las estancias ganaderas fueron también otras de las vertientes de su trabajo. Los canarios fueron la base del desarrollo del campesinado en Cuba y un volumen significativo del pequeño comercio estaba en sus manos.

GRABADOS: EL VALLE DE VIÑALES EN PINAR DEL RIO, CUNA DEL MEJOR TABACO DEL MUNDO; LA FÁBRICA DE TABACOS DE SEVILLA.

1717

Una fuerte expansión tabacalera en Cuba

Con el auge de la gran expansión tabacalera y los beneficios reportados por las exportaciones de tabaco, la mayoría de los inmigrantes isleños tabacaleros (los vegueros) comenzaron a luchar por el acceso a la tierra y por obstaculizar el desarrollo de los privilegios señoriales que trataban de ejercer los terratenientes y grandes propietarios cubanos (los hacendados.)

Desde los 1690s se habían establecido en el sur de La Habana un creciente número de vegueros, en su mayoría arrendatarios isleños. Muy pronto, ya convertidos en una comunidad notable, decidieron institucionalizarse como ayuntamiento, con lo cual tenían derecho a una concesión de tierras en propiedad. Los hacendados lógicamente se opusieron al mermar su jurisdicción. Después de largos años, los vegueros triunfaron sobre los antiguos propietarios y consiguieron establecerse en tierras que fueron calificadas como *realengas* o *públicas*, pagando la hacienda habanera a sus dueños una buena parte del precio; ese gasto fue justificado por la Corona debido a su creciente interés en fomentar el desarrollo tabacalero.

La lucha entre vegueros y hacendados por el control de tierras susceptibles para el cultivo del tabaco no aparentaba tener final. Las fértiles tierras cubanas a las márgenes de los ríos y en los valles de Pinar del Rio y Las Villas siguieron provocando encuentros y luchas. Ejemplo de esas luchas entre hacendados y vegueros fueron las batallas entabladas en Jesús del Monte, Guanabacoa, Bejucal y Santiago de las Vegas.

FOTOS: JESÚS DEL MONTE A PRINCIPIOS DEL SIGLO XVIII; PLACA EN CONMEMORACIÓN DE LOS FUSILADOS EN 1723.

La sublevación de los vegueros

El 21 de agosto de 1717 se concentraron en Jesús del Monte, próximo a La Habana, 600 vegueros que entrarían al día siguiente en la capital. Exigían la expulsión del gobernador y la cancelación del *Estanco del Tabaco*. Inicialmente se les comunicó que sus quejas serían atendidas. Al no suceder lo prometido, se desencadenó un nuevo motín entre el 14 y el 27 de julio de 1720. La sublevación fue controlada por la mediación de un rico oligarca, José de Bayona y Chacón, que una vez más les garantizó que sus demandas serían atendidas. De nuevo, nada ocurrió y, por el contrario, los vegueros fueron forzados a vender a un precio cada vez más bajo su producción tabacalera.

El creciente malestar les llevó a 300 de ellos en febrero de 1723 a arrancar y destruir las siembras en áreas próximas a La Habana, amenazando seriamente las jugosas exportaciones que beneficiaban a la Corona. El Gobernador los amenazó con la pena capital, pero la negociación fracasó. En el Rancho de los Boyeros y en la loma de Jesús de Monte se enfrentaron los cultivadores con el ejército. Once de ellos fueron fusilados y sus cuerpos colgados en los árboles de los caminos. Los muertos en el motín a consecuencia de las heridas fueron ocho y se contó en más de cincuenta el número de desaparecidos. El proceso culminó en 1741 con la creación de la *Compañía de Comercio de La Habana*, un instrumento monopolista para controlar más eficazmente las ventas cubanas a la metrópoli, especialmente el tabaco. Fue un organismo peculiar con la particularidad de que una parte de sus accionistas o directores eran cubanos o estaban arraigados en la isla. Todo ello resultó en un deterioro de las condiciones de vida de los vegueros y un empobrecimiento general.

DIBUJO: FUSILAMIENTO DE VEGUEROS EN 1723

1728

La Universidad de La Habana (1)

El 5 de enero de 1728, la *Real y Pontificia Universidad de San Gerónimo de La Habana* fue fundada en el convento de San Juan de Letrán, perteneciente a la orden de los dominicos.

El convento era un enorme caserón, enmarcado por las calles de Obispo, O'Reilly, San Ignacio y Oficios, en la parte más antigua de La Habana, detrás del palacio de los Capitanes Generales. Allí radicó la más alta casa de estudios de Cuba hasta los comienzos del siglo XX, época en la que la trasladaron para la Loma de Aróstegui al final de la calle San Lázaro.

En 1850 la Universidad de San Gerónimo de la Habana pasó a ser una institución laica, y cambió el nombre por *Real y Literaria Universidad de La Habana*. En esta segunda etapa se profundizaron los enfoques científicos en la universidad. Figuras como Carlos Manuel de Céspedes, Antonio Bachiller y Morales, Felipe Poey, Francisco de Arango y Parreño, pasaron por sus aulas.

Luego de tener los más diversos usos, el convento fue comprado y demolido para levantar en esa manzana un gran edificio. La demolición comenzó en 1919, primero por la iglesia y el primer claustro, pero se detuvo por problemas financieros. El viejo convento de los dominicos se convirtió en una *cuartería*.

A finales de 1950, en un gesto de desprecio a la cultura nacional, fueron totalmente demolidos la iglesia y el convento sin dejar siquiera un muro para recordar que por sus aulas transitaron muchos de los fundadores de la nación cubana.

FOTOS: EL CONVENTO DOMINICO EN 1750; LAS RUINAS EN 1919.

La Universidad de La Habana (2)
FOTOS: LA UNIVERSIDAD COMO ERA EN LOS AÑOS DE SU FUNDACIÓN;
EL ESCUDO ORIGINAL DE 1728 Y EL NUEVO ESCUDO DE 1850.

1740

Surgió la Real Compañía de Comercio

Las evidentes ventajas de un monopolio comercial, decidió a un grupo de hacendados criollos a unir sus capitales con algunos comerciantes españoles de Cádiz (puerto que desde 1717 había sustituido a Sevilla en ser el único con el que Cuba podía comerciar legalmente), logrando así que la Corona les autorizara a formar una compañía que controlase todo el tráfico comercial de la isla. En 1740 surgió la *Real Compañía de Comercio de La Habana*, bajo la dirección de don Martín Aróstegui. Una parte considerable de las ganancias era para la Corona. Importantes funcionarios de la isla resultaron beneficiados. Toda la venta del tabaco, azúcar, cueros, maderas y otros productos quedó controlado por la compañía que también vendía en Cuba numerosos productos adquiridos en Europa: harina, telas, lozas y otros. A cambio de estos privilegios la compañía tenía ciertas obligaciones: construir buques para la marinas mercante y de guerra española, abastecer los navíos de la marina real que hicieran escala en Cuba y sostener embarcaciones armadas para perseguir el contrabando.

La compañía, por supuesto, cobraba precios muy altos por los productos que traía de Europa y compraba los productos cubanos a precios muy bajos; un barril de harina que le costaba 5 ó 6 pesos en España, por ejemplo, lo vendía en Cuba entre 35 y 36 pesos. Este elevado costo de las mercancías disminuyó los artículos importados. El resultado fue un gran retraso comercial en Cuba y un enriquecimiento desmedido de comerciantes españoles y hacendados criollos de La Habana.

GRABADOS: CEDULA REAL ESTABLECIENDO LA REAL COMPAÑÍA; SEVILLA, PUERTO TRADICIONAL PARA COMERCIAR CON CUBA.

1748

Construcción de la Catedral de La Habana

En la antigua Plaza de la Ciénaga, en la Habana Vieja, existe desde el siglo XVIII una de las edificaciones de carácter religioso más importantes de la capital cubana: la Catedral de La Habana. En 1748 fue colocada la primera piedra de lo que originalmente hubiera sido el oratorio de los hijos de San Ignacio de Loyola, de la orden de los jesuitas. Desde 1704 los jesuitas habían gestionado construir una iglesia en esa plaza. El 24 de octubre de ese año el procurador general de La Habana se opuso a esa petición, pero años después, por la Cédula Real del 19 de diciembre de 1721, la Compañía de Jesús solicitó y obtuvo un permiso para construir una iglesia. El 5 de abril de 1748 comenzaron los trabajos. En 1767, sin embargo, cuando ya se habían concluido las obras iniciales de esa iglesia, los jesuitas fueron expulsados de las posesiones españolas. No fue sino hasta 1778 que se reanudaron y terminaron las obras para transformar las humildes paredes del pequeño oratorio en una catedral habanera dedicada a la Purísima Concepción, cuya imagen hoy se alza en el altar mayor.

GRABADOS: LA CATEDRAL DE LA HABANA.

1750

La loma de Aróstegui (o de la pirotécnia)

La loma de Aróstegui es una elevación de 100 metros de altura donde se estableció la *Universidad de La Habana*. Durante el siglo XVIII fue propiedad de Martín Aróstegui, un tabacalero dueño de más de 20 molinos de tabaco que llegó a ser director de la *Real Compañía de Comercio de La Habana,* entidad que 20 años más tarde tuvo el monopolio del tabaco cubano. Durante la toma de La Habana por los ingleses la loma fue el lugar donde los británicos pasaban los duros calores del verano. Más tarde fue el lugar donde los españoles fabricaron primero un polvorín militar y luego el *Castillo del Príncipe* y los cubanos la *Universidad de La Habana* y el *Hospital Calixto García*.

Martín Aróstegui y Larrea (1698-1764), después de ser uno de los hombres más ricos de Cuba colonial, murió dejando a su familia con serios problemas económicos.

Fotos: laLloma de Aróstegui y el palacio de Aróstegui, en Tacón No. 4 esquina a Empedrado, La Habana.

Cuba entra en el correo internacional

En 1754 Cuba contaba con una población cercana a los 140,000 habitantes y había creado sus propias necesidades postales; por orden real de 26 de agosto de 1754, se autorizó la creación del servicio de correo interior, por cuenta y riesgo de la hacienda pública. Dos años más tarde, en 1756, se autorizó un correo entre La Habana y Santiago de Cuba, estableciéndose con ello la primera ruta postal en Cuba (14 a 30 días a caballo entre las dos capitales de provincia, si el tiempo era favorable.) Desde La Habana y con destino lugares en el interior de la Isla, se habilitaron caminos con postas o paradas de relevo en diversas localidades para atender y prestar servicios de correos; allí se ofrecía alimentación, reposición de bestias, carruajes, etc.

Desde 1764 a 1792 fueron creadas las siguientes oficinas postales: Guanabacoa, San Juan de los Remedios, Santa María del Rosario, Jaruco, Matanzas, Villa Clara, Sancti Spíritus, Trinidad, Puerto Príncipe, Bayamo y Santiago de Cuba. Años más tarde, en 1764, el rey Carlos III expidió otra cédula real estableciendo la Administración Principal de Correos de La Habana, supervisada por la Corona.

El decreto real dispuso también que mensualmente saliese del puerto de La Coruña para el de San Cristóbal de la Habana un *paquebote* con toda la correspondencia para indias y, a su regreso, llevara la que hubiese disponible para España. Para evitar ataques y saqueos de piratas y corsarios, los *paquebotes* que transportaban la correspondencia eran escoltados por galeones de guerra.

DIBUJO Y FOTO: UN *PAQUEBOTE* LA HABANA-LA CORUÑA; BUZONES DE LA HABANA

Cuba en la Guerra de los Siete Años

La Guerra de los Siete Años abarcó a toda Europa; de una parte Francia, Austria, Rusia, Suecia y Sajonia, a la que España se incorporó en 1762, y de la otra, Prusia e Inglaterra. Las verdaderas causas de la Guerra de los Siete Años radicaban en la aguda lucha por el control del comercio en las antillas y por el monopolio de la trata de esclavos, ambos en manos británicas pero deseadas por Francia. Para entonces la producción azucarera antillana superaba las 150,000 toneladas anuales y Jamaica se había convertido en el centro del mercado continental de esclavos (más de 80,000 por año) y en el almacén de las mercaderías británicas que inundaban los puertos españoles. Carlos III, al ascender al trono español, movido por ambiciones y resentimientos personales y por reivindicaciones nacionales (las ocupaciones británicas de Gibraltar en el sur de España y las de Belice en las costas hondureñas propiedad de España), provocó la guerra al firmar con Francia en 1761, un *Pacto de Familia* (ambos eran Borbones y pactaron considerar enemigo común al país que atacara a uno de ellos.)

La Guerra de los Siete Años significó para Cuba la toma de La Habana por los ingleses, un golpe que sacó a España del conflicto y le hizo perder La Florida a cambio de recuperar a Cuba. Como compensación, el monarca francés cedió La Luisiana a España. La Luisiana era en aquel momento un territorio inexplorado y difícil de controlar, amenazado por los ingleses.

DIBUJO: LA HABANA DE PRINCIPIOS DEL SIGLO XVIII, POR MIAHLE.

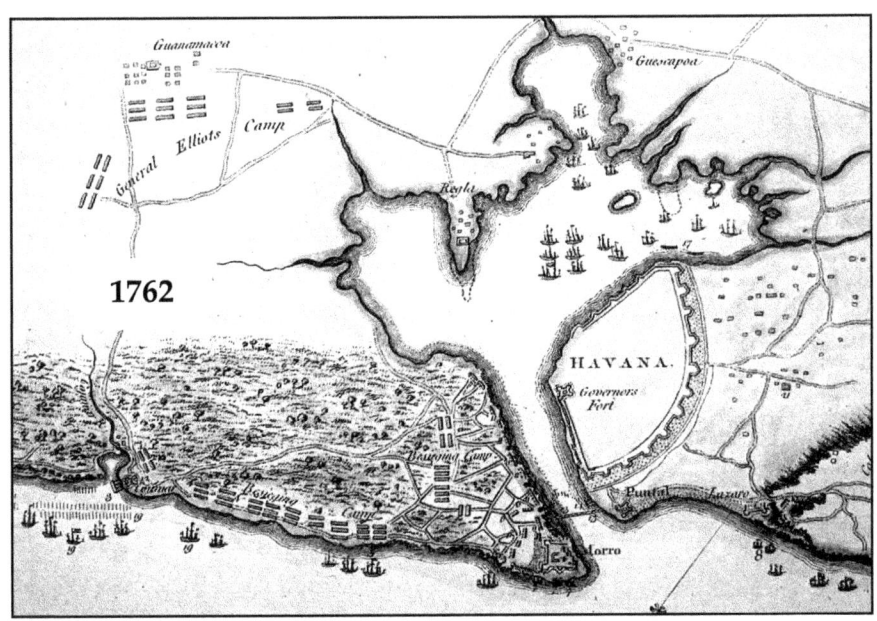

La Habana preparada para un ataque inglés

Cuando en 1761 Francia y España se unieron a Italia contra la Gran Bretaña en lo que se consideró el segundo pacto de familia de los Borbones, en Cuba se apresuraron a preparar un posible ataque inglés. El 20 de abril de 1762 e supo que los ingleses habían anchado en Barbados. El 5 de junio 50 navíos ingleses de guerra y 150 buques de transporte se presentaron frente a la Habana. En dos semanas desembarcaron en Cojímar (al este de la capital) y en la Chorrera (al oeste, junto al río Almendares). El 12 de julio le llegó a los atacantes un gran convoy de refuerzo desde Jamaica. El 28 llegó una división procedente del continente americano. El 30 los ingleses tomaron El Morro y el 2 de agosto llegaron nuevos refuerzos procedentes de Norteamérica. Desde El Morro el Conde de Albemarle, director de las tropas inglesas, pidió la rendición incondicional de La Habana. La Habana se llenó de banderas blancas en señal de rendimiento. En la capital circuló la consigna "*llegó la hora de los mameyes*," en referencia al color de las casacas inglesas. La Habana se convirtió en inglesa.

Los ingleses controlaron todo el occidente de la isla y autorizaron el comercio ilimitado con todos los barcos de bandera inglesa. El 3 de noviembre desterraron al obispo Morell de Santa Cruz, que se negó a cederles una iglesia católica para el culto anglicano. Los ingleses se prepararon para una larga estadía.

MAPA: LA HABANA DURANTE LA TOMA DE LA CIUDAD POR LOS INGLESES.

1756

La Habana fue por un tiempo inglesa

Dibujos: escenas de La Habana durante los 11 meses de ocupación inglesa: el ataque de las naves de George Keppel, conde de Albemarle el 12 de agosto de 1762; la vida cortesana a lo largo del Paseo del Prado; marinos ingleses observando la ciudad desde Casablanca.

Los ingleses: una bendición para Cuba

Cuando Cuba dejó de ser española en 1762 y se terminó el monopolio comercial de España, en lugar de penas y preocupaciones surgió un maravilloso florecimiento económico y social al desaparecer las restricciones impuestas por España a vegueros, azucareros y ganaderos criollos. Se abarataron las mercancías extranjeras y los productos autóctonos se pudieron vender más caros. Se desplegó un gran incremento de esclavos, de utensilios y telas. No se establecieron cambios bruscos en la administración civil y judicial, ni se persiguió el catolicismo. Tal fue el cambio que, un año más tarde, al establecerse el acuerdo en el cual los españoles canjeaban la península de la Florida por la devolución de La Habana, la Corona española no se atrevió a restablecer su monopolio comercial.

El gobernador de Santiago quedó al frente del gobierno en el resto de la isla en 1762. La Corona decidió mantener un bloqueo comercial de La Habana, tratando de doblegarla por hambre. Los ingleses respondieron permitiendo a los habitantes de la capital salir al campo a conseguir comida. El problema de abastecimiento fue enorme. Lo peor fue, sin embargo, la proliferación de oportunistas poco escrupulosos, así como las bandas de asaltantes y saqueadores que merodeaban en los alrededores de La Habana y Matanzas, azotando los vecinos. Todas las actividades artesanales desparecieron, por lo que se disparó la reventa y la especulación con los productos, lo cual causó la quiebra de muchos negocios. A pesar de todo, la ocupación inglesa abrió horizontes muy positivos para los habitantes de Cuba.

DIBUJO: EL AUGE DEL COMERCIO EN LA HABANA INGLESA.

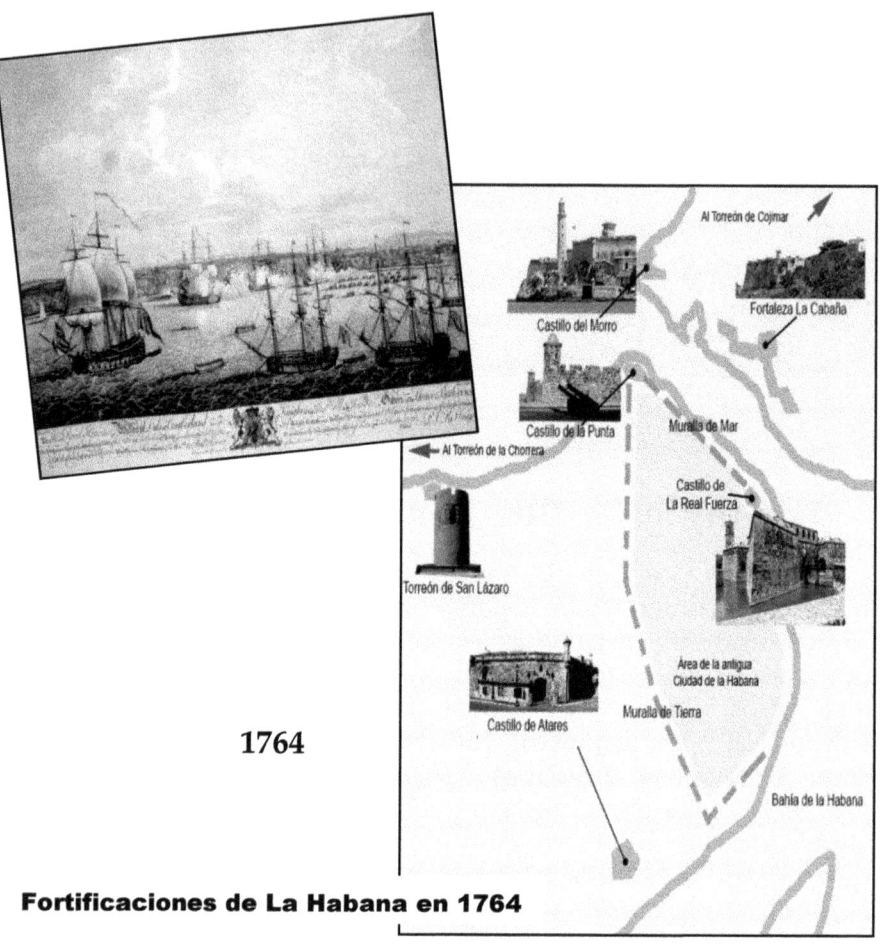

1764

Fortificaciones de La Habana en 1764

España liberalizó las posibilidades de comercio de la isla de Cuba

Dos años después que la corona española recuperó a Cuba de manos inglesas, se aprobó en 1764 una nueva ley arancelaria que permitía comerciar con Barcelona, Alicante, Cartagena, La Coruña, Santander y Gijón, acabando con el monopolio que hasta entonces tenían Cádiz y Sevilla. Otras colonias de América fueron igualmente autorizadas. Un año después, en 1767, se comenzó la construcción de los castillos de Atarés y El Príncipe, y se reforzaron El Morro y La Punta.

DIBUJOS: GRAN ACTIVIDAD COMERCIAL EN EL PUERTO DE LA HABANA EN 1764; LAS FORTIFICACIONES DE LA HABANA EN 1764.

La expulsión de los jesuitas de Cuba

El 2 de abril de 1767 las 146 casas de los jesuitas en territorio español fueron cercadas al amanecer por los soldados del rey; de inmediato, Carlos III informó las razones detrás de esa decisión: *"he cerrado a los jesuitas fuera de España* por gravísimas causas relativas a la obligación en que me hallo constituido de mantener en subordinación, tranquilidad y justicia de mis pueblos, y otras urgentes, justas y necesarias que reservo en mi real ánimo, usando la suprema autoridad que el Todopoderoso ha depositado en mis manos para la protección de mis vasallos y respeto a mi Corona."

Los políticos de la época postularon otra razón principal: la discrepancia entre el **absolutismo** político de Carlos III (según la Corona, por **derecho divino**) y el **populismo** atribuido a los sacerdotes, rectores, teólogos y filósofos de la Compañía de Jesús. Los bienes de los Jesuitas (fincas rústicas, templos, edificios y casas) fueron convertidos en **seminarios** diocesanos, vendidos en pública subasta o quedaron a disposición de los obispos locales.

Grabado: soldados de la Corona custodiando a los jesuitas; el decreto del rey Carlos III.

1769

Llegó O'Reilly y rearmó a La Habana

Alexander O'Reilly (1722-1794), militar español de origen irlandés, sirvió de joven en el ejército de Austria durante Guerra de los Siete Años. En 1761 ofreció sus servicios al ejército español, que ya nunca abandonaría. Tras la pérdida de La Habana en 1762 ante la armada británica, comandó un destacamento que logró recuperar La Cabaña y redactó un importante documento estableciendo las debilidades de La Habana ante posibles ataques futuros. En 1769 Carlos III encargó a Alejandro O'Reilly recuperar el control de la colonia de Luisiana, en la que los colonos franceses habían expulsado al gobernador español Antonio de Ulloa. En agosto del mismo año desembarcó con sus tropas en Nueva Orleans, castigó a los rebeldes y recobró la colonia. En calidad de nuevo gobernador se hizo famoso por su agresividad y la represión que desató acabó siendo llamado *el sangriento* por los colonos franceses. En marzo de 1770 Carlos III le relevó de su puesto. Durante toda su carrera O'Reilly se destacó como el mejor oficial español «*desfaciendo entuertos,*» y por ello fue recompensado por Carlos III con el título de Conde de O'Reilly.

OLEO: O'REILLY EN UN CUADRO DE GOYA EN 1780.

Seminario de San Carlos y San Ambrosio

En 1689 el obispo de La Habana, Diego Evelio de Compostela, estableció en una casa contigua a la suya en la calle de Compostela (llamada así en honor a ese obispo) el colegio San Ambrosio, para ofrecer estudios a varones pobres con vocación religiosa. Con el tiempo, la Compañía de Jesús comenzó en el año 1700 a construir un edificio para albergar el colegio San José. Ese edificio fue terminado en 1767, antes de que los jesuitas fueran expulsados del imperio español. La edificación fue ampliada por el obispo Juan José Díaz de Espada, que agregó detalles arquitectónicos que rivalizaban con los portones de la Universidad de Valladolid. En 1773 se fundieron el colegio de los jesuitas con el colegio San Ambrosio y de esa fusión nació el *Real Colegio y Seminario San Carlos y San Ambrosio.* Durante este período, el seminario alcanzó tal renombre científico que ni la *Real y Pontificia Universidad de San Gerónimo de la Habana* (fundada en 1728) le hacía sombra. El edificio se convertiría después, en la sede del arzobispado de la Habana bajo la figura del arzobispo de La Habana Manuel Cardenal Arteaga. Durante los años del obispo Espada, allí estudiaron el gran precursor de la independencia cubana Pbro. Félix Varela y Morales, uno de los primeros que percibió a Cuba como nación y José Antonio Saco, sociólogo, historiador y economista, que se destacó por su fuerte oposición a la esclavitud.

GRABADO: EL SEMINARIO, EN LA CALLE TACÓN, DETRÁS DE LA CATEDRAL

El Coliseo, primer teatro en La Habana

El Teatro Coliseo de la Habana (en la Alameda de Paula, entre las calles Acosta, Oficios y Luz), fue la primera edificación erigida en Cuba con el fin de brindar representaciones teatrales; abrió sus puertas el 20 de enero del año 1775 por iniciativa del Marqués de la Torre, quien argumentó que La Habana necesitaba un teatro. En 1773 el marqués reunió a comerciantes y personalidades de ciudad para recaudar fondos, reclamando que recuperarían sus inversiones con las ganancias del teatro.

En 1775 se presentó por primera vez una ópera. *Didone abbandonata*, obra que contó con libreto de Pietro Antonio Domenico Trapassi, el mejor libretista de la época. Las funciones eran los domingos, durante ellas se mostraba un programa compuesto tanto por compañías españolas y extranjeras de paso por la ciudad, como por músicos y actores cubanos.

En 1788, por órdenes del cabildo habanero, se amplió y reacondicionó. En 1788 fue de nuevo reparado y modernizado en 1803, reabriendo bajo el nombre de *Teatro Principal*. Se decía en su época que era superior en cuanto a lujos y condiciones a cualquier teatro de los Estados Unidos. En 1846 quedó devastado por los azotes de un ciclón.

DIBUJO: EL TEATRO COLISEO, EN EL LIBRO *CUBA PINTORESCA* DE FREDERIC MIAHLE.

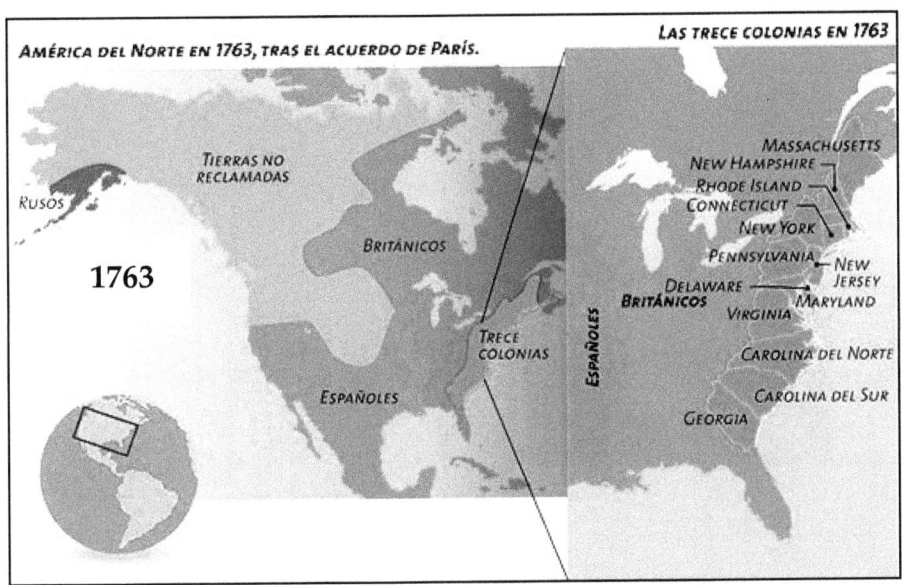

MAPA: NORTEAMÉRICA ANTES DE LA INDEPENDENCIA DE LOS EEUU.

Carlos III ordena ayudar las tropas independentistas de George Washington

Carlos III, monarca Borbón de España (al igual que Luis XVI de Francia, también Borbón), vivía persuadido de que Gran Bretaña era su eterno enemigo y que su derrota era absolutamente necesaria. Un mes antes de la firma de la Declaración de Independencia de los EEUU, el 4 de julio de 1776, Francia y España se comprometieron a dar ayuda financiera a los revolucionarios.

El Conde de Aranda, embajador de España en París, informó a Carlos III de «*conversaciones secretas con Francia sobre la ayuda que la corte francesa propone poner a disposición de los rebeldes en las colonias británicas.*» La respuesta oficial de España no se hizo esperar: «*Su Majestad aplaude las acciones de la corte francesa y la considera muy adecuada a los intereses comunes de España y Francia. En consecuencia me ha dado instrucciones para enviar un crédito cerrado de un millón de libras que se utilizará en esa empresa. Su excelencia le concede permiso para hablar con la corona de Francia buscando el mejor método para la utilización de esta suma de dinero y la mejor manera de asegurarse de que llegue a las fuerzas rebeldes en la America inglesa.*»

Los fondos fueron invertidos en formar una empresa, *Roderique Hortales et Cie.* que pronto envió a La Habana armas, municiones, ropa, polvo, armas y quinina, con la orden de enviarlas a apoyar la Revolución Americana.

1784

Las pinturas de Jean Baptiste Vermay en el Templete

Aunque nació en Francia, Jean Baptiste Vermay (1784-1833) se convirtió en líder en la pintura colonial cubana. Hijo de un carpintero, Vermay estudió con el gran pintor Jacques-Louis David, famoso por sus pinturas napoleónicas. Vermay fue a vivir a Cuba por recomendación de Goya. Cuba era una importante colonia española; con el tiempo debido a la influencia de Goya, Vermay fue nombrado pintor oficial del rey, y se estableció en Madrid, siendo después trasladado a Cuba. En la Habana Vermay fue el primer director de la Academia de San Alejandro, y sirvió allí desde 1818 hasta 1833, cuando murió de cólera durante una epidemia.

A lo largo de su vida, Vermay pintó principalmente frescos, murales y otras decoraciones interiores y exteriores en catedrales y monumentos de La Habana. También fue conocido por sus retratos de la aristocracia cubana. Tres de las pinturas de Vermay se exhiben en *El Templete*, el pequeño templo inaugurado en la ciudad de La Habana el 19 de marzo de 18245, que se encuentra en el lugar donde se fundó la capital cubana.

FOTOS: VERMAY Y SU CUADRO *LA PRIMERA MISA*.

La dolorosa historia de Ramón de la Luz

Cuba no podía ignorar la convulsión política en ambos lados del Atlántico; en el norte, la revolución americana; en Europa, la ya establecida revolución francesa y las perturbaciones creadas por la ambición de Bonaparte. Era imposible que España pudiera conservar sus colonias en medio de las complicaciones en su propio suelo: americanos y suramericanos emprendieron sus guerras de eman-cipación. En Cuba no fue así. El sobrenombre "*la siempre fiel isla de Cuba*" se convirtió en un lema profético.

En 1809 un rico hacendado criollo, Ramón de la Luz, tío de José de la Luz y Caballero, fraguó una conspiración contra España para alcanzar la independencia de Cuba. Desafortunadamente fue apresado y juzgado por un tribunal español que lo condenó a ser deportado a España, donde murió abandonado y en la miseria. El gran freno que impidió que se repitiera en Cuba lo que estaba ocurriendo en el continente a partir de 1810 fue el temor a Haití, es decir, a que se constituyese en las Antillas otra república de esclavos. Caracas invitó a los cubanos independentistas a unírsele, cosa que ellos rechazaron. Entonces, una oleada de inmigrantes incondicionales pro-españoles inundó la isla, dando traste a las ilusiones prematuras de los cubanos.

FOTO Y CUADRO: RAMÓN DE LA LUZ; ESCENAS DE LA REVOLUCIÓN HAITIANA.

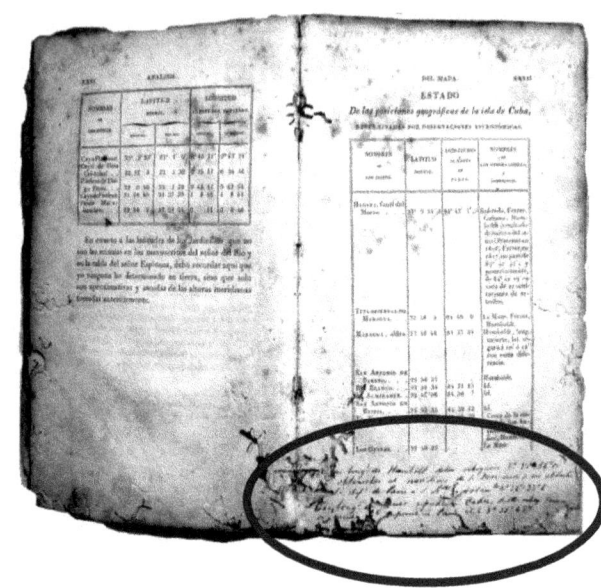

1792

Cuba y el Reformismo Político

Desde finales del siglo XVIII los terratenientes criollos, algunos poseedores de una refinada cultura, comenzaron a reclamar a España ciertos cambios económicos y políticos en beneficio de la isla. Entre esas reformas se encontraban: libertad de comercio, posibilidades para ocupar cargos públicos y participación en alguna forma de poder político. Ese movimiento se conoce en la historia de Cuba como la corriente política del *Reformismo* y tomó extraordinaria fuerza más tarde, durante las primeras décadas del siglo XIX. Los reformistas se apartaban de cualquier forma de lucha violenta contra el colonialismo español y no fueron partidarios de disponer de sus riquezas y propiedades en aras del ideal independentista que constituiría la única vía para dar solución a las contradicciones colonia–metrópolis. Una de las figuras más destacadas del *Reformismo* fue Francisco de Arango y Parreño quien en 1792 había presentado un trabajo ante la Corona española conocido como *Discurso sobre la agricultura de La Habana y medios para fomentarla.*

DIBUJO Y FOTO: *FRANCISCO DE ARANGO Y PARREÑO* (1765-1837); FOTO DE LA PRIMERA EDICIÓN (1826) DEL LIBRO DE HUMBOLDT *ENSAYO POLÍTICO SOBRE LA ISLA DE CUBA* CON ANOTACIONES EN LA ESQUINA INFERIOR HECHAS POR ARANGO Y PARREÑO.

1793

Se fundó en Cuba la Sociedad Económica de Amigos del País

Carlos IV, rey de España, al firmar la Cédula Real de fecha 15 de diciembre de 1792, concedió autorización para establecer en La Habana la *Sociedad Económica de Amigos del País*, de forma igual a otras similares ya existentes en España y en algunos países suramericanos. La primera sesión oficial se celebró el día 9 de enero de 1793, siendo gobernador de la isla Luis de las Casas, a quien se designó en el acto de constitución de la Sociedad como socio, primer Presidente de Honor y socio protector del Cuerpo Patriótico. Fueron socios fundadores, entre otros, Juan Manuel O'Farrill, conde de Casa Montalvo, Francisco de Arango y Parreño, José Agustín Caballero, Tomás Romay y Luis Peñalver.

Durante su larga existencia tuvo diferentes nombres, entre ellos: *Sociedad Patriótica de La Habana* (1793-1795) y *Real Sociedad Económica de Amigos del País de la Habana* (1877- 1896).

La Sociedad abrió en el mismo año de fundada la primera biblioteca pública de Cuba y creó, en 1816, su Sección de Educación, a la que se le asignó primero la tarea de inspeccionar la enseñanza primaria y después la dirección total de la misma. Fundó el Jardín Botánico en mayo de 1817 y la Academia de Pintura, Dibujo y Escultura San Alejandro en enero de 1818.

FOTOS: ESCUDO DE ARMAS Y PRIMERA MEMORIA DE LA SOCIEDAD.

1797

JOSÉ AGUSTÍN CABALLERO

Agustín Caballero publicó en Cuba su libro *Filosofía Electiva*

En 1797, el presbítero José Agustín Caballero (1762-1835), publicó la primera obra filosófica cubana, *Philosophia Electiva*. Escrita en latín, estaba destinada a utilizarse en el curso de filosofía que Caballero impartiría ese año en el Seminario de San Carlos y San Ambrosio. La Obra tenía cuatro partes: Lógica, Metafísica, Física y Ética, pero solo se conoce hoy el manuscrito de la primera parte. Esta joya de la literatura filosófica cubana permaneció extraviada en distintos archivos privados hasta que su primera edición vio la luz en 1944, gracias la Biblioteca de Autores cubanos de la Universidad de La Habana.

Caballero ha sido omitido o subvalorado en más de una de las historias de la filosofía cubana, a pesar de haber ocupado la cátedra desde 1785 hasta 1805; en esos años sentó las bases de un nuevo método de pensar, enseñando *"verbalmente"* a sus discípulos. No fue un escritor prolífero, sino más bien un excelente maestro y orador. La mayoría de sus manuscritos han desaparecido y solo unos pocos se conocen hoy en día. Su labor diaria, paciente y silenciosa en dicha cátedra, unida a su ejemplo personal y a su actividad educativa y divulgadora como destacado colaborador del *Papel Periódico de la Habana* y como activo miembro de la *Sociedad Patriótica*, fue poco a poco moldeando nuevas conciencias filosóficas y patrióticas, como la de su sobrino José de la Luz y Caballero y la del Pbro. Félix Varela.

DIBUJOS Y FOTO: PBRO. JOSÉ AGUSTÍN CABALLERO Y SU OBRA.

*Los cubanos comienzan
a sentirse independientes*

1800

La visita a Cuba de Alexander von Humboldt

El *Ensayo Político* (*Essai politique sur l'île de Cuba*) de Humboldt sobre la isla de Cuba es uno de los textos fundadores de la Cuba decimonónica. Para Humboldt, Cuba era un microcosmos del Nuevo Mundo. Previendo los problemas sociales por venir, su libro llamó a la reforma social y económica. Por su posición firme contra la esclavitud y la trata de esclavos, el libro se convirtió en la más controversial de las publicaciones de Humboldt en su día.

Durante una estancia inicial de tres meses en La Habana, sus primera tarea fue estudiar adecuadamente esa ciudad y los pueblos cercanos de Guanabacoa, Regla y Bejucal. Se hizo amigo del pensador cubano Francisco Arango y Parreño; juntos visitaron el área de Güines en el sur de La Habana, los valles de la provincia de Matanzas y el Valle de los Ingenios en Trinidad. Esas tres áreas fueron, en su momento, la primera frontera de la producción de azúcar en la isla. Durante esos viajes, Humboldt recogió información estadística sobre la población, producción, tecnología y el comercio de Cuba, y con Arango, hizo sugerencias para mejorarlos. Predijo que el potencial agrícola y comercial de Cuba era enorme. Fue sin dudas el segundo descubridor de Cuba.

FOTOS: HUMBOLDT, SU LIBRO Y SU BUSTO EN LA UNIVERSIDAD DE LA HABANA.

Cuba se convirtió en un país de lectores
UNA SELECCIÓN DE PERIÓDICOS CUBANOS EN LOS AÑOS 1800s.

Cubanos notables nacidos en la segunda mitad del siglo XVIII

FOTOS: *JOSÉ AGUSTÍN CABALLERO* (1762-1835), TEÓLOGO, EDUCADOR; PBRO. *FÉLIX VARELA* (1788-1853), PRECURSOR DE LA INDEPENDENCIA, FILÓSOFO, NOTABLE FIGURA DE LA IGLESIA CATÓLICA EN CUBA Y EN LOS EEUU; DR. *TOMÁS ROMAY Y CHACÓN* (1764-1849), FUNDADOR DE LA MEDICINA EN CUBA; *JOSÉ ANTONIO SACO* (1797-1879), ESTADISTA, DIPUTADO A LAS CORTES; *FRANCISCO DE ARANGO Y PARREÑO* (1765-1837), CAMPEÓN DE LA EDUCACIÓN POPULAR EN CUBA; DR. **FELIPE POEY** (1799-1891), ZOOLOGO, FUNDADOR DE LA ACADEMIA DE CIENCIAS; *JOSÉ DE LA LUZ Y CABALLERO* (1800-1862), MAESTRO DE MAESTROS; LA **CONDESA DE MERLÍN** (1789-1852), NOVELISTA.

Cuba recibió el impacto de la Revolución Haitiana

La sociedad colonial haitiana adolecía de profundos antagonismos entre sus integrantes. Esos antagonismos se agudizaron con las revoluciones americana y francesa: los blancos ricos quisieron separarse de la metrópoli; los blancos pobres suplantar a los grandes; los mulatos disfrutar de iguales derechos que los blancos y los esclavos alcanzar su libertad.

En 1790 se produjo un levantamiento armado de mulatos, apoyados por unos 300 cimarrones. Lograron capturar la capital y poner fin a la discriminación oficial, pero no a la esclavitud. Al año siguiente se produjo un feroz y exitoso levantamiento de esclavos, apoyado por anti-esclavistas de Cuba, que fue respondido con brutal fiereza por las autoridades francesas. Entre 1802 y 1804, finalmente, ocurrió una cruel y sangrienta revolución, liderada por Toussaint Louverture y Jean Jacques Dessalines. En Cap-Françoise, el 1 de enero de 1804, se proclamó la independencia de Haití.

La revolución haitiana influyó enormemente en la cultura material y espiritual cubana. Más de 5,000 haitianos llegaron a Cuba en el primer tercio del siglo XIX, asentándose en colonias cañeras de Oriente. Los empresarios cubanos, alarmados por el espectro de una segunda Haití en Cuba, pronto reconocieron que la única consecuencia importante iba a ser el asentamiento en Cuba de una magia religiosa que aportaban los haitianos, que incluía fetichismo, sacrificios rituales y el trance como medio de comunicación con sus deidades.

CUADRO: *LA TOMA DE CAP-FRANÇOISE EN HAITÍ.*

Jefferson compró *La Luisiana* francesa

En 1803 Francia transfirió a los Estados Unidos un vasto territorio en América del Norte, conocido como *La Luisiana*; cerca de 530 millones de hectáreas (casi una cuarta parte del territorio actual de los Estados Unidos) situadas entre los ríos Mississippi y Missouri. Los Estados Unidos pagaron a Francia 15 millones de dólares, cerca de 3 centavos de dólar por acre.

La Luisiana estaba vagamente definida, pero incluía ciudades portuarias como Nueva Orleans. El territorio había pertenecido a Francia pero en 1763 lo habían cedido a España; luego, durante el mandato de Napoleón Bonaparte, esas tierras regresaron de nuevo a Francia. Jefferson se alarmó ya que veía a una gran colonia francesa controlando la desembocadura del río Mississippi, poniendo en peligro la navegación y el comercio norteamericano (para hacer llegar hasta el Atlántico sus mercancías, los comerciantes y agricultores que habitaban los valles de los ríos Tennessee y Ohio lo hacían por el Mississippi.)

La adquisición de *La Luisiana* indujo a franceses y españoles residentes de esa región a emigrar a Cuba, donde aportaron grandes conocimientos y prácticas de agricultura.

MAPA: EL TERRITORIO INCLUIDO EN LA COMPRA DE *LA LUISIANA*.

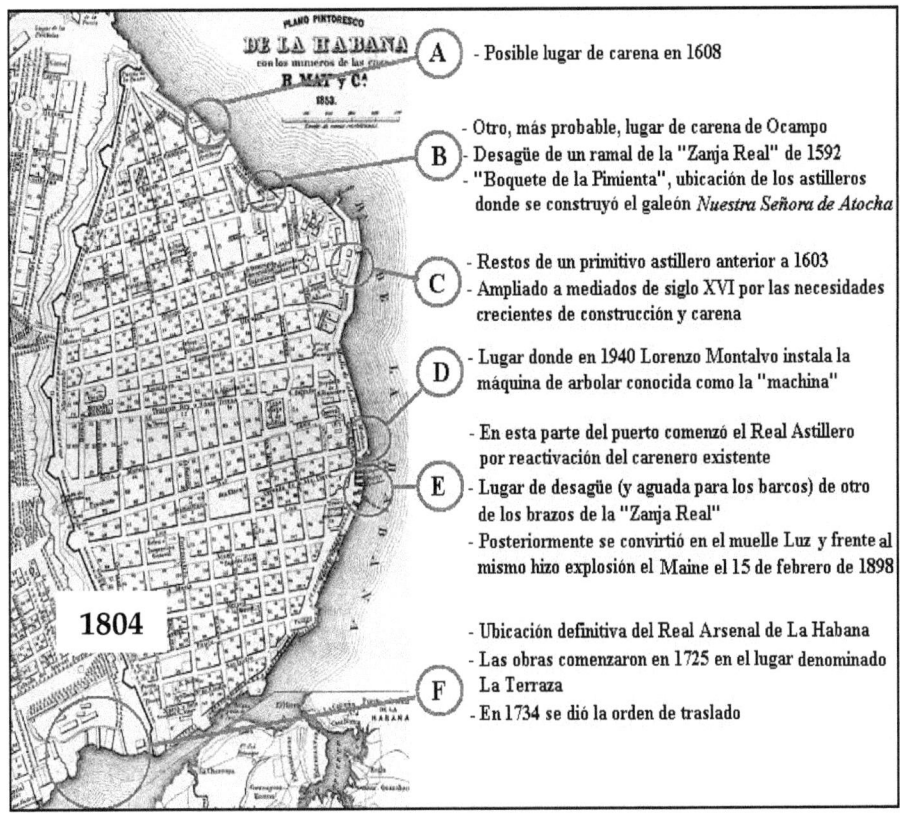

Los astilleros de La Habana (1)

La Marina de guerra española realizó un gran esfuerzo durante el siglo XVIII para igualar a la inglesa, ya que la lucha por la supremacía en los mares americanos constituyó el fundamento de parte de las reformas de los Borbones españoles. Cuba y sus acaudalados capitalistas fueron el centro del poder emergente en el Caribe, no solo por la producción de azúcar, tabaco, maderas y café, sino por el astillero de La Habana, que construyó la mayor cantidad de navíos de guerra para la marina española del siglo XVIII. Esos navíos fabricados en Cuba fueron el eje de la política naval española durante los críticos años entre 1763 y 1805. Pocas veces se ha resaltado el papel de los astilleros cubanos y su estrecha relación con las ilusiones navales españolas y las actividades bélicas que desembocaron en Trafalgar.

MAPA: VARIOS DE LOS ASTILLEROS CONSTRUIDOS A LO LARGO DE LOS AÑOS EN LA BAHÍA DE LA HABANA.

Los astilleros de La Habana (2)

En la nueva etapa reformista de los Borbones en el siglo XVIII, hubo tres grandes astilleros: La Habana, Guarnizo (Cantabria) y El Ferrol (Galicia). El astillero de La Habana, fue el que mayor número de barcos de línea aportó; construyó setenta y cuatro navíos de guerra. De los catorce navíos de tres puentes y más de 100 cañones botados a lo largo del siglo XVIII en los diferentes astilleros españoles, la mitad fueron construidos en La Habana, entre ellos Santísima Trinidad, Los Santos Reyes, San Pedro y San Cristóbal. Catorce navíos habaneros todavía servían en 1805, seis de ellos contando con noventa y cuatro o más cañones. Pese a la importancia naval de muchas de las ciudades marineras de España en América, La Habana fue siempre la poseedora del más importante y eficiente de los astilleros activos del siglo XVIII español.

Entre 1740 y 1850 la Real Compañía de La Habana se hizo cargo de las construcciones navales, comprometiéndose a construir tres ó cuatro grandes naves anualmente. Las bondades de las maderas cubanas y la robustez de sus navíos probaron ser superiores a cualquier otro de los construidos en los astilleros peninsulares. La Habana dedicó a ello toda la plata mexicana recibida para fortalecer sus servicios navales. Allí se fabricaron los más imponentes barcos de la armada española, muchos con cuatro y tres puentes de superestructura.

GRABADO: CONSTRUCCIÓN DE BARCOS DE GUERRA EN LA HABANA.

Cuba y la Batalla de Trafalgar

Desafortunadamente para España en Trafalgar, debido a los recortes presupuestarios a la construcción naval en Cuba, la marina española se vio privada de disponer de un núcleo naval habanero, a pesar de que históricamente ya las naves hechas en Cuba habían demostrado una enorme robustez en combate. El grupo español que se enfrentó en Trafalgar a los ingleses era de menor calidad que el evidente poderío naval que presentó el Almirante Nelson. La flota hispano-francesa (a pesar de contar con barcos más grandes que la de los ingleses) perdió 22 navíos sin afectar uno solo de los barcos de Nelson.

Aparte de los factores financieros ya comentados, ha sido siempre un enigma histórico la ausencia de los navíos habaneros en las importantes y decisivas acciones navales de 1805. Con la ocupación francesa de España, las guerras revolucionarias, la independencia de las colonias continentales y con ella la pérdida de la *raison d'être* de la flota, La Habana nunca recuperó su primer lugar en la construcción naval. En realidad, consideraciones financieras y estratégicas limitaron el papel de La Habana en la flota española mucho antes de la Batalla de Trafalgar. La política reformista ya había perdido su fuerza mucho antes del colapso del imperio.

IMAGEN: LA CAÍDA DE NELSON (EN UN CÍRCULO) EN LA BATALLA DE TRAFALGAR.

La Habana de principios del siglo XIX

GRABADOS: EL *PASEO DEL PRADO*, PRIMERA CALLE PAVIMENTADA EN LA HABANA EN 1772; VISTA DE LA *CATEDRAL DE LA HABANA* EN 1789.

El nuevo cementerio del obispo Espada

Hasta 1803 la costumbre en la Habana, como en muchas ciudades del mundo, había sido enterrar a los muertos en las bóvedas de las iglesias. Ese año el obispo de La Habana, José Díaz de Espada y Landa (1757- 1832), inauguró un cementerio (primer cementerio público de Cuba y la América hispana, hoy en desuso) situado aproximadamente a una milla al oeste de la ciudad de La Habana, cerca de la costa y del hospital de leprosos de San Lázaro. Sus límites incluían las calles actuales de San Lázaro, Vapor, Espada y Aramburu.

La apertura de ese cementerio fue un paso importante para mejorar la higiene y salubridad de la creciente población de la ciudad. A lo largo de casi un siglo el cementerio acogió a nobles, ricos, pobres y usureros, sin distinción alguna.

El proyecto del cementerio fue posible gracias a la cooperación del gobernador general Don Luis de las Casas, el médico Tomás Romay y la Sociedad Económica de Amigos del País. El costo total de la obra fue 46,868 pesos fuertes; el espacio permitía disponer de cuatro mil seiscientas sepulturas, osarios, y una capilla para dar el último adiós a los difuntos. La puerta de entrada miraba al sur, y tenía en la parte superior del arco de medio punto que la remataba, en letras de bronce, en español y en latín, una inscripción: *A la Religión y a la Salud Pública*.

DIBUJOS: EL OBISPO ESPADA Y EL CEMENTERIO QUE LLEVABA SU NOMBRE.

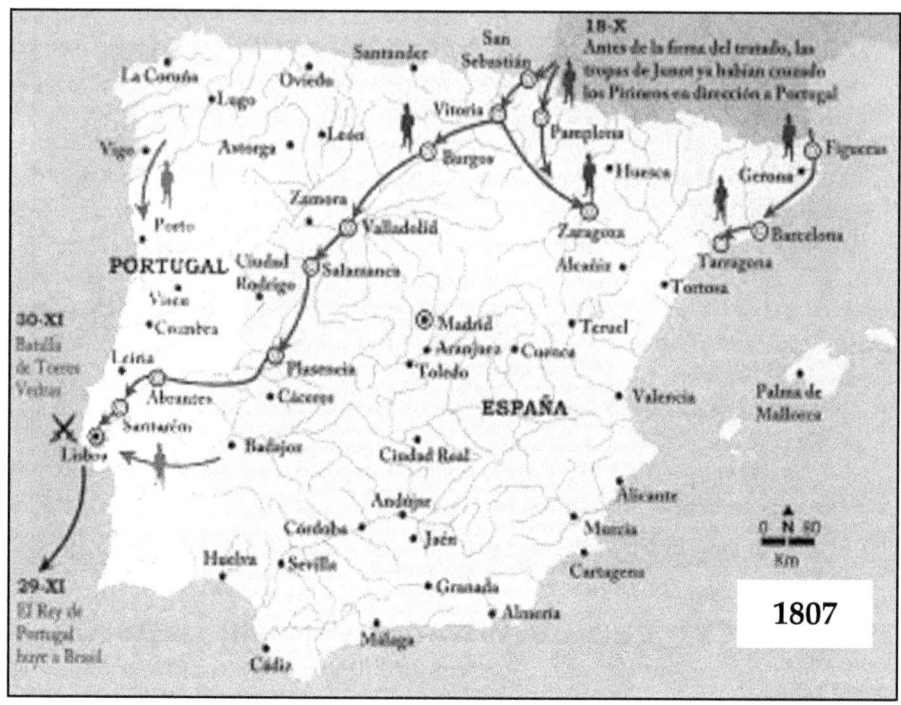

Napoleón y su traidora invasión de España

En 1806 Francia decretó un bloqueo continental en contra de Inglaterra, su habitual enemigo. El decreto prohibía el comercio de productos británicos en el continente europeo. Portugal se negó a aceptar el mandato francés y Napoleón decidió invadir el territorio lusitano. Para ello necesitaba mover sus tropas por territorio español.

El 27 de octubre de 1807, en la ciudad francesa de Fontainebleau, se firmó un tratado entre España, representada por Manuel Godoy en nombre de Carlos IV de Borbón y Francia, representada por un agente plenipotenciario de Napoleón Bonaparte, emperador de los franceses. En el *Tratado de Fontainebleau* se estipulaba la invasión militar conjunta franco-española de Portugal (en ese momento aliada formalmente a Inglaterra); de acuerdo a ese tratado se permitía el paso de las tropas francesas por territorio español para invadir a Portugal. Este acuerdo ingenuo por parte de España fue el antecedente de una inmediata invasión francesa de toda la península ibérica y dio lugar al levantamiento del 2 de mayo y la Guerra de la Independencia española.

MAPA: EL PASO DE LAS TROPAS FRANCESAS POR ESPAÑA EN 1807.

1808 - 1813

Cuba y la Guerra de Independencia española (1)

Después del *Tratado de Fontainebleau* en 1807, los sucesos en España se precipitaron. En marzo de 1808, estalló el Motín de Aranjuez cuando Fernando, Príncipe de Asturias, se dio cuenta que los franceses habían invadido España para quedarse. El 2 de mayo Madrid se levantó en armas. Unos días después abdicaron Carlos IV y Fernando en favor de José Bonaparte. En Cuba, al llegar las noticias, el gobernador Salvador José de Muro y Salazar, Marqués de Someruelos, expulsó a 16,000 franceses de la isla (se exilaron en New Orleans) y proclamaron rey a Fernando VII, que estaba detenido en Francia. En Bailén, al sur de España, un ejército español derrotó las tropas francesas. Napoleón envió a España 150,000 soldados, muchos de los cuales participaron en la toma de Madrid. Los ingleses trataron de irse de España y fueron derrotados en La Coruña mientras Palafox se rindió con sus tropas españolas en Zaragoza tras una heroica resistencia.

Al margen de lo que estaba ocurriendo en España, Thomas Jefferson envió un funcionario a la Habana para hacer una oferta de compra de la isla de Cuba. Someruelos lo recibió fríamente y logró que los gobiernos de Francia e Inglaterra se comunicaran con Washington para expresar su oposición.

OLEO: *FUSILAMIENTOS DEL 3 DE MAYO EN MADRID*, DE GOYA.

Cuba y la Guerra
de Independencia española (2)

FOTOS Y MAPA: *NAPOLEÓN BONAPARTE* (1769-1821), INVASOR DE ESPAÑA; *JOSÉ BONAPARTE* (1768-1844), SU HERMANO, REY TEMPORAL DE ESPAÑA, SICILIA Y NÁPOLES; *FERNANDO VII, EL DESEADO*, REY DE ESPAÑA, REHEN DE NAPOLEÓN; **MAPA** DE LA *GUERRA DE INDEPENDENCIA DE ESPAÑA* (1807-1814).

1808 - 1813

Cuba y la Guerra de Independencia española (3)

Oleos: LAS TROPAS DE NAPOLEÓN SE RINDEN A LAS DE ESPAÑA EN BAILÉN; EL *MARQUÉS DE SOMERUELOS*, FUNDADOR DE MUCHAS VILLAS EN CUBA Y PROMOTOR DE GRANDES AVANCES EN SALUD PUBLICA; EL GENERAL *JOSÉ PALAFOX* (OLEO DE GOYA), HEROE DEL *SITIO DE ZARAGOZA* CUYA HIDALGUÍA DESPERTÓ GRANDES SIMPATÍAS ENTRE LOS CUBANOS.

Se promulgó en Cádiz la Constitución de 1812 (*La Pepa*)

La Constitución de 1812 de Cádiz (conocida popularmente como "*La Pepa*"), considerada por algunos historiadores como el primer texto constitucional español, fue el resultado de un proceso independentista que se libró en la península contra la ocupación francesa, al mismo tiempo que una expresión del ideario revolucionario que recorría a Europa desde la Revolución francesa en 1789.

La Pepa fue un documento extenso, que consagró una monarquía constitucional, la cual definió como *monarquía moderada (pero hereditaria sagrada e inviolable y no sujeta a responsabilidad)*. La Constitución suprimió instituciones medievales, reguló derechos individuales, enunció que la soberanía *reside esencialmente en la nación,* definió el territorio (incluyendo a Cuba y todos los otros dominios coloniales), reguló al gobierno estableciendo tres poderes: el Rey, las Cortes y los tribunales civiles y criminales. También estableció las bases para elegir a los diputados de cortes, reguló el proceso de formación y promulgación de las leyes e introdujo principios procesales que sentaban las bases para una impartición imparcial de la justicia. Su déficit principal fue revivir instituciones del absolutismo e investir al rey de poderes absolutos.

FOTOS: LA CONSTITUCIÓN DE CÁDIZ; GRAFFITTI EN EL MADRID DE 1812.

1810 - 1814

Representación cubana en las Cortes de Madrid

A Cuba arribaban por barco, con bastante retraso, tanto las noticias como las personas. El 22 de enero de 1809, la Suprema Junta Central en Aranjuez decretó que "*los vastos dominios de España no eran colonias sino provincias y virreinatos,*" Cuba fue invitada a enviar a España dos delegados a la Asamblea Constitucional (Luis de Peñalver y Arango y Parreño), cuyas elecciones fueron más tarde anuladas por Madrid. Un año después, el Marqués de Someruelos, Capitán General de Cuba, presidió una reunión que eligió a Andrés de Jáuregui y Aróstegui, exitoso comerciante, y Juan Bernardo O'Gavan, clérigo ilustrado, como delegados a la Constituyente de 1812. El 13 de julio de 1812 llegaron a La Habana, en la goleta *Cantábrica*, los primeros ejemplares de la Constitución de 1812.

Dos años después, en julio de 1814, atracaba en el puerto de La Habana un buque con el decreto del 4 de mayo por el cual Fernando VII, *el Deseado*, suprimía la Constitución. No habían pasado dos años desde la promulgación. De un plumazo se eliminaba todo lo que había logrado avanzar Cuba y en Madrid en años de arduos debates. A Santiago de Cuba la noticia llegó el 8 de agosto de ese año. En ambas ciudades la restauración de la monarquía absoluta fue celebrada con fiestas populares. Para Cuba, sin embargo, frustrados por los absolutistas en Madrid, se anulaban sus deseos de participación en la vida política.

DIBUJO: LAS CORTES DE MADRID EN SESIÓN.

Las Cortes no resolvieron nada en Cuba

IMAGENES:
UNA PÁGINA DEL PERIÓDICO INGLÉS *ILLUSTRATED LONDON NEWS*
MOSTRANDO EL LUGAR Y EL INTERIOR DE LAS CORTES ESPAÑOLAS

1811 - 1851

Surgen los primeros proyectos constitucionales cubanos

En España se desarrolló un fuerte apoyo a la Constitución de Cádiz; no así en Cuba. La prensa cubana la recibió en estos términos: «*una forma más de paternalismo y mezquindad, de tira y afloja, de ensayos y experimentos, que hubiera convertido a Cuba en un laboratorio institucional permanente, para el que no acaba de encontrarse solución. O más bien, no acaba de ponerse la necesaria voluntad política para aplicarla.*» Los propios gobiernos españoles la vieron como un foco escondido de peligrosa liberalidad.

A esa constitución respondieron los criollos en Cuba con varios ejemplos de constituciones con mejores bases jurídicas y ajustados a la realidad cubana: En el fructífero año de 1811, Francisco de Arango y Parreño, José Agustín Caballero y Félix Varela lanzaron sus proyectos de constitución cubana. En 1812 lo hizo Joaquín Infante; en 1822 Gabriel Claudio Zequeira; en 1851 Narciso López y en 1851 la Sociedad Ave María. Diputados cubanos ante las cortes españolas presentaron allí las de Francisco de Arango y Parreño, José Agustín Caballero y Félix Varela Morales. Madrid nunca estuvo en disposición de escucharlos.

DIBUJOS: FRANCISCO DE ARANGO Y PARREÑO, JOSÉ AGUSTÍN CABALLERO Y FÉLIX VARELA, LOS TRES CUBANOS CUYOS PROYECTOS DE CONSTITUCIÓN FUERON PRESENTADOS EN LAS CORTES ESPAÑOLAS.

1812

José Antonio Aponte lanzó la primera conspiración independentista en Cuba

José Antonio Aponte, fue un activista cubano, oficial del ejército español y carpintero de origen *Yoruba* que organizó una de las mayores conspiraciones de esclavos en su tiempo, conocida como la *Conspiración de Aponte de 1812*. La causa de Aponte ganó un considerable número de seguidores entre los muchos cubanos y fue proclamado por algunos como el próximo rey de Cuba.

Aponte provocó un levantamiento al que pertenecieron por igual cubanos negros, mestizos y blancos de distintos estamentos sociales, libres y esclavos, todos simpatizantes de la causa de la abolición de la esclavitud y la independencia de Cuba. El alzamiento en armas ocurrió el 15 de marzo de 1812 en el ingenio Peñas Altas, en Guanabo, al este de La Habana. El levantamiento pronto fracasó y Aponte y ocho de sus cómplices fueron capturados, ahorcados y decapitados el 9 de abril 1812 en la ciudad de Camagüey; sus cabezas fueron colocadas en un jaula de hierro y mostradas frente a sus casas. El hilo conspirativo de Aponte partía de La Habana y se había extendido por un numeroso grupo de ciudades, pueblos y haciendas a lo largo de la isla hasta Baracoa, en el extremo oriental.

DIBUJO Y FOTO: APONTE Y UNA PLACA RECORDATORIA EN CAMAGÜEY.

1812: un año de eventos transcendentales

Pocos años han sido testigos de eventos tan importantes en la historia de la nación cubana como 1812.

El 8 de mayo se promulgó en Madrid la *Constitución de Cádiz*, la cual fue recibida en Cuba en julio y puesta en vigor de inmediato por el Gobernador Juan José Ruiz de Apodaca y Elisa Gastón de Iriarte López de Letona y Lasqueti, Conde de Venadito (1754-1835), futuro Virrey de Nueva España (que comprendía México, América Central, el Caribe, la Florida, Texas, Nuevo México, California y las Filipinas). La Constitución otorgó el voto a todos los varones mayores de 25 años, garantizó la libertad de prensa y dio a Cuba el derecho a enviar diputados a las Cortes españolas.

Temporalmente, el comercio cubano quedó reducido a barcos de bandera norteamericana y mermó sustancialmente cuando los EEUU declararon guerra a Gran Bretaña. Se creó en la Habana la *Lotería Nacional*. Nacieron en Cuba Antonio Bachiller y Morales (1812-1889) y Cirilo Villaverde (1812-1894); Varela publicó sus *Instituciones de Filosofía Ecléctica* y María Luisa de las Mercedes Beltrán Santa Cruz Cárdenas Montalvo y O'Farrill, Marquesa de Merlín (1789-1852) preparó su marcha a Francia.

OLEOS: LA GUERRA DE EEUU Y GRAN BRETAÑA; EL GOBERNADOR APODACA Y LA MARQUESA DE MERLÍN.

Félix Varela, educador de los cubanos

Los siglos XVIII y XIX en Cuba fueron un contrapunto dramático de luz y sombra; por un lado estaban las luces seductoras de la *Ilustración*, periódicos, y sociedades patrióticas; por el otro, la silueta infame de los barcos de esclavos y las viviendas de los esclavos detrás de cada actividad económica.

La cultura cubana se basó principalmente en las obras importadas de España, a pesar de los esfuerzos de las mentes eminentes del Seminario San Carlos y San Ambrosio (1723), la Universidad de La Habana (1728) y la Sociedad Patriótica (1793). El analfabetismo en Cuba era todavía un 70 por ciento en pleno siglo XIX, cuando el acceso a información ya estaba íntimamente ligado a las "comodidades" de la vida.

En 1812, Félix Varela (1788-1853) decidió renovar el plan de estudios del Seminario de San Carlos, compartiendo las verdades de la fe católica con las verdades de la razón; reemplazó el latín con el castellano y sustituyó las viejas tradiciones escolásticas con el amplio paisaje ideológico de Bacon, Locke, Newton y Descartes. Reemplazó los viejos poemas castellanos con obras modernas de Cervantes, *Don Quijote* y *Novelas Ejemplares*, *Coplas* de Jorge Manrique, la poesía de Garcilaso y las obras de Lope de Vega. Incluido en el nuevo canon de Varela eran las aventuras de *Telémaco* de Fenelon (1776, el libro más leído del siglo), numerosos diccionarios y gramáticas y, dando crédito a América, *La Araucana* (1776) de Alonso de Ercilla.

FOTO: FÉLIX VARELA EN LA FACHADA DEL SEMINARIO SAN CARLOS Y SAN AMBROSIO.

Restauración absolutista de Fernando VIII

En 1814 un acuerdo con Napoleón devolvió el trono de España a Fernando VII. El 5 de mayo Fernando emprendió una marcha triunfal hacia Madrid. El entusiasmo popular ante el retorno de *El Deseado* fue inmenso. Su regreso puso punto final al primer experimento de constitucionalismo en España.

Fernando decretó la vuelta al absolutismo con el respaldo de parte del ejército y 69 diputados de las cortes de Cádiz, que derogaron el régimen constitucional (por decreto se dio la Constitución de 1812 por *"no escrita y no habida"*), anulando todos los actos de las cortes. Los diputados expresaron su apoyo al Rey con la firma del *Manifiesto de los Persas*, que en parte decía: "*La monarquía absoluta es una obra de la razón y de la inteligencia: está subordinada a la ley divina, a la justicia y a las reglas fundamentales del Estado*". Hubo una intención de vuelta al *Tribunal de la Inquisición* y al sistema feudal (las únicas promesas no cumplidas). Restaurados: el poder de la nobleza, la no igualdad ante la ley, la persecución legal contra la oposición. La secuela fue una división de la sociedad entre liberales y absolutistas.

Las consecuencias de la ocupación francesa para España fueron graves económicamente: el comercio ultramarino casi desapareció, pero quien más se resintió fue la hacienda real al no llegarle las remesas de plata y al no cobrar los aranceles que llegaban desde América. La clase influyente en Cuba se benefició con una mayor participación en el gobierno colonial y una mayor influencia en las políticas del rey.

DIBUJO: UNA ALEGORÍA AL REGRESO TRIUNFAL DEL ABSOLUTISMO.

La oligarquía criolla compró en Cuba numerosos títulos de nobleza españoles

Durante el reinado de Fernando VII los capitanes generales de Cuba se ajustaron a las necesidades de los hacendados y cogobernaron con los intendentes de hacienda de la isla, entre ellos Arango y Parreño, Alejandro Ramírez y Claudio Martínez de Pinillos, Conde de Villanueva, impulsores de grandes reformas modernizadoras en el país.

En poco tiempo los criollos consolidaron un poder que pedía a gritos una incorporación a la clase hidalga española. No habiendo derechos de sangre, los cubanos resolvieron comprar títulos. A mediados del siglo XIX ya Cuba había adquirido la más numerosa nobleza de cualquier territorio español: 43 títulos de Castilla, 17 Grandes Cruces, 77 Caballeros de Isabel la Católica y Carlos III, 7 Consejeros Honorarios, 11 Oidores de la Corona, 6 Secretarios del Rey, 14 Intendentes, 17 Auditores, y otros de menor cuantía.

Una circunstancia curiosa, muy probablemente relacionada con esa generosidad de ambas partes, es señalar que Fernando VII no tiene ningún monumento en la América Hispana, pero en Cuba hay dos: en la Habana (originalmente en la Plaza de Armas) y en Matanzas (originalmente en el Parque de la Libertad).

FOTOS: MONUMENTO A FERNANDO VII EN LA HABANA;
MONUMENTO A FERNANDO VII EN MATANZAS.

Los Rayos y Soles de Bolívar

En 1817, la conspiración "*Rayos y Soles de Bolívar*" fue organizada en Cuba bajo el liderazgo de José Francisco Lemus, un coronel del ejército colombiano de origen cubano. El plan era invadir Cuba con un ejército de 3,000 hombres al mando de un tal general Manrique, de alto rango y leal a Simón Bolívar. Lemus, con la colaboración de las autoridades colombianas, utilizó subterfugios como claves secretas, signos, rituales y saludos comunes a los de la francmasonería. Cada conspirador tenía que reclutar al menos siete nuevos seguidores (de ahí el nombre de Rayos y Soles).

Durante la segunda mitad de 1822 y principios de 1823, el movimiento se extendió desde La Habana a Matanzas, Las Villas y Camagüey, vinculándose con numerosas organizaciones secretas de la región. La conspiración atrajo muchos adeptos ilustres: Miguel Teurbe Tolón y José María Heredia entre otros, incluyendo numerosos jueces, sacerdotes, militares, propietarios de pequeñas empresas, arrendatarios, peones y gente de color, alcaldes, concejales y vecinos de clase alta.

La organización, sin embargo, fue penetrada en 1821 por los servicios de inteligencia de Capitán General Nicolás Mahy. En 1824, al restaurarse el absolutismo en España, el gobernador decidió liquidar la amenaza de la conspiración. Lemus fue arrestado en Guanabacoa y enviado detenido a España; otros conspiradores fueron condenados a fuertes multas. A Heredia, Francisco Agüero y Gaspar Betancourt Cisneros, se les permitió escapar al exterior.

FOTOS: DOS VERSIONES DE LA BANDERA DE RAYOS Y SOLES: LA FINALMENTE UTILIZADA (FONDO ROJO, SOL DORADO SOBRE CUADRADO AZUL) Y LA QUE DISEÑÓ JOSÉ MARÍA HEREDIA (FONDO AZUL, CÍRCULO ROJO, SOL BLANCO).

La llegada de canarios a Cuba

El descubrimiento y la colonización de las Américas por Colón convirtió a las Islas Canarias en una escala inevitable y un punto de partida de inmigrantes a Cuba, el Caribe y Norteamérica. En el siglo XVIII, vivían más canarios en Cuba que en el propio archipiélago español. Cuando la Florida fue vendida al Reino Unido en 1763 y cuando una vez recuperada por España fue vendida a los EEUU en 1818, un enorme grupo de canarios del territorio norteamericano emigraron a Cuba en lugar de volver a España.

En Cuba las mayores concentraciones de canarios se encontraban en zonas rurales en las que se cultivaba tabaco, caña de azúcar y cultivos menores, o se criaba ganado vacuno y caballar. De hecho, Pinar del Rio se convirtió en el centro tabacalero más importante de Cuba gracias a los canarios. Por otra parte, entre 1830 y 1850 cientos de isleños hicieron posible el nacimiento y auge del ferrocarril en Cuba; en la construcción del mismo participaron más de 900 canarios, sobre todo en la edificación del primer tramo Habana-Bejucal. Fueron canarios no solo los que crearon en Cuba un campesinado excepcionalmente trabajador y honesto y los que fuertemente contribuyeron a las guerras de independencia sino fueron también fundadores de pueblos y ciudades importantes como Matanzas, Jesús del Monte, Santiago de las Vegas, El Calvario, Bejucal, Güines, Camajuaní, Placetas, y Nuevitas. Interesantemente, una buena parte de los emigrantes canarios a Cuba fueron mujeres, de las que se calculan 10,000, un 36%, entre 1847 y 1860.

FOTO: TROPAS CANARIAS CON LOS MAMBISES EN 1895.

1820

FOTOS: EL CASTILLO DE LA FUERZA Y DON JUAN MANUEL CAJIGAL.

Militares del Castillo de La Fuerza proclamaron en Cuba la Constitución de 1812

Don Juan Manuel Cajigal, notable mariscal de campo español durante la independencia de Venezuela, recibió en Cádiz el 2 de julio de 1819 un pliego procedente de la Corona con instrucciones de no abrirlo hasta estar a 20 leguas al oeste de las Islas Canarias a bordo del barco español *Sabina*. Al finalmente poderlo leer, vio que contenía instrucciones precisas de trasladarse a La Habana como el próximo Capitán General de Cuba.

Una vez en la isla, el 14 de abril de 1820 llegó a sus oídos un rumor sobre una revolución constitucional en España. Decidió prudentemente esperar recibir instrucciones precisas de Madrid. Durante esa espera, fue sorprendido por militares procedentes del castillo de La Fuerza que habían invadido el palacio y lo obligaron a restaurar la Constitución de 1812. Su único interés desde ese momento fue conservar la tranquilidad de la isla, reprimir cualquier desorden y ajustarse, si fuese necesario, al nuevo régimen.

El 3 de marzo de 1821, lo visitó el teniente general don Nicolás de Mahy, que había desembarcado en La Habana procedente de Burdeos en la fragata americana *Teresa*. Mahy le informó que había sido nombrado su sucesor. Afectado por estos acontecimientos inoportunos e inesperados, Cajigal se retiró a su casa de campo en Guanabacoa, donde falleció el 26 de noviembre de 1823, sin nunca recuperarse de los sustos.

Fue una prueba más del caos administrativo en Cuba al concluir la guerra de independencia española.

FOTOS: EL CASTILLO DE LA FUERZA Y DON JUAN MANUEL CAJIGAL.

1821

El caos administrativo creciendo

El año 1821 comenzó con la proclamación de la independencia en México (que se convirtió en imperio bajo Agustín de Iturbide), con lo cual desaparecieron los "*situados*" o contribuciones anuales de plata a la capitanía general de Cuba. El nuevo gobernador de Cuba era Nicolás de Mahy (1757-1822), furioso constitucionalista, que murió de *Vómito Negro* unos días después de tomar el poder. Mahy despidió de sus puestos al Intendente Alejandro Ramírez (que murió a los pocos días) y a Arango y Parreño (eminente reformista, futuro intendente del ejercito y hacienda en Cuba, que emitió un manifiesto en protesta). La constitución señalaba una elección de diputados a las Cortes de Madrid y fueron electos el Padre Félix Varela, Tomas Gener y Leonardo Santos Suárez.

Mientras en Cuba continuaba el caos administrativo y político (los enemigos de Varela, Gener y Santos Suárez protestaron por la elección de ellos en La Habana, Santiago, Bayamo y Puerto Príncipe), fue que en la isla surgió la *Conspiración de los Rayos y Soles de Bolívar*, en la cual estaban implicados José Francisco Lemus, Teurbe Tolón y José María Heredia. La Habana comenzó a recibir numerosas tropas españolas que huían de las colonias americanas que se habian convertido en repúblicas.

FOTO Y DIBUJO: LAS CORTES ESPAÑOLAS EN LOS AÑOS 1820S.

1823

Cuba sin apoyo para independizarse

En 1823 el presidente norteamericano James Monroe, temeroso de una nueva ocupación inglesa en Cuba (dado el caos existente en España) decidió apoyar la dominación española en la isla y al mismo tiempo proclamar la Doctrina Monroe contra la intervención de ningún poder europeo en las Américas.

El 7 de abril 95,000 tropas *conservadoras* españolas (bautizadas como *Los Cien Mil Hijos de San Luis*), bajo la dirección del Duque de Angulema y apoyadas por Francia, se enfrentaron a 130,000 soldados constitucionales (*liberales*) de España. El gobierno de Fernando VII y las Cortes se replegaron primero a Sevilla y luego a Cádiz mientras los *Cien Mil Hijos* ocupaban Madrid. Cádiz fue bombardeada y Fernando VII decidió acabar la guerra y firmar la Constitución de 1812. Días después el rey se unió a los exitosos rebeldes y rechazó la Constitución que acababa de apoyar, restaurando el absolutismo en España y disolviendo las cortes de Cádiz. En Madrid, Varela, Gener y Santos Suárez fueron condenados a muerte junto a otros diputados y se exilaron en EEUU.

En Cuba los independentistas trataron de aprovecharse de la incertidumbre del poder en España y se entrevistaron con Francisco de Paula Santander, presidente colombiano, que decidió no darles apoyo. Contactos con Simón Bolívar en Lima dieron el mismo resultado. Inexplicablemente, Arango y Parreño apoyó a los absolutistas en Cuba. Un censo mostró que en Cuba residían 715,000 habitantes; 325,000 de los cuales eran blancos. Los independentistas comenzaron a hacer campañas clandestinas para liberalizar y liberar a Cuba.

GRABADOS Y FOTO: TOMA DE MADRID Y CÁDIZ POR LAS TROPAS ESPAÑOLAS DEL DUQUE DE ANGULEMA; EL LIBRO DE PÉREZ GALDOS.

Extraordinarios pioneros criollos del desarrollo económico y político en Cuba

IMÁGENES:
UNA CARICATURA MOSTRANDO AL TÍO SAM PROHIBIENDO A LOS EUROPEOS CRUZAR LOS MARES; **DON *CLAUDIO MARTÍNEZ DE PINILLOS*,** CONDE DE VILLANUEVA, LÍDER DE LOS *REFORMISTAS* EN CUBA, PROMOTOR DEL FERROCARRIL Y LA MECANIZACIÓN DE LA INDUSTRIA AZUCARERA; EL INTENDENTE **DON ALEJANDRO RAMÍREZ**, EL HOMBRE QUE ROMPIÓ EL MONOPOLIO ESPAÑOL DEL TABACO, ABRIÓ LA ISLA AL COMERCIO MUNDIAL, LÍDER DE LA *SOCIEDAD PATRIÓTICA* Y FUNDADOR DE *LA ESCUELA DE ARTE SAN ALEJANDRO.*

1825

La Habana, meca de la ópera en América

La primera ópera cubana (libreto de Manuel de Zequeira), fue *América y Apolo*, estrenada en 1807. En 1811 varios compositores cubanos y europeos que visitaban Cuba crearon operas y operetas. En 1820, por ejemplo, Stefano Cristiani, italiano y en 1810 José Serrano, español, dos compositores y directores extraordinarios visitaron La Habana por largas temporadas. También lo hicieron en 1825 Giovanni Bottesini y Luigi Arditi para trabajar en el *Teatro Tacón* (el más grande de América y el tercero más grande del mundo), Nottesini como primer violín y Ardini con el contrabajo.

Bottesini y Arditi hicieron de La Habana una ciudad de ópera. Actores, músicos, escenógrafos, expertos acústicos y pintores de escena comenzaron a llegar a La Habana para las temporadas de ópera. El *Teatro Tacón* se convirtió en una sede de clase mundial por su electrónica y sus comunicaciones internas (telefonía con almacenes, oficinas y taquillas) inventadas por Antonio Meucci. Durante décadas en los primeros años del siglo XIX, La Habana tuvo las más exitosas y completas temporadas de ópera en América. Rafael María de Mendive, maestro de Martí, escribió libretos y compositores cubanos e internacionales como Manuel Saumell escribieron canciones magistrales. Las óperas de Verdi, por ejemplo, abrían en La Habana un par de semanas después de estrenarse en Italia. Tal fue el caso de *Lucia di Lammermoor* de Gaetano Donizetti, *Norma* y *I Puritani* de Vincenzo Bellini.

DIBUJO: GIOVANNI BOTTESINI AND LUIGI ARDITI.

1830

Martínez de Pinillos y Miguel Tacón

Claudio Martínez de Pinillos, Conde de Villanueva, fue un criollo nacido en La Habana en 1782. Después de luchar en España contra la invasión napoleónica había regresado a Cuba en 1813 como tesorero del ejército español. En la década de 1830, conociendo los problemas de movimiento de azúcar, café, maíz y arroz desde el fértil valle de Güines hasta el puerto de La Habana, se convirtió en el principal propulsor de los ferrocarriles para mejorar la economía de Cuba. Encontró los fondos necesarios con un préstamo de un banquero inglés llamado Alexander Roberts y con el apoyo de muchos de los propietarios de tierras.

Martínez de Pinillos, sin embargo, encontró en Miguel Tacón, Capitán General de Cuba, un obstáculo infranqueable para el establecimiento del ferrocarril Habana-Güines. Tacón era unególatra, autoritario y amargo, siempre presumiendo de su pasada participación en la Batalla de Trafalgar. Pronto se enfrentó con Pinillos, un hombre ilustrado y popular. Veinte años antes, Martínez de Pinillos había enviado una carta a Tacón acusándolo de abusos durante su misión de sofocar la insurgencia en el Virreinato del Río de la Plata. Martínez de Pinillos había terminado la carta diciendo: «*Usted es un cobarde y, si alguna vez nuestras vidas se cruzan, le reto a un duelo*»

El odio entre los dos hombres continuó durante más de dos décadas. Cuando la Junta de Obras Públicas de La Habana envió a Tacón la ruta propuesta del ferrocarril Habana-Güines, Tacón vetó el proyecto. «*Villanueva no tendrá su tren,*» fueron sus palabras. El trabajo sobre el proyecto *La Ruta del Hierro*, que ya había comenzado y estaba cerca de Bejucal, fue cancelado, citando una serie de razones estratégicas sin ningún fundamento.

Grabados: Claudio Martínez de Pinillos, Conde de Villanueva; Capitán General Miguel Tacón y Rosique.

Las famosas tertulias de Del Monte

En España el *Siglo de Oro* de la literatura comenzó con la publicación de la *Gramática de la Lengua Castellana* escrita por Antonio de Nebrija, en 1492. Terminó con la muerte del último gran escritor de la época, Pedro Calderón de la Barca, en 1681. Uno se pregunta cuánto del *Siglo de Oro* fue disfrutado o conocido por los españoles y criollos que vivían en Cuba. 32% de los 179 títulos solicitados por los bibliotecarios de Cuba durante la década de 1800, eran misales, historias de la iglesia, vidas de santos, y títulos como *Imitación de Cristo* de Kempis, los *Ejercicios Espirituales* de Ignacio de Loyola o las *Confesiones* de San Agustín.

Domingo del Monte era un apasionado de llevar la cultura a Cuba. En la década de 1830 organizó sus famosas *Tertulias Literarias*; en pocos años cientos de libros estaban entrando en Cuba de España, Francia, los EE.UU. e Inglaterra. Los asiduos a las tertulias viajaron frecuentemente a Europa y se mantuvieron al día en los avances de la ciencia, la literatura, la economía y la política en el viejo mundo. Del Monte, por ejemplo, fue capaz de leer de *Cuentos bajo una carpa* y *Bug-Jargal* de Víctor Hugo en 1826, casi al mismo tiempo que los franceses los leían en París; en 1836 estaba leyendo en francés *Escenas de la vida privada* de Balzac, casi antes de que el público francés tuviera acceso a la obra.

GRABADOS: TERTULIA DE DOMINGO DEL MONTE EN 1830; UNA DE LAS POCAS IMAGENES DE DOMINGO DEL MONTE.

Se fundó en La Habana el Colegio Carraguao

El l5 de julio de 1829 abrió sus puertas en la esquina de Infanta y Estévez, en el bario habanero del Cerro, el Colegio Carraguao (Carraguao era el nombre de la zona del Cerro donde se encontraba el colegio). El colegio fue creado por el Obispo Espada y fue su fundador Don Antonio Casas Remón, un prestigioso educador zaragozano que había sido director de la Academia Calasancia de La Habana. En esa época y hasta finales del siglo XIX, el Cerro era la principal barriada de familias habaneras adineradas. En febrero de 1831 la Corona española designó al colegio como el *Real Colegio de San Cristóbal de La Habana*. En 1830 fue designado director del colegio un ilustre pedagogo cubano, don José De la Luz y Caballero, quien permaneció en ese cargo por 5 años.

Entre los profesores del Colegio Carraguao figuraron Felipe Poey, sabio naturalista que impartió también clases de latín y francés, José Silverio Jorrín, quien impartió varias disciplinas matemáticas como algebra lineal, geometría, cálculo diferencial e integral y José Fornaris, poeta y profesor de filosofía. Ente sus estudiantes estuvieron Pedro (Perucho) Figueredo, autor del himno nacional y Francisco Vicente Aguilera, notable independentista y organizador del levantamiento del 10 de octubre de 1868.

DIBUJOS: VISTA DEL COLEGIO CARRAGUAO Y PORTARRETRATO DE JOSÉ DE LA LUZ Y CABALLERO.

1835

Finalmente, el primer ferrocarril cubano

La Habana era 320 pies más alta que Güines y estaba a una distancia de 16 millas; la mitad del camino era un terreno lleno de pequeñas colinas sobre las que los trabajadores ferrocarrileros tenían que construir terraplenes. Cada noche, los esclavos que construían las líneas del ferrocarril oraban a sus *orishas*; uno o dos hombres caían cada semana de los pilares levantados sobre el rio Almendares. Cientos de hombres fueron necesarios para tallar la roca a lo largo de 330 pies en el túnel de Vento.

Para retrasar las obras, Tacón dispuso que la terminal en La Habana estuviera en un lugar llamado *Quinta de Garcini*, situada en el bloque limitado por las calles Oquendo, Estrella, Marquéz González y Maloja, más de 3 millas de la ubicación del muelle más cercano que era la *Ensenada de Atarés*. No tenía sentido tal mandato. Martínez de Pinillos, ante ese evidente boicot de Tacón mantuvo la calma y le escribió: «*ha llegado su oportunidad de deshacerse de mí. Le reto a un duelo. Si el resultado le es favorable, quédese con el crédito de haber construido el ferrocarril. Si me es favorable, la Corona nunca me perdonará haber matado el funcionario más importante de Cuba. De cualquier manera usted gana.*»

El duelo tuvo lugar en el bloque de la ciudad que Tacón había designado como la terminal del ferrocarril. José Antonio Saco fue el padrino de Tacón. Antonio Escobedo apadrinó a Martínez de Pinillos. Tacón disparó primero y falló su tiro. Martínez de Pinillos levantó el brazo, apuntó su arma hacia arriba y disparó. El duelo había terminado. Tacón aceptó su derrota. La construcción del ferrocarril siguió su curso sin interrupciones. Era el primer ferrocarril construido en territorio español, antes de ninguno en la península ibérica; uno de los primeros en el nuevo continente.

FOTO: EL FERROCARRIL HABANA-GÜINES EN 1835.

Cubanos electos de nuevo a Madrid

El 1 de junio de 1834 tomó posesión como gobernador de Cuba el Teniente General don Miguel Tacón. Su nombramiento coincidió con el **Estatuto Real** de 1834 que introdujo por vez primera el **bicameralismo** en el sistema político español: el *Estamento de Próceres* (o Senado) y el *Estamento de Procuradores del Reino* (o **Congreso de Diputados**, una función similar a la **Cámara de los Comunes** en el Reino Unido).

En Cuba fueron electos al **Congreso de Diputados** don Juan Montalvo, don Nicolás Manuel Escobedo y don José Antonio Saco. Las sesiones del Estamento de Procuradores se celebraron en la Iglesia del Convento del Espíritu Santo, en la carrera de San Jerónimo de **Madrid**, sitio donde se edificó posteriormente el **Palacio de las Cortes**.

El Estatuto Real de 1834 fue suspendido tras el *Motín de la Granja* de 1836, a raíz del cual se restableció la vigencia de la **Constitución española de 1812**, que establecía unas cortes **unicamerales**. En ese momento el gobierno español declaró que *«en el congreso español no deben admitirse diputados ni presentes ni futuros por las provincias de ultramar,»* Los diputados cubanos *«se fueron por donde vinieron"»* y Cuba no tuvo participación alguna en Madrid hasta 1879. Todos esos eventos contribuyeron a aumentar el caos administrativo de la metrópoli. Dadas esas circumstancias, Saco decidió exilarse en Inglaterra.

Dibujo: Convento del Espíritu Santo, construido en 1599, incendiado en 1823 -dicen que intencionalmente- estando en Misa el Duque de Angulema (el de los 100 mil hijos de San Luis).

1835

Monumento a Heredia en el Niágara

José María Heredia y Heredia (1803-1839), primer Poeta Nacional Cubano) fue un extraordinario periodista, dramaturgo, crítico, traductor, pedagogo y excelente orador y abogado cubano; el último poeta neoclásico y el primer poeta romántico de América; el primero en expresar los ideales patrióticos del exilio cubano. Nació en Santiago de Cuba (1803), fue residente en los EEUU (1805), Caracas (1815), Santo Domingo (1818) y Matanzas (1821), abogado de la audiencia de Camagüey, desterrado de Cuba hacia los EEUU y a México en 1823 por conspirar contra la Corona española (Orden de los Soles y Rayos de Bolívar), traductor de numerosas obras del inglés, francés, italiano y latín (a los 8 años había traducido obras de Horacio).

En México, invitado por el presidente Guadalupe Victoria, fue funcionario del Despacho de Relaciones Exteriores en 1826, fiscal de la Audiencia de México y Juez en Cuernavaca en 1828. Entre sus poemas se destacan *"Oda al Niágara"* y *"En el Teocalli de Cholula."* En 1839 murió en ciudad México a la edad de 35 años.

«*He aprendido a sentir a Cuba, a conocer las notas propias de la nacionalidad, en las poesías de José María Heredia,*» escribió Enrique José Varona. «*Fue la idea impulsiva y sublime que agitó y enardeció varias generaciones de cubanos; fue el alma misma de Cuba,*» en palabras de Manuel Sanguily. «*Fue el poeta del fracaso, de la rebelión sofocada; el desdichado profeta de la libertad, el autor de versos que habían de repetir sus compatriotas para animarse con ellos al esfuerzo y al sacrificio,*» escribió Pedro Enríquez Ureña.

José María Heredia es el poeta cubano de más renombre universal, sin duda el que más fama lírica adquirió; su *"Niágara"* lo eleva al rango de los clásicos de la literatura universal; sus versos se han reproducido en todos los países civilizados.

FOTOS: EL MONUMENTO A JOSÉ MARÍA HEREDIA EL BORDE LAS CATARATAS DEL NIÁGARA Y UN DETALLE DE SU IMÁGEN EN BRONCE.

Guerra civil en Cuba: ¿Tacón vs. Lorenzo?

La confusión reinó en Cuba en 1836. El General liberal Manuel Lorenzo asumió el puesto de Gobernador de Santiago de Cuba. En Madrid José Antonio Saco publicó *Clamor de los Cubanos*, un alegato contra Tacón. En Santiago se recibió la noticia de la restauración de la Constitución de 1812 y Lorenzo proclamó su adhesión en Oriente, a lo cual se opuso Tacón. La Habana ordenó el bloqueo de todos los puertos bajo la jurisdicción de Lorenzo. Tacón depuso a Lorenzo, pero este se negó a renunciar. El cónsul inglés en Santiago (temeroso de un nuevo Haití) envió una corbeta desde Jamaica y trató de controlar a Lorenzo.

En diciembre, temerosos por la zafra azucarera de ese año, los hacendados cubanos pidieron a la Corona que interviniera. La guarnición de Bayamo se adhirió a Tacón en contra de Lorenzo. La guerra civil lucía inminente. La Corona logró que Lorenzo entregara el mando con promesas de bienes en la península. Cuba definitivamente fue clasificada como colonia y no provincia, para garantizar los 50 millones de pesos que como colonia tenía que pagar a Madrid, que buscaba fondos para sostener los ejércitos que luchaban contra los Carlistas.

Mientras tanto, se agudizó la diferencia entre Cuba y España y en Madrid murió Francisco de Arango y Parreño.

OLEO: EJÉRCITOS CARLISTAS EN LAS AFUERAS DE MADRID EN 1836

Se inauguró en La Habana el Teatro Tacón

La Habana en 1834 sólo contaba con el Teatro Principal de la Alameda de Paula. El general Tacón, encargó la construcción de un gran teatro a su amigo Francisco Marty, un catalán analfabeto que, gracias al negocio de la trata de esclavos y el mercado de pescadería (en el cual Tacón tenía intereses), se había convertido en un acaudalado empresario.

Tacón puso toda la piedra necesaria de las canteras del Gobierno (inmediatas al solar donde debía edificarse el teatro), así como 100 peones y numerosos brazos de presidio. Marty por su parte desembolsó 200 mil pesos fuertes.

El edificio (diseñado con la elegancia y capacidad del teatro Real de Madrid y del Liceo de Barcelona) fue construido en el Paseo del Prado y San Rafael, un lugar extramuros situado frente a la puerta de Monserrate y a la estatua de Isabel II en el parque central. Tenía tres pisos de palcos y dos graderías: tertulia y cazuela; dos espaciosos y elegantes palcos para el Capitán General y sus invitados. Su inauguración fue el 15 de abril de 1838. Sentaba 2,287 espectadores, además de 750 personas que disfrutaban la función de pie. La sala era famosa por su acústica, por su monumental lámpara araña (que había sido donada por los Aldama) y por su amplio escenario, donde albergaba un piano *Pleyel* que había recomendado Chopin cuando se comprometió ir a inaugurar el Teatro (Chopin murió antes de poder cumplir su promesa). Fue el mejor teatro de las Américas por muchos años, contando con intercomunicación telefónica, 751 telones, 13,787 trajes de vestuario y 782 muebles y útiles de escena.

GRABADO: EL TEATRO TACÓN EN EL PASEO DEL PRADO

1833 - 1843

Cuba ante los liberales españoles

Fernando VII murió en 1833 después de haberse casado en cuatro ocasiones (1802, con su prima María Antonieta, hija de Fernando I de las Dos Sicilias; 1816, con su sobrina María Isabel de Portugal; 1819, con María Josefa Amalia de Saxony, hija de Maximiliano; 1829, con su otra sobrina, María Cristina de Borbón). A su muerte la heredera al trono era Isabel II, que solo contaba con 3 años. Su madre, María Cristina de Borbón, actuó de Regente hasta que, en la revolución de 1840, fue obligada a dimitir y exilarse en Francia; la razón aducida para obligarla a renunciar fue su actitud reacia al liberalismo.

Como nuevo regente fue electo en 1841 Baldomero Espartero, general progresista y enormemente popular, vencedor de los Carlistas en dos ocasiones, 1839 y 1840. Los Carlistas eran los partidarios absolutistas de don Carlos María Isidro, hermano de Fernando VII, que reclamaba ser el sucesor.

La España de los años siguientes fue una época de contínuos enfrentamientos entre moderados y liberales. Finalmente, en la sesión parlamentaria del 20 de mayo de 1843 se produjo una ruptura formal entre el gobierno y las cortes. A la crisis política sucedieron insurrecciones en varias ciudades. En 1843, Espartero fue derrocado por moderados y liberales descontentos. Para evitar una nueva regencia se adelantó la mayoría de edad de Isabel II, que entonces contaba 13 años y fue nombrada Reina de España. En la sesión del 10 de noviembre de 1843 la joven reina Isabel II juró la Constitución de 1837.

En Cuba, su reinado se caracterizó por una monarquía que cedió más poder político al **parlamento**, pero puso continuas trabas a la participación de los ciudadanos en asuntos de gobierno; se falsearon las instituciones, se propagó la corrupción electoral y la casta militar frecuentemente cambió gobiernos a base de **pronunciamientos** o golpes de estado.

FOTO: CINCO CÉNTIMOS DE ESCUDO CON LA IMAGEN DE ISABEL II.

1839

En Cuba, un déspota gobernó a taconazos

Se dice que Tacón fue un déspota que gobernó a taconazos: reprimió duramente las conspiraciones *La Cadena Triangular, Soles de Libertad* y *El Águila Negra*, desterró a José Antonio Saco, evitó la restauración de la Constitución de 1812, logró expulsar a los diputados cubanos de las Cortes en 1837, abogó exitosamente para que Cuba fuera considerada como colonia y no como provincia de España, excluyó a todos los cubanos de cargos públicos y estableció que un gobierno autonómico en Cuba era utópico.

En sus manos se forjó una maquinaria represiva eficiente, compleja y maquiavélica. Su obsesión de dominar a Cuba provocó la desaparición de muchos grupos independentistas y solo la prédica convincente de Félix Varela, José de la Luz y Caballero y Domingo del Monte, preservaron en Cuba la emoción del patriotismo y el anhelo de libertad.

Las conspiraciones *La Cadena Triangular* y *Soles de La Libertad* fueron organizadas en Cádiz por el exilio cubano bajo el liderazgo de José Antonio Saco y un general venezolano, al servicio de España, Narciso López. Sus objetivos fueron desatar la revolución en Cuba mediante un atentado contra el Capitán General Miguel Tacón, para el cual ya estaban comprometidos los ejecutores y seleccionado el lugar. Estas acciones fracasaron por culpa de un delator, cuya misión había sido envenenar los depósitos de agua que abastecían a los cuarteles en La Habana. Todos los acusados presentes en Cuba fueron entregados a la *Comisión Militar Ejecutiva y Permanente de la Isla de Cuba*, establecida en 1824 cuando Fernando VII se opuso a restablecer el Tribunal de la Inquisición. A pesar de no haber pruebas, todos los reos fueron sometidos a prisión preventiva por órdenes del general Tacón.

GRABADO: CÁDIZ EN LA ÉPOCA DEL EXILIO DE JOSÉ ANTONIO SACO.

Conspiración de La Escalera en Cuba

1844 fue en Cuba el llamado *Año del Cuero*. Desde 1800 comenzaron a ocurrir una serie de sublevaciones, en La Habana y Matanzas, inspiradas por el cónsul británico David Turnbull, que fue condenado en ausencia por un tribunal español. De todas las conspiraciones la que mas lucía ser una repetición de la Revolución de Haití fue la proyectada para la Navidad de 1843.

En Matanzas, el general O'Donnell, gobernador de Cuba, reprimió esa conspiración con el descuartizamiento de esclavos, torturas y fusilamientos. El más conocido de las víctimas fue el poeta Gabriel de la Concepción Valdés (Plácido), que probablemente no estaba envuelto. Las torturas lograron involucrar a varios simpatizantes, entre ellos José de la Luz y Caballero (a la sazón bajo tratamiento médico en Paris), Benigno Gener y Domingo del Monte. El nombre de la nunca probada conspiración (hubo razones para pensar que era un ardid de los antiabolicionistas) se debió a las escaleras donde los esclavos eran atados para ser azotados hasta arrancarles la confesión o la vida.

Parte de la represión fue que todo hombre de color libre nacido fuera de Cuba recibió 15 días para abandonar la isla. La *Comisión Militar Ejecutiva y Permanente de Matanzas* encausó a 3,076 personas, el 97% de las cuales eran libres o esclavos de color. Las bestiales torturas elevaron a más de 300 la cifra de negros y mulatos asesinados durante los procesos. Fueron ejecutados 78 reos, 400 desterrados y unos 600 condenados a largas penas de prisión.

Dibujo: TORTURA DE UN ESCLAVO ATADO A UNA ESCALERA.

El anexionismo tomó fuerza en Cuba

Al comenzar la década de los 1840s en Cuba, era evidente que el movimiento reformista (cese del absolutismo y liberalización en la relación metrópoli-colonia) no iba a conducir al bienestar de Cuba. Los sectores progresistas españoles mantuvieron todas las prerrogativas del gobierno absolutista colonial. En Cuba cada día tenía más sentido lo planteado por el cónsul inglés David Turnbull: abolir la esclavitud, mecanizar la industria azucarera, contratar asalariados con mayor capacidad técnica que los esclavos, intaurar democracia política y el progreso económico-social.

El reformismo continuó con sus eminentes pensadores: José Antonio Saco, Luz y Caballero, Domingo del Monte. Poco a poco, sin embargo, comenzó a crecer en Cuba el movimiento anexionista. Inicialmente estuvo limitado a grupos de dueños de ingenios y magnates azucareros como José L Alfonso, Miguel Aldama y Cristóbal Madan, reunidos en el llamado *Club de La Habana*. Los reformistas los acusaron de pensar solo en la preservación de sus intereses y la salvaguarda de sus propiedades.

Fuera del *Club de La Habana*, el anexionismo contó con simpatizantes en Cienfuegos, Trinidad, Sancti Spíritus y Puerto Príncipe. Sus principales líderes fueron el general del ejército español Narciso López (nativo de Caracas, muy relacionado con residentes en New Orleans y organizador de la *Conspiración de la Mina de la Rosa cubana*), el aristocrático Salvador Cisneros Betancourt (organizador de un *Consejo Cubano* en Nueva York) y Gaspar Betancourt Cisneros (*el Lugareño*, impulsor de un desarrollo capitalista para la isla). El principal rival del anexionismo fue José Antonio Saco, que suspendió su retiro político para convertirse en la más fuerte voz cubana contra la anexión.

FOTOS: DOS ANEXIONISTAS, MIGUEL DE ALDAMA Y EL LUGAREÑO

1835 - 1850

La Habana: primera mitad del siglo XIX

IMÁGENES: *VENTA ILEGAL DE ESCLAVOS* EN LA HABANA EN 1847; UN ANUNCIO DE *LA DOMINICA*, UNA TIENDA DE LA HABANA EN 1840; UN BILLETE CUBANO DE LOTERÍA EN 1845, CON EL DINERO DE LA VENTA PARA PAVIMENTAR LAS CALLES DE LA HABANA; UN COCHE DE BOMBEROS EN LOS TIEMPOS DE TACÓN EN 1835.

1847

La valiosa inmigración china en Cuba

En 1847 comenzó la inmigración china a Cuba. El 2 de enero 300 personas embarcaron desde el puerto de Amoy en la provincia de Fujian. El 3 de junio llegaron a La Habana a bordo del vapor español *Oquendo*. Una segunda nave, *Duke de Argyle*, llegó a finales de julio. En total 536 inmigrantes chinos llegaron a Cuba durante el año, todos contratados por 7 años para trabajar en los campos de caña. En los próximos 30 años, más de 150,000 chinos procedentes de Hong Kong, Macao y Taiwán desembarcaron en las costas cubanas.

En uno de esos barcos llegó a La Habana un médico chino, Cham Bom-Bian. Una familia de apellido Mojarrieta, en Cuba, lo acogió y, por la fama que traía, lo instaló en una consulta habanera donde Cham unió la farmacopea china con la española y la africana. Funcionarios españoles, celosos de las largas líneas de espera frente a la casa de Cham, le prohibieron practicar la medicina; Cham trasladó su consulta a la ciudad de Camagüey, donde renovó sus éxitos y su fama. Su protectora en Camagüey fue la esposa de Gaspar Betancourt Cisneros, que lo convirtió a la fe católica con el nombre Juan de Dios de Jesús Siam Zaldívar. Dos cosas se destacaron en el ejercicio de su profesión: sus trabajos para curar la lepra (no muy exitosos) y ser el sujeto de la frase *«no lo cura ni el médico chino.»*

Dibujos: mercaderes chinos en La Habana y Cham Bom-Bian.

1850 - 1851

Las expediciones de Narciso López

Narciso López de Urriola (1798-1851) fue un militar venezolano, veterano (del lado español) de la batalla de Carabobo en 1821 (la acción militar que selló la independencia venezolana). En 1840, promovido a general (pero destituido y licenciado del ejercito en 1843) se hizo residente en Cuba y se casó con la hermana del cubanísimo Conde de Pozos Dulces (abolicionista y anexionista en 1832, convertido a la independencia en 1855).

Ya como civil, López fue líder de varios intentos para liberar a Cuba, a pesar de los cuales es una figura polémica. Algunos lo consideran un promotor de la anexión de Cuba a los Estados Unidos. Otros lo tienen como un aventurero sin suficientes principios patrióticos ni lealtad a ninguna bandera. Para muchos es un patriota, conspirador de la *Mina de la Rosa Cubana* en 1848, inspirador de la **bandera** y del **escudo de Cuba**, los cuales fueron diseñados en 1849 por el poeta Miguel Teurbe Tolón, **José Aniceto Iznaga Borrell**, su sobrino **José María Sánchez Iznaga**, Cirilo Villaverde y Juan Manuel Macías (la bandera de Cuba de las guerras de 1868 y 1895 y de la República desde 1902).

Las expediciones de Narciso López fueron: 1849, una expedición frustrada por la confiscación de sus barcos en New Orleans y New York; en 1850, captura en New York del barco expedicionario *Cleopatra* y desembarco fallido del vapor *Creole* con 600 hombres en Cárdenas, al no recibir apoyo de la población; en 1851, 400 hombres a bordo del *Pampero* desembarcaron en Bahía Honda, pero fueron obligados a replegarse a la Sierra del Rosario y fueron apresados en Pinos de Rangel, conducidos a La Habana y ejecutados **el 1 de septiembre de 1851**.

IMAGEN: UNA LITOGRAFÍA DE 1851 CON EL GARROTE VIL A LÓPEZ.

1845

Carlos Manuel de Céspedes en Paris

En 1839, ya graduado de derecho en la Universidad de La Habana, Carlos Manuel de Céspedes y su esposa María del Carmen, partieron a Barcelona y Paris en un viaje celebrando la conclusión de sus estudios. En Paris conocieron a los escritores Charles Baudelaire, George Sands y Honorato de Balzac y por medio de ellos llegaron a formar estrechas amistades con los compositores Richard Wagner, Hectort Berlioz y Frédéric Chopin, los pintores Eugene Delacroix, Jean Auguste Ingres y Joseph Guichard, asi como importantres figuras políticas francesas: Astolpe Louis, Marqués de Custine y François Guizot, primer ministro. El cúmulo de sus exitos en Paris fue recibir una invitación de Louis Philippe d'Orleans, el rey de Francia, a un baile en el Palacio de las Tullerías.

En 1844 hubo una famosa visita de cubanos célebres al hogar de los Céspedes al final de la cual la Avellaneda volvió a Madrid, los Del Monte marcharon a Londres y Miguel y Rosa Aldama se aprestaron para visitar Hamburgo. Los Céspedes, cuidadosamente vigilados por agentes españoles debido a la amistad de Carlos Manuel con el importante político español Juan Prim, tuvieron que marchar de Madrid apresuradamente hacia Cuba via Londres. En Cuba, desafortunadamente, falleció Carmen María de tuberculosis a los pocas semanas de llegar.

IMAGEN: UN CUADRO DE JOSEPH BENOIT GUICHARD CALLED "UN GRUPO DE AMIGOS," QUE PRESENTA, DE IZQUIERDA A DERECHA, MARÍA DEL CARMEN CÉSOPEDES, DOMINGO DEL MONTE Y CARLOS MANUEL DE CÉSPEDES DE PIE; SENTADOS, GERTRUDIS GÓMEZ DE AVELLANEDA Y ROSA ALDAMA; A LA DERECHA, TOCANDO EL VIOLONCELLO, MIGUEL ALDAMA.

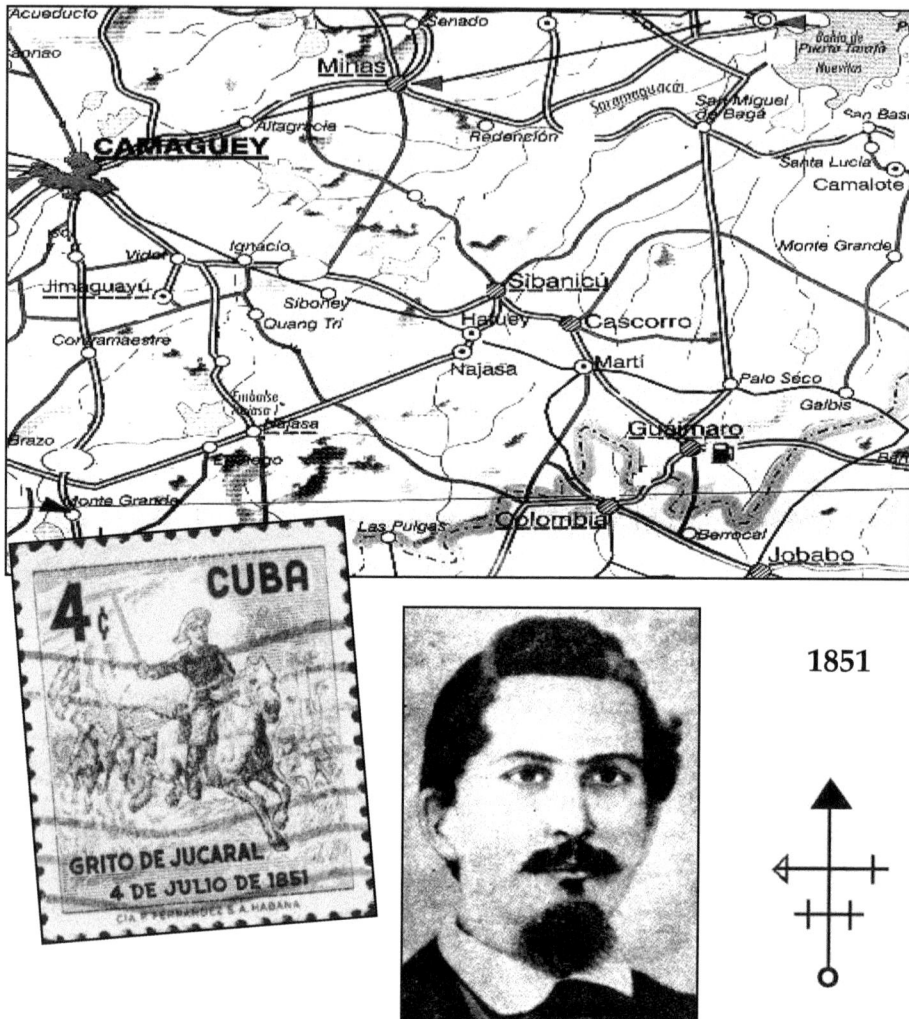

Agüero y Aponte: dos rebeliones independentistas en Cuba a mediados de siglo.

IMÁGENES:
- MAPA DEL ÁREA DE REBELIÓN EN PUERTO PRÍNCIPE, MOSTRANDO GUÁIMARO, CASCORRO, JIMAGUAYÚ, SIBANICÚ AND NAJASA.
- SELLO CUBANO DE 1951 CONMEMORANDO EL CENTENARIO DEL ALZAMIENTO DE JOAQUÍN DE AGÜERO EN *JUCARAL*, CAMAGÜEY, 17 AÑOS ANTES DE LA GUERRA DE INDEPENDENCIA DE 1868;
- RETRATO DE *JOAQUÍN DE AGÜERO*;
- EL SÍMBOLO *ABAKUÁ* UTILIZADO POR LOS HOMBRES DE *JOSÉ ANTONIO APONTE* PARA VERIFICAR LA AUTENTICIDAD DE LOS MENSAJES;

1852

El primer mártir de la prensa en Cuba

Tras la muerte de Plácido en 1844, el joven cubano Eduardo Facciolo, comenzó a expresar su condena del régimen colonial español. Su padrino, capitán español de la policía de Regla, le recordó sus obligaciones como tipógrafo de la imprenta del gobierno situado frente al palacio de los capitanes generales. La respuesta de Facciolo fue conseguir empleo en la imprenta de Domingo Patiño en la calle Obispo, donde conoció a Cirilo Villaverde, Juan Bellido de Luna, Anacleto Bermúdez y otros escritores y colaboradores del periódico *Faro Industrial de la Habana*.

En 1852, *Faro Industrial* fue cerrado por el gobierno del Capitán General Concha; Bellido invitó a Facciolo a trabajar en un periódico clandestino llamado *La Voz del Pueblo Cubano*. El primer número (2,000 copias distribuidas en La Habana a mano) se imprimió el 13 de junio de 1852. *La Voz* siguió con un segundo número, (3,000 ejemplares distribuidos a través de toda la isla, Nueva York, Madrid y Barcelona). Tal audacia tenía que ser castigada severamente. Para entonces, un nuevo capitán general estaba en el poder en Cuba, Valentín Cañedo, que dio órdenes estrictas a los militares para encontrar la imprenta, destruirla y tomar todos los implicados bajo custodia. Cañedo se enfureció cuando el siguiente número de *La Voz* se refirió a él como el General Salchicha.

La imprenta fue trasladada a un almacén en la calle Teniente Rey y escondida en un enorme baúl que los conspiradores llamaban el sarcófago. Una tercera edición se imprimió en una tienda vacía en la calle Galiano. Un cuarto número fue planeado para ser impreso en una casa en la calle Obispo 44. El sarcófago fue descubierto cuando lo movieron para cruzar la calle Dragones. Todos los implicados fueron detenidos. Cañedo condenó a Pacciolo a muerte. Murió al garrote el 28 de septiembre de 1852.

FOTOS: EL BUSTO DE FACCIOLO EN REGLA Y EL PERIÓDICO *LA VOZ*.

1853

La famosa fábrica de tabacos *Partagás*

Jaime Partagás y Rabell nació en 1816 y emigró a Cuba en 1831. Comenzó su aprendizaje en el mundo del tabaco a los 14 años, bajo la protección de Juan Conill y Pi, fundador del primer almacén de tabaco en rama que hubo en La Habana Vieja, maestro en la transformación del tabaco y su elaboración y mentor de otro famoso tabacalero, José Gener y Baret.

Partagás fue el fundador en 1845 de la famosa *Real Fábrica de Tabacos Partagás*. Murió de un balazo disparado a traición, dicen que debido a rivalidades en el comercio del tabaco. Muy famoso y rodeado de gran polémica fue el litigio que mantuvo en 1853 con el industrial tabaquero asturiano Manuel González-Carvajal, casado con la hija del también asturiano Francisco Cabañas, por entonces propietario de la afamada marca de tabaco *Flor de Cabañas*; ambos comercializaban puros con esa marca. Jaime Partagás perdió el pleito y tuvo que cambiar de nombre su marca a la que se haría mundialmente famosa: *La Flor de Tabacos Partagás*.

La emigración catalana a América comenzó con los decretos reales de Carlos III en 1778 que intentaban liberalizar el cultivo y comercio del tabaco entre España y Cuba. Es de notar el papel importante de muchos emigrados españoles: lograr que a pesar de la importancia de los esclavos en lo azucarero, Cuba no tuviera esa dependencia en otros sectores de la economía como eran el tabaco y el comercio. Este hecho contribuyó de modo decisivo a la configuración especial de la sociedad cubana, muy distinta a las de las Antillas francesas o las bolonias británicas.

FOTOS: JAIME PARTAGÁS Y JOSÉ GENER, PRÓSPEROS TABACALEROS.

1850 - 1855

Creció el debate sobre el *status* de Cuba

Al comenzar la segunda mitad del siglo XIX, Cuba se debatía entre posibles formas de su futuro *status* político y jurídico. Por una parte Miguel de Aldama y José Luis Alfonso, miembros del *Club de La Habana*, decepcionados por las débiles gestiones del presidente norteamericano James Polk y los pronunciamientos de sus sucesores Zacarías Taylor y Millard Fillmore, comenzaron a desistir de la idea anexionista. Por otra parte, José Antonio Saco razonó con buenos argumentos contra la anexión en un documento publicado en Paris, *Ideas sobre la Incorporación de Cuba a los EEUU*. Unido a los fracasos de Narciso López, el concepto de anexión fue casi totalmente abandonado por la inteligencia criolla. Saco, sin embargo, anunció su retiro de la política ante los acosos de los anexionistas en Paris y los absolutistas españoles.

El 4 de julio de 1851 Joaquín de Agüero y una veintena de hombres se alzaron cerca de Nuevitas en favor de la independencia y fueron apresados, condenados a muerte y ejecutados. El hacendado Isidoro de Armenteros y el profesor de San Salvador Fernando Echerri se alzaron en Trinidad seis meses después con el mismo propósito y corrieron la misma suerte. En septiembre de 1852, una conspiración independentista, lista para alzarse en Candelaria y Vuelta Abajo, fracasó al descubrirse un cargamento de armas en la estación de Villanueva en La Habana. En Nueva York, Cirilo Villaverde y Domingo Goicuría crearon una *Junta Cubana* a favor de la independencia, la cual no recibió gran acogida. En Madrid, en 1854, los reformistas hicieron un último intento (baldío) de negociar con las Cortes. El destino de Cuba permanecía borroso a pesar de los cubanos de buena fe que se preocupaban por el futuro de la isla.

IMÁGENES: JOSÉ LUIS ALFONSO, SELLO CON LA IMAGEN DE DE JOAQUÍN DE AGÜERO Y EL ESCUDO CUBANO SEGÚN TEURBE TOLÓN.

1850-1855

Noticias del quinquenio 1850-1855

No es posible ignorar la influencia en el destino de Cuba de varios eventos que ocurrieron entre 1850 y 1855, el *Quinquenio Prometedor,* cuando Cuba contaba con casi un millón de habitantes de los cuales casi un 50% eran personas de color.

El pintor y grabador Federico Miahle fue nombrado director de la *Academia San Alejandro de Arte y Pintura* en La Habana.

Se instaló a todo lo largo de Cuba el tendido telegráfico.

Juan Bellido de Luna publicó en La Habana el periódico clandestino *La Voz del Pueblo Cubano.* Rafael María de Mendive publicó la *Revista de La Habana,* José Fornaris la revista *La Piragua* y el libro de poesías *Cantos del Siboney.* Domingo Goicuría publicó en New York el periódico *El Eco de Cuba.*

Los anexionistas y rebeldes siguieron de capa caída: Ramón Pintó (presidente de la *Junta Revolucionaria de La Habana,* fue detenido y fusilado, Francisco Estrampes, líder independentista fue ejecutado al llegar a Cuba procedente de New York, la invasión a Cuba del general sureño norteamericano John Quitman se canceló por orden del presidente de los EEUU.

En Santiago de Cuba abrió el *Teatro Isabel II,* en Camagüey el *Teatro Principal.* Nacieron en La Habana Fermín Valdés Domínguez, Rafael Montoro y José Martí; en Matanzas Juan Gualberto Gómez. Murieron en París la Condesa de Merlín, en San Agustín el Padre Félix Varela y en Madrid Domingo del Monte.

FOTOS: EL LIBRO *MAPA PINTORESCO DE LA ISLA DE CUBA* DE FEDERICO MIAHLE; SELLO CONMEMORATIVO DEL PADRE VARELA; JOSÉ MARTÍ Y FERMÍN VALDÉS, SU MEJOR AMIGO.

Crisis económica y fin del anexionismo

Los últimos años del reinado de Isabel II (1856-1868) y los años de decadencia que le siguieron fueron funestos para Cuba. La crisis política en España trató de resolverse infructuosamente por medio de 6 elecciones a las Cortes en 10 años (1857, 1858, 1863, 1864, 1865 y 1867) y cinco constituciones que siguieron a la de 1812 en los próximos 31 años (1845, 1856, 1869, 1873 y 1876). Hubo 47 pronunciamientos militares entre 1814 y 1886, de los cuales 13 tuvieron éxito. En tres ocasiones hubo que batallar con los Carlistas (1833, 1846 y 1872) y la península fue testigo de un magnicidio (Prim en 1870). La crisis económica fue peor: bancarrota en 1867 y dos suspensiones de pagos (1872 y 1882).

En respuesta a esa inestabilidad de la metrópolis, los cubanos trataron de dilucidar su realidad política en un clima de urgencia vital. La *Junta Cubana* renunció al anexionismo en un *Manifiesto y Exposición al Pueblo de Cuba*. Los anexionistas Gaspar Betancourt Cisneros y el Conde de Pozos Dulces abandonaron la isla y marcharon al exilio en Europa. Domingo Goicuría entregó las armas de la *Junta Cubana* a William Walker, el filibustero que se apoderó de Nicaragua. El comercio con EEUU e Inglaterra prácticamente desapareció en un pánico financiero que recorrió el mundo. El valor de la tierra en Cuba y los EEUU se precipitó, muchos bancos quebraron, los precios del azúcar y los granos bajaron casi un 80%. La industria del café en Cuba desapareció.

GRABADO: LA HABANA EN 1853.

España trató de recuperar las Américas

Aun dentro de las crisis política, económica y militar que azotaba a España a mediados del siglo XIX, el gobierno peninsular albergaba esperanzas de recuperar los territorios independizados de América desde principios de siglo.

El primer objetivo era México. El gobierno envió a La Habana, designada como el centro de operaciones de re-conquista, el navío *Reina Doña Isabel II* (86 cañones, botado en 1852, semejante al ya retirado navío *Soberano*) y a la fragata *Bailén* (botada en 1854, con 40 cañones, en muy mal estado). Eran estos los últimos barcos de vela de la antiquísima armada española. Zarparon de Cádiz en mayo de 1857 con el bergantín *Pelayo* (20 cañones), las urcas (similares a las fragatas) *Pinta* y *Santacelia* y el vapor de casco de madera *Francisco de Asís* (16 cañones de 200 mm, semejante al naufragado gemelo *Fernando el Católico*). Las naves desembarcaron en Cuba 1,450 soldados en junio de 1857. Todos esos pertrechos y movimientos, por supuesto, resultaron baldíos. Las naves se quedaron en Cuba.

Los criollos en Cuba no le hicieron gran caso a ese esfuerzo español, prefiriendo ignorarlo. No fue así en la República Dominicana (independiente en 1821, posesión de Haití de 1822 a 1844, de nuevo independiente en 1844). El 27 de abril de 1860, el Presidente General Pedro Santana nombró al General Felipe Alfau como Ministro Plenipotenciario en las Cortes de Isabel II, con la explícita misión de solicitar de la reina la anexión del territorio de su país a España. La re-colonización de República Dominicana duró hasta 1865, fecha de una segunda independencia.

Grabado: El puerto de La Habana saturado de embarcaciones destinadas a la re-conquista de América en 1857.

1863

Enfrentamientos en la acera del Louvre

Desde 1863 hasta la fundación de la República, los jóvenes con ideales separatistas se convirtieron en habituales patrocinadores de la acera del *Gran Café El Louvre* (soportales y aceras del futuro *Hotel Inglaterra*), donde tenían reuniones patrióticas que cautivaron a tres generaciones de cubanos. La *acera del Louvre* era un sitio ubicado en la calle Prado (entonces llamada la Alameda de Isabel II), entre las calles San Miguel y San Rafael, en el corazón de La Habana, justo frente de la estatua de la Reina Isabel II de España en lo que luego sería el Parque Central de La Habana. Estas reuniones produjeron conflictos con las autoridades españolas ya que las posiciones políticas de los jóvenes estaban en desacuerdo con las políticas coloniales oficiales. Los jóvenes criollos que asistían a las tertulias en la Acera del Louvre fueron conocidos como los *Muchachos de la Acera del Louvre*.

La tradición de protesta y rebeldía, alternando con coloquios de profundo valor intelectual del *Café del Louvre*, comenzaron en 1844, cuando el establecimiento se llamaba *Café Escauriza*. Allí el 20 de febrero un grupo de jóvenes criollos lanzaron café y sus tragos a soldados españoles que portaban bayonetas; el incidente fue conocido como la *Batalla del Ponche de Leche* y solo la detuvo la presencia del Capitán General Leopoldo O'Donnell, que impuso cárcel a cinco jóvenes y el destierro a dos de ellos.

Años después, muchos de los que participaron en la reyerta cambiaron sus vasos de ponche por machetes, y se convirtieron en miembros del ejército libertador de Cuba.

FOTOS: LA ESQUINA Y EL SOPORTAL DE LA *ACERA DEL LOUVRE*.

Auge del reformismo en Cuba

Al romper el año 1861, la gran noticia internacional era la secesión en EEUU de los Estados Mississippi, Florida, Alabama, Georgia, Luisiana, Texas, Virginia, Arkansas, Tennessee y Carolina del Norte, los cuales se incorporan a los *Estados Confederados de América* bajo la presidencia de Jefferson Davis. Escasamente un mes después, el 4 de marzo, tomó posesión el republicano y abolicionista Abraham Lincoln, lo cual hizo una guerra entre estados inevitable. Isabel II declaró la neutralidad española y Cuba perdió todo su comercio con el poderoso vecino del norte.

Ante esa crisis se produjo un reajuste en Cuba, centro de numerosas intrigas internacionales entre España (decadente, en un tío vivo político y sujeta a presiones anti-esclavistas), Inglaterra (en el apogeo de su poderío) y los EEUU (más que nunca deseosos de incorporar a Cuba). Esclavistas, criollos, negreros y abolicionistas buscaron un acomodo de las estructuras sociales y políticas en Cuba. La actitud española fue: «*Cuba o es española o va a ser Africana.*» La de los criollos en Cuba fue reflejada en la evolución de Francisco Frías, Conde de Pozos Dulces: de ser parte de la conspiración del *Club de La Habana* en 1846, Frías se unió a la *Conspiración Separatista de Vuelta Abajo* en 1852, fue hecho prisionero y cumplió seis meses, tras lo cual se unió en Nueva York en 1855 a la *Junta Revolucionaria Cubana*.

En 1862 varios cubanos se unieron al reformismo (Morales Lemus, Aldama, Frías y José Silverio Jorrín) y comenzaron en Cuba la publicación del periódico *El Siglo*, con el respaldo tácito del Capitán General Domingo Dulce (casado con una cubana). En 1865 enviaron al General Serrano, Primer Ministro Español, una comunicación firmada por 24,000 criollos pidiendo una reforma colonial en Cuba.

FOTOS: EL CONDE DE POZOS DULCES Y EL CAPITÁN GENERAL DOMINGO DULCE, BALUARTES DEL REFORMISMO EN CUBA.

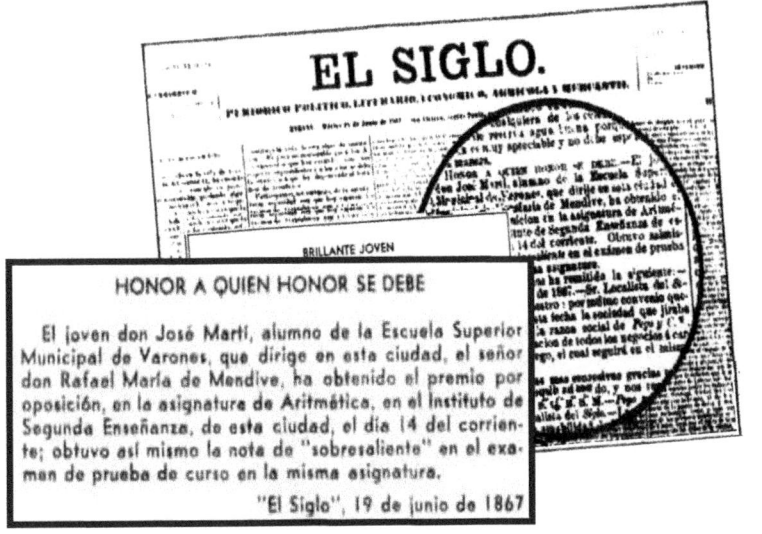

El periódico reformista *El Siglo*

En 1858 gobernaba en España la llamada *Unión Liberal*; una de sus primeras decisiones fue enviar a Cuba como gobernador al General Francisco Serrano, Duque de la Torre, casado con una cubana y de gran habilidad como conciliador. En España la *Unión Liberal* aceptó hacer reformas en Cuba, siempre y cuando no tocaran el aparato burocrático-militar. Una vez en La Habana, Serrano decidió ganarse los criollos ricos. En las residencias de Aldama y Ricardo O'Farrill comenzaron a efectuarse reuniones del *Círculo Reformista* y se comenzaron a distribuir las obras de José Antonio Saco. Al amparo de esta apertura liberal, en mayo de 1863 se creó el periódico *El Siglo*, dirigido por el Conde de Pozos Dulces.

Después de dos décadas de lucha separatista al conde le pareció evidente que Cuba no estaba todavía madura para lograr su independencia; comenzó predicar lo que llamó un *evolucionismo cívico* que permitiría ir, por medio de educación y un serio planteamiento de problemas sociales básicos (autonomía, abolición de la trata y asimilación del negro), hacia la independencia. *El Siglo* se publicó con censura diaria y una oposición criolla bastante fuerte a las nuevas ideas. El movimiento reformista, por otra parte, nunca alcanzó ni pretendió convertirse en partido político; fue siempre un agrupamiento casual sin autorización formal o legal, sin estatutos ni lazos de relación en su jerarquía, donde nadie tenía títulos ni existía un programa político, excepto el patrocinar una reforma en Cuba.

Fotos: Nota sobre el joven Martí en *El Siglo* en 1867.

La guerra ya era inevitable en Cuba

En 1866, coincidiendo con la terminación de la Guerra Civil americana y el asesinato de Abraham Lincoln, Antonio Cánovas del Castillo, Ministro de Ultramar español en el gobierno de Leopoldo O'Donnell, convocó a elecciones para una *Junta de Información* que produjera tranquilidad y estabilidad en Cuba. De los 16 puestos a elegir en Cuba 12 resultaron ser reformistas, incluyendo José Antonio Saco en Santiago. Para evitar problemas con anti-reformistas en Cuba, O'Donnell reemplazó al liberal Capitán General Domingo Dulce por el conservador Francisco Lersundi. José Morales Lemus asumió el liderazgo de los reformistas cubanos una vez Saco partió a Madrid.

La *Junta de Información* perdió sentido cuando la Corona promulgó una *Ley de Reforma Tributaria* (aumentando sustancialmente los impuestos sobre la renta y utilidades comerciales) sin consultar con la Junta. Muchos en Cuba comenzaron a creer inevitable el llegar a la independencia por vía guerrera. Francisco Vicente Aguilera, Pedro Figueredo y Francisco Maceo comenzaron los preparativos en Oriente. En Cuba residían casi 1.5 millones de personas, 60% de los cuales eran blancos.

DIBUJO: ESPAÑA VISTA POR LA PRENSA MADRILEÑA EN 1867, CON ANSIAS DE PAZ CONSTITUCIONAL, FRENADA POR LA AMBICIÓN MILITAR ESPAÑOLA.

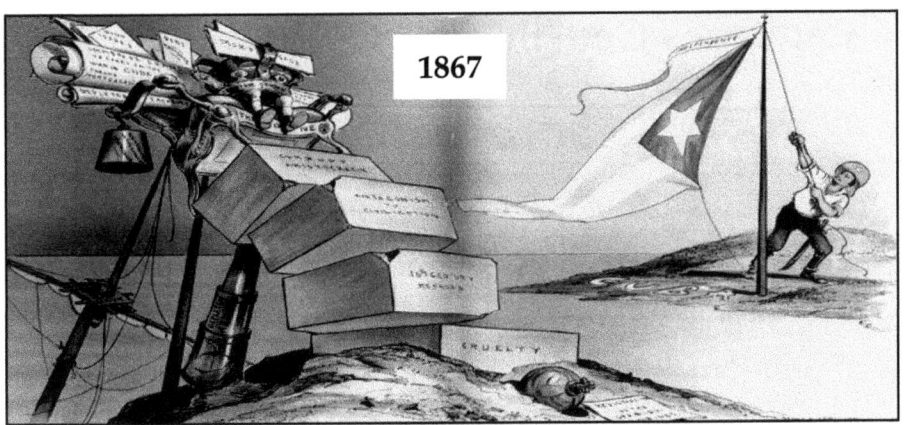

Cuba en la antesala de la Guerra de 1868

En la Cuba de 1867, los acontecimientos de los últimos años se conjuraron para lanzar a Cuba a una guerra de independencia un tanto prematura. Algunos de esos eventos fueron:

- En Nueva York se publicó *El Laúd del Desterrado* con una nueva poesía patriótica que movió a los criollos.
- Gertrudis Gómez de Avellaneda publicó 12 volúmenes de *Álbum Cubano de lo Bueno y lo Bello*, que tuvo gran impacto en Cuba por su énfasis en el carácter libre del cubano.
- En 1861 nació en Matanzas Bonifacio Byrne, un poeta dedicado a la exaltación del patriotismo y el 7 de noviembre de 1863 nació en La Habana el también poeta y patriota Julián del Casal.
- En 1865 España no pudo contener la oposición en Santo Domingo y abandonó la isla para devolverle la independencia.
- Las fuerzas vivas de Cuba se sintieron defraudadas por el bochornoso fracaso de la *Junta de Información*.
- Los tabaqueros cubanos comenzaron a aumentar su información sobre temas políticos y educación patriótica gracias a los lectores de tabaquería.
- Gran Bretaña creó el *Dominio de Canadá*, con una fórmula política que cumplía con los más ambiciosos deseos de los cubanos.
- En 1867 los mexicanos fusilaron a Maximiliano, frustrando las ambiciones imperiales de los franceses.
- Rafael María Mendive entró decisivamente en la vida política y cultural cubana al fundar el Colegio San Pablo.

DIBUJO: ALEGORÍA DE LA REBELIÓN EN CUBA Y SUS CAUSAS EN 1867.

Capitanes Generales de Cuba 1843-1879

IMÁGENES, IZQUIERDA A DERECHA, DE ARRIBA A DEBAJO:

LEOPOLDO O'DONNELL, LÍDER DE LOS PROGRESISTAS, ALIADO DE MARÍA CRISTINA, LA REINA REGENTE, MADRE DE ISABEL II; *JOSÉ GUTIÉRREZ DE LA CONCHA*, CAPITÁN GENERAL DE CUBA EN TRES OCASIONES; *FRANCISCO SERRANO*, LÍDER DE LOS LIBERALES; *DOMINGO DULCE GARAY*, CASADO CON UNA CUBANA, ENEMIGO DE ISABEL II; *FRANCISCO LERSUNDI*, ALIADO DE MARÍA CRISTINA, LE TOCO EL COMIENZO DE LA GUERRA DEL 68; *BLAS VILLATE*, CONDE DE VALMASEDA, ALIADO DE LOS BORBONES, RADICAL Y CRUEL CON LOS CUBANOS; *ARSENIO MARTÍNEZ CAMPOS*, "EL PACIFICADOR" DE CUBA EN 1878.

*Cuba en armas en busca
de su independencia*

1868

La Convención de Tirsán

Perdidas las esperanzas de poder reformar el sistema político y económico de Cuba (el reformismo había sido descartado por los liberales españoles) y cerrados todos los caminos de una anexión a los EEUU (ninguna oferta de compra de la isla de Cuba fue aceptable a la Corona), los criollos cubanos se dieron a la tarea de explorar los caminos armados de la independencia. El 4 de agosto de 1868, en San Miguel de Rompe, el *Comité Revolucionario de Bayamo* convocó a una reunión hoy conocida como la *Convención de Tirsán*. Los líderes fueron Francisco Vicente Aguilera, Francisco Maceo Osorio y Pedro (Perucho) Figueredo. Asistieron grupos organizados en Oriente (Bayamo, Manzanillo, Jiguaní, Holguín, Tunas) y Camagüey; todos aceptaron a Carlos Manuel de Céspedes como presidente de la Convención.

Las palabras finales de Céspedes conmovieron a los participantes: «*Señores: la hora es solemne y decisiva, el poder de España está caduco y carcomido. Si aún nos parece fuerte y grande, es porque hace más de tres siglos que lo contemplamos de rodillas. ¡Levantémonos!*»

Se acordó fijar el 3 de septiembre para levantarse en armas. En un acto de extrema generosidad, Francisco Vicente Aguilera (uno de los hombres más acaudalados de Cuba en 1868) ofreció liquidar todas sus propiedades a precios de arrebato, quedarse con el 8% para los gastos de su familia y entregar el 92% a la causa de la independencia de Cuba.

FOTOS: PLACA EN EL LUGAR DONDE SE LLEVÓ A CABO EN 1868 LA *CONVENCIÓN DE TIRSÁN*, CERCA DE BAYAMO EN ORIENTE; UNA RARA FOTO DE *FRANCISCO VICENTE AGUILERA* JOVEN.

La Demajagua y el Grito de Yara

Mientras en Oriente se alzaba Céspedes y en Camagüey se levantaba en armas Ignacio Agramonte, en España los generales Prim y Topete a nombre de la *Revolución Gloriosa* depusieron a Isabel II del trono. Los sucesos en 1868 se precipitaron vertiginosamente:

- Anticipándose a lo acordado (una orden de arresto contra él), Carlos Manuel de Céspedes lanzó en su finca La Demajagua el *Grito de Yara*; 200 hombres armados ocuparon Yara y Bayamo, y proclamaron la independencia de Cuba, la libertad de los esclavos y el comienzo de una Guerra de Independencia. Pronto contaron con 15,000 mambises, armados con machetes, picas y algunas armas de fuego recibidas desde los EEUU.
- En la Cuba española la más alta autoridad militar era el General Blas de Villate y la Hera, Conde de Valmaseda (o Balmaseda); en noviembre Valeriano Weyler, su Jefe de Estado mayor desembarcó en Manzanillo.
- En diciembre llegó el Vapor *Galvanic* por el puerto de La Guanaja en Camagüey, con una expedición (dos compañías, 3,000 carabinas y 500,000 balas) enviada por los cubanos de los EEUU, al frente de la cual estaba General cubano Manuel de Quesada, ex-combatiente contra los franceses en México.
- En La Habana, los reformistas José Manuel Mestre, José Antonio Echeverría y José Morales Lemus fracasaron en tener un acuerdo con la Corona y se unieron al independentismo.
- Comenzaron a publicarse en Cuba los magazines *El Moro Muza* y *Don Junípero y Juan Palomo* financiados por el impresor José de Arazoza y el Diario de la Marina.

DIBUJO: CARLOS MANUEL DE CÉSPEDES PROCLAMA LA INDEPENDENCIA.

La Habana a punto de estallar la Guerra

IMÁGENES: UN MAPA DE LA HABANA EN LOS DÍAS DE LA GUERRA DE INDEPENDENCIA DE 1868; UNA VISTA DE LA HABANA DESDE CASABLANCA.

Los criollos se unieron a la gesta de Yara

El año 1869 comenzó en enero con la adhesión de los antiguos reformistas a la insurrección; le siguió la publicación el 19 de *El Diablo Cojuelo* por José Martí y Fermín Valdés Domínguez. En La Habana bandas de leales a la Corona española asaltaron la casa de Leonardo del Monte y la incendiaron; Martí publicó un primer y único número de *La Patria Libre*. Domingo Dulce, nuevo capitán general de Cuba (en sustitución de Francisco Lersundi), trató de negociar con los rebeldes pero desistió al saber que la insurrección había echado ya raíces en Las Villas. En respuesta declaró confiscados todos los bienes de los insurrectos y restableció la censura de prensa y los tribunales militares para delitos de *infidencia*.

Mientras eso ocurría en Cuba, el general Juan Prim, ministro de guerra español y jefe provisional del gobierno, propuso la independencia de Cuba si los residentes la aprobaban en un plebiscito y compensaban a España por sus inversiones; retiró la oferta cuando recibió una propuesta de EEUU de comprar la isla en lugar de los cubanos indemnizar al gobierno español.

Todo pareció indicar que la gesta de la independencia triunfaría rápidamente; el alzamiento en Las Villas pronto contó con 7,000 insurrectos. Las noticias se tornaron negativas cuando el general y conde de Valmaseda inició una fuerte represión que derrotó a las tropas de Donato Mármol y sus 2,000 hombres en Saladillo, cerca de Bayamo. Cubanos y españoles comenzaron a prepararse para una larga lucha política, económica y militar.

FOTO: TROPAS MAMBISAS EN ORIENTE EN 1869.

El año 1869 no parecía terminar nunca

1869 fue un año lleno de eventos en la historia de Cuba. Uno de los más transcendentales fue lo ocurrido entre el 23 y el 25 de enero en el *Teatro Villanueva* de La Habana (Morro entre Refugio y Genios, cerca de las calles Zulueta y Colón, en lo que en un futuro sería el terreno al oeste del Palacio Presidencial).

Los sucesos empezaron el día 22, en una función secretamente dedicada a recoger fondos para la guerra; allí se presentó la obra *Perro Huevero, Aunque le Quemen el Hocico*, en la cual Jacinto Valdés, un personaje de la obra declamó: *¡Que Viva la Tierra que Produce la Caña!*; el público comenzó a gritar *¡Viva Cuba Libre!*

En un intermedio, amenizado por la orquesta *Flor de Cuba* se oyeron gritos de *¡Viva Céspedes!* Fue entonces que los Voluntarios del gobierno español comenzaron a disparar y el caos se extendió por toda la capital. Entre los detenidos se encontró Rafael María de Mendive, maestro de José Martí. En el público estaba Juan Gualberto Gómez (contaba 14 años), posiblemente el mejor amigo de José Martí. A la entrada del teatro, distribuyendo copias de *El Diablo Cojuelo* y *La Patria Libre*, estaba José Martí. Tanto Martí (condenado a cárcel a los 17 años) como Mendive (deportado a España) y Gómez (sujeto a fuertes interrogatorios y amonestado) terminarían pagando cara su participación en los sucesos.

IMAGEN: EL *TEATRO VILLANUEVA* EN LA HABANA EN 1869.

Muchos cubanos pensaban que Cuba nunca tendría una constitución; la prensa se hizo eco sarcásticamente

1869

IMAGENES (DE LA REVISTA SATÍRICA *EL MORO MUZA*, LA HABANA)
EL MORO MUZA FUE UNA REVISTA MUY POPULAR EN CUBA EN LOS 1860S. EL MORO MUZA FUE UN DESCENDIENTE DE UN CONDE ESPAÑOL MUY JUGUETÓN LLAMADO *IBN MUZA* (788-863), CONOCIDO COMO EL *MORO MUZA*.

1869

Algunos detalles adicionales sobre los sucesos del Teatro Villanueva

Los sucesos del Teatro Villanueva (originalmente llamado *Circo Habanero* en 1847, ampliado y reforzado en 1853) ocurrieron durante los cinco meses que gobernó a Cuba el Capitán General Domingo Dulce, hombre de escasas luces, pusilánime y bajuno. La trágica función de 1869 resultó en serias consecuencias para los criollos.

El día de los hechos, 22 de enero de 1869, entre las infracciones a la tranquilidad que ocurrieron estaban las cintas blancas y azules que lucían las mujeres (señal de adhesión a Céspedes) y una bandera cubana que una joven tremoló desde un palco, aparte de las exclamaciones y aplausos de incipiente rebeldía ya mencionados. Cuando el Cuerpo de Voluntarios, escondidos en los fosos de la muralla a un costado del teatro, irrumpió a golpes, tiros y bayonetazos, decenas de personas resultaron heridas.

Después de los sucesos, el teatro fue clausurado; los artistas, empresarios y dramaturgos se exiliaron; el mayor peso de la ley cayó sobre José Martí y Rafael María de Mendive. Años después el edificio se convirtió en casa de vecindad; más tarde en refugio de gentes de mal vivir. Su último uso fue como fábrica de tabacos, la cual fue derrumbada en 1882.

FOTOS: ANUNCIO DE TAQUILLA DE LA FUNCIÓN DEL 22 DE ENERO; LA ORQUESTA *FLOR DE CUBA*; MARTÍ EN CADENAS EN ISLA DE PINOS; PORTARRETRATO DE RAFAEL MARÍA DE MENDIVE.

 1869

Las altas y bajas de la guerra en Cuba

El 29 de diciembre de 1869 en el yate *Anna* desembarcaron cerca de Manatí, procedentes de New York, 21 hombres (con Oscar de Céspedes, hijo de Carlos Manuel al frente) con 1,260 fusiles, 2 cañones, 384 proyectiles pesados y una gran cantidad de parque. Por otra parte, el 4 de abril la armada española había capturado el *Galvanic* en su segunda expedición, deportando a España todos los expedicionarios. En La Habana más de 100,000 personas marcharon al exilio en seis meses; la población criolla se sentía vulnerable, a pesar de que las tropas mambisas se enfrentaban en casi igualdad de condiciones a las tropas españolas. Lo cierto es que, como en Madrid afirmaban los periódicos: «A una, otra»

En efecto: el 9 de mayo de ese año desembarcó en *Ramón* (costa norte de la bahía de Nipe) el vapor *Perit*, enviado por Morales Lemus y la Junta Revolucionaria de New York, con 300 hombres y 4,000 fusiles. Sorprendentemente la *Cámara de Representantes en Armas* (electa en la Asamblea de Guáimaro en abril), agobiada y confundida por rivalidades internas, votó por pedir la anexión a los EEUU; la Asamblea reiteró la decisión en la reunión de julio. La *Junta Cubana de New York* ignoró ambas peticiones y no les dio curso. El 16 de agosto Valmaseda derrotó a Manuel de Quesada en Tunas (desde entonces bautizada por España como Victoria de las Tunas). El 16 de marzo del 1870, el general Antonio Maceo derrotó las tropas de Arsenio Martínez Campos. El 7 de mayo Domingo Goicuría desembarcó al frente de 30 patriotas procedentes de New York; fue capturado y ejecutado a garrote vil.

Resultado: confusión total. Más aun: la Asamblea destituyó a Manuel de Quesada como Jefe Militar; ante esa decisión, Pedro Figueredo y Francisco Vicente Aguilera renunciaron a sus cargos. La confusión reinó entre los patriotas civiles; los militares comenzaron a desconfiar de ellos. La incertidumbre continuó con altas y bajas hasta el final de la guerra.

FOTOS: EL VAPOR PERIT EN NIPE; OSCAR DE CÉSPEDES.

1868 - 1869

Discordias en las tropas cubanas

Durante la guerra del 1868, las luchas internas y las diferencias de opiniones en las filas independentistas cubanas frecuentemente debilitaron los esfuerzos mambises.

El 4 de noviembre de 1868, por ejemplo, se firmó la *Constitución de Guáimaro*, «*para regir lo que dure la Guerra de Independencia.*» La constitución dispuso crear una Cámara Legislativa de Representantes; el 29 de abril de 1869, ya en medio de la guerra, esa Cámara aprobó pedir la anexión a los EEUU.

Apenas dos meses después, el 4 de julio, el VP de la Cámara, Miguel Jerónimo Gutiérrez, se declaró anexionista en medio de aplausos de los reunidos.

Unos días antes, el 10 de abril de 1869, la *Asamblea de Guáimaro* había nombrado al general Manuel de Quesada como General en Jefe del ejército; el 18 de diciembre de ese mismo año la Cámara Legislativa lo destituyó. Uno de los que alentó la destitución fue Ignacio Agramonte. En protesta, Perucho Figueredo renunció como Subsecretario de Guerra y Francisco Vicente Aguilera como secretario de la Asamblea.

En mayo de 1869, Thomas Jordán, veterano de la Guerra Civil americana (del lado sureño) desembarcó en Mayarí con 300 hombres y suficientes armas para dotar a 6,000 mambises. El 1 de enero del 1870 Jordán derrotó las tropas españolas al frente de las tropas cubanas de Camagüey. El día 6 renunció y se fue de Cuba por diferencias con Agramonte (autor intelectual de la *Constitución de Guáimaro*). El 1 de marzo de ese año fue Agramonte el que renunció por desavenencias con Céspedes; renuncia que Céspedes aceptó el día 16.

DIBUJO: ASAMBLEA DE GUÁIMARO, NOVIEMBRE 1868.

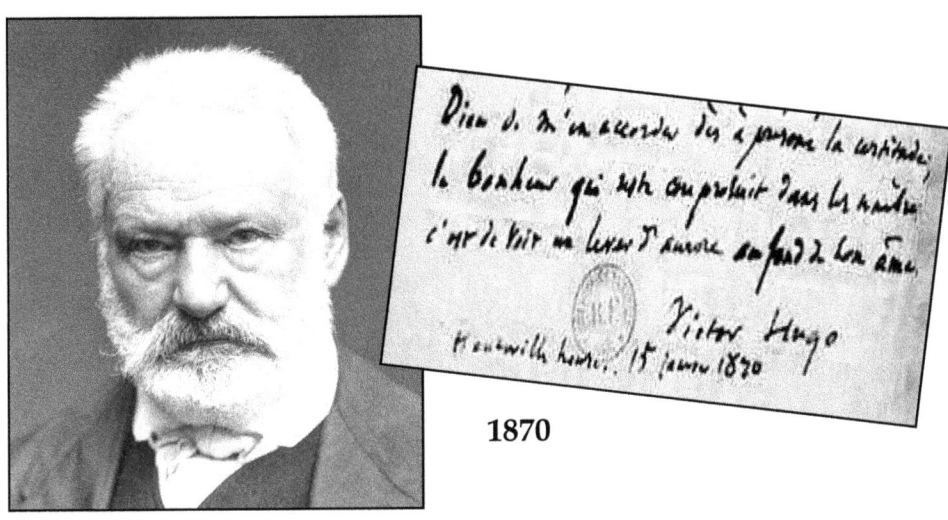

1870

Víctor Hugo y la guerra de los cubanos

En 1870, los países europeos daban la falsa apariencia de estar en paz pero incrementaban cada vez más sus rivalidades. Alemania, bajo la corona imperial de Guillermo I, luchaba por ser la primera potencia de Europa. Francia no se había recuperado de haber perdido la prepotencia napoleónica. Gran Bretaña era la primera potencia económica del mundo con la marina de guerra más temible y la mayor marina mercante. En España las ideas anarquistas y sindicalistas prevalecían entre los trabajadores mientras los movimientos separatistas de catalanes y vascos ponían en peligro al reino; solo el ejército apoyaba la monarquía.

En esa Europa convulsa, poca gente estaba al tanto de lo que ocurría en América. Muchos desconocían que los cubanos estaban en plena insurrección. Los gobernantes españoles reprimían las noticias de esa rebelión con brutalidad. Las mujeres cubanas huían con sus hijos; muchas refugiándose en Nueva York.

Emilia Casanova de Villaverde, una vehemente matancera, esposa del célebre escritor Cirilo Villaverde, fundadora de la *Liga de las Hijas de Cuba en New York*, «sedujo» a Víctor Hugo, la primera pluma de Francia, con una misiva firmada por 300 mujeres cubanas, rogándole que interviniera en la lucha por la independencia de Cuba. Víctor Hugo honró la petición el 15 de enero de 1870 en una comunicación titulada por Hugo: *A las mujeres de Cuba y Por Cuba*. En su totalidad, esa carta se presenta en el Apéndice 1 al final de este libro, al igual que una segunda carta que Hugo redactó y envió seis meses después.

FOTOS: VÍCTOR HUGO Y SU CARTA A LAS MUJERES CUBANAS.

Pesimismo en la prensa española

«*Durante 18 meses, hemos sostenido una lucha muy difícil y sangrienta en Cuba. Cuarenta mil españoles han puesto sus pies sobre ese suelo ardiente, donde muchos de ellos han encontrado la muerte. Cuarenta millones de dólares han salido de nuestras arcas pobres y miserables. ¿Qué hemos logrado? Nada, absolutamente nada. Tanto sacrificio no puede justificarse hablando o escribiendo; no podemos hacer otra cosa. La insurrección no ha podido ser conquistada. Seguirá teniendo más o menos fuerza, y tomará el tiempo suficiente para consumir todos nuestros recursos, que son muy pocos, y para causar la muerte de muchos, muchísimos españoles. Suponíamos que, después de todo, debíamos obtener algunos resultados. No es así. Al final sería doloroso, si vamos a tener la misma suerte en Cuba que tuvimos en Santo Domingo. Para luchar, para regar la tierra con nuestra sangre, y después de tanto heroísmo, después de tanta abnegación, dejar detrás los sepulcros de nuestros soldados en la mano del enemigo.*

Estamos de acuerdo en que los insurgentes están muy azotados; sí, admitimos que nuestras reportadas victorias pueden ser verdaderas, pero ¿Acaso puede conquistarse un pueblo que lucha por su libertad? La insurrección, en lo que se refiere a los próximos años, puede en cualquier momento asumir mayores proporciones. Es cierto, la pelea será incesantemente más ardua y cruel.»

GRABADO: PROTESTA EN MADRID POR EL MAL RUMBO DE LA GUERRA DEL 68. TEXTO: EDITORIAL EN *LA DISCUSIÓN*, 24 DE MARZO DE 1870.

La guerra de 1868 en la prensa europea

A la izquierda, un retrato de Domingo Goicuría, apresado en las costas de Camagüey y condenado a garrote vil.

Periódico: reportaje en *Le Monde Illustré*, París, febrero 1870.

Tres escenas al comenzar la guerra de 1968

1870

IMÁGENES: LA ACERA DEL LOUVRE IN LA HABANA, LUGAR DE REUNIÓN DE PATRIOTAS CUBANOS EN LOS AÑOS 1860S; LOS VOLUNTARIOS ESPAÑOLES SE APRESTAN PARA LA GUERRA; EL FUSILAMIENTO DE PEDRO (PERUCHO) FIGUEREDO EN 1870.

Los estudiantes de medicina

En medio de la Guerra del 68 un incidente fortuito y criminal ocurrió en La Habana. En la tarde del viernes 24 de noviembre varios alumnos de medicina esperaban en el anfiteatro anatómico (San Lázaro entre Aramburu y Hospital) la llegada del profesor. Debido a su demora entraron en el Cementerio Espada, muy cercano a la Universidad (O'Reilly esquina a San Ignacio). El vigilante del cementerio, mortificado porque un joven *«había maltratado las flores,»* hizo una falsa delación (que los estudiantes habían rayado el cristal de la tumba del periodista Gonzalo Castañón). Los estudiantes fueron procesados en juicio sumarísimo y fusilados en tres días, el lunes 27 de noviembre en lo que constituyó el más grosero acto abusivo del gobierno español en Cuba.

GRABADOS: LOS 8 ESTUDIANTES DE MEDICINA FUSILAOS POR BLAS VILLATE, CONDE DE VALMASEDA; *FEDERICO CAPDEVILA*, EL ABOGADO ESPAÑOL QUE DEFENDIÓ A LOS ESTUDIANTES EN 1871.

Los actos heroicos no se hicieron esperar

1871

IMÁGENES: LA PRENSA AMERICANA PUBLICÓ UNA REUNIÓN DE LA *JUNTA CUBANA DE NEW YORK*, QUE ENVIÓ A CUBA DOS DOCENAS DE EXPEDICIONES CON HOMBRES Y ARMAS; LA TARJA EN LA CABAÑA EN HONOR A *JUAN CLEMENTE ZENEA*, FUSILADO POR LOS ESPAÑOLES; EL PERIÓDICO CAMAGÜEYANO *EL COLEGIO LIBRE*.

1870 - 1872

Recrudecimiento de la guerra

El 26 de junio de 1870 murió de congestión cerebral Donato Mármol (héroe de la Batalla de *Mayarí Arriba* el 7 de agosto de 1869, amigo íntimo de Francisco Vicente Aguilera). Máximo Gómez, su mano derecha, ocupó su cargo.

El 17 de agosto murió fusilado Perucho Figueredo.

Unos meses después, el 15 de enero del 1871, José Martí fue deportado a Madrid.

Máximo Gómez, en su primera pelea como jefe de tropas, fue derrotado por Weyler (jefe de los Cazadores de Valmaseda) en Palmito, cerca de Holguín el 24 de enero de 1871.

El 5 de mayo Guillermón Moncada (que sería combatiente en las tres guerras de independencia de Cuba), obtuvo su primera victoria en Yateras, cerca de Guantánamo, y fue ascendido a teniente coronel.

El 25 de agosto fusilaron en La Habana al escritor Juan Clemente Zenea, capturado cuando penetró en Cuba con mensajes de la Junta de New York para el presidente Céspedes.

El 16 de febrero de 1872 Arsenio Martínez Campos, fue derrotado por segunda vez por Antonio Maceo, en Jarahueca, cerca de Santiago de Cuba.

Benito Juárez, presidente de México, decretó a principios de 1872, acoger en los puertos del país para reabastecerse, cualquier barco con la bandera cubana.

FOTOS: TROPAS CUBANAS BAJO DONATO MÁRMOL (A LA DERECHA) EN MAYARÍ.

1873 - 1874

Siguieron altas y bajas de ambos lados

El 23 de octubre de 1873 Máximo Gómez tomó Santa Cruz del Sur en Camagüey y el 9 de noviembre, al frente de 400 jinetes derrotó a casi 2,000 tropas españolas en *La Sacra*, al sur de Camagüey, causándoles más de 100 bajas. Tres días después Calixto García atacó e incendió Manzanillo y el 2 de diciembre Máximo Gómez destrozó una columna española de 800 hombres en *Palo Seco*, cerca de Las Tunas, causando 507 bajas y 70 prisioneros.

El 10 de febrero de 1874 Antonio Maceo derrotó a los españoles en *Naranjo*, cerca de Holguín. El 19 de marzo Máximo Gómez, Maceo y Céspedes causaron mil bajas (de un total de 3,000 enemigos) en una batalla de cuatro días en el potrero *Las Guásimas de Machado*. A la ciudad de Camagüey llegó un número tal de heridos que los hospitales no dieron abasto.

Calixto García cayó en poder de los españoles el 5 de octubre, después de darse un tiro al verse rodeado. Su sucesor al mando fue Antonio Maceo, condenado a muerte *in absentia* por el Capitán General Concha desde el 16 de abril.

DIBUJO: LA BATALLA DE LAS GUÁSIMAS DE MACHADO EN 1874; ANTONIO MACEO Y MÁXIMO GÓMEZ JÓVENES.

Mambises de alto nivel en desacuerdo

En 1970 la *Junta Cubana de New York*, bajo la presidencia de José Manuel Mestre, comenzó conversaciones con Madrid hacia una paz negociada. La lucha por la independencia cubana se había estacando debido a dos causas principales: la difícil situación económica del exilio en los EEUU y la falta de apoyo a la causa entre los criollos en Cuba. Para consultar con Céspedes, la Junta envió a Oriente al poeta Juan Clemente Zenea, que generosamente también se ofreció para acompañar a la esposa de Céspedes, Ana de Quesada, a salir de Cuba. Zenea desembarcó en Cuba con un salvoconducto otorgado por el Ministro de España en Washington. Céspedes se negó a aceptar acomodo alguno que no incluyera la independencia de Cuba y la libertad de los esclavos. Zenea, al tratar de salir de Cuba, fue hecho prisionero y fusilado por los españoles.

Ignacio Agramonte, primo de Ana de Quesada, hermana del depuesto general Manuel de Quesada, tuvo informes de la recomendación de Quesada a Céspedes de asumir «*la inmensa responsabilidad de hacerse Dictador, conservando el poder absoluto, única forma de triunfar en la guerra.*» Agramonte, mas civil que militar en su forma de pensar, respondió a lo que creía una ambición tácita de Céspedes escribiendo una carta a la *Cámara de Representantes en Armas* que incluía duras acusaciones a Céspedes: «*El enemigo se pasea impunemente en nuestro territorio. ¿Esperará la Cámara que Carlos Manuel y sus secuaces arruinen el país, para proceder con energía?*» Céspedes y Agramonte nunca lograron reconciliarse. Una rivalidad similar existió en 1895 entre Maceo y Martí.

GRABADO: AGUILERA, CÉSPEDES Y AGRAMONTE

Los caricaturistas madrileños se entretuvieron burlándose de los rebeldes cubanos

1868 - 1878

Manuel Quesada, José Morales Lemus

Benigno Goicuría

Carlos Manuel de Céspedes

Miguel Aldama

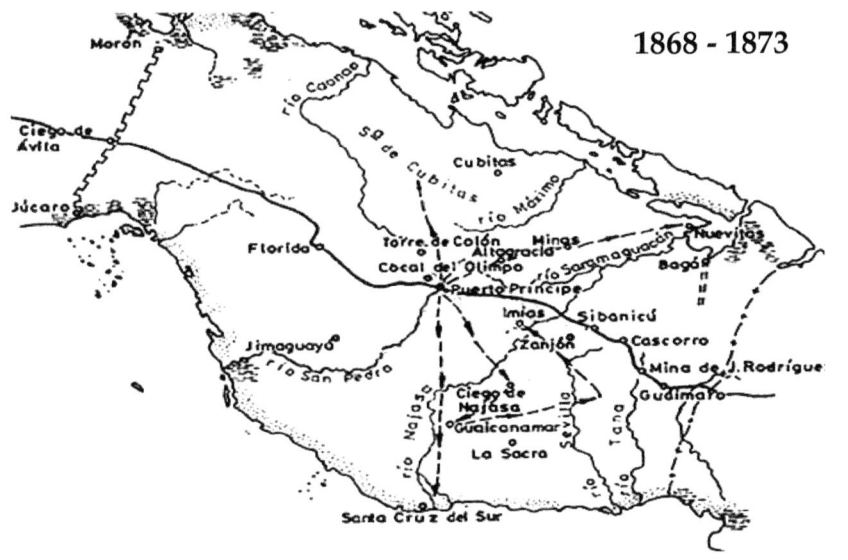

La Guerra de 1868-1878 en Camagüey

Al morir Ignacio Agramonte en 1873, Máximo Gómez fue designado jefe del departamento occidental, punto de partida para la invasión de las ricas provincias de Las Villas y Matanzas (plantaciones e ingenios), las cuales prácticamente no habían sido tocadas por la guerra. Máximo Gómez tuvo que resolver las reticencias regionalistas de los camagüeyanos, que no deseaban a un jefe no camagüeyano, y las de los orientales que no querían desplazarse de sus zonas de operaciones (Calixto García en Holguín y Vicente García en Las Tunas). Las batallas camagüeyanas (*La Sacra, Palo Seco, El Naranjo, Mojacasabe y Las Guásimas*) fueron el crisol donde desaparecieron todos los prejuicios contra Gómez y los de los orientales hacia los camagüeyanos.

Camagüey era una provincia diferente a la agreste y espesa manigua de la provincia oriental. Su riqueza era eminentemente ganadera; su topografía era de sabana, de extensos potreros salpicados de poco monte y pequeños bosques, muy favorables a las operaciones de la caballería. Una vez hechos realidad los éxitos de la fabulosa caballería camagüeyana, Gómez proyectaba realizar una invasión del occidente de Cuba, cosa que no pudo hacer sino treinta años después.

MAPA: LA GUERRA DE 1868 EN CAMAGÜEY.

De repente, el desastre de Bijagual

1873 fue otro año trascendental en la historia de Cuba. Pocas buenas noticias y un preludio del fracaso de la Guerra del 68.

En España, Amadeo I de Savoya (escogido como sucesor de Isabel II) abdicó el 11 de febrero de 1873 señalando «*España es un país ingobernable.*» En efecto, en poco más de 3 años que fue rey, España nunca alcanzó estabilidad debido a las ambiciones de políticos como Serrano y Sagasta, la muerte de Prim, la oposición de republicanos y carlistas al rey, la guerra en Cuba, la falsa lealtad de la Iglesia y las traiciones de los borbonistas.

En Cuba, el 11 de mayo murió en combate (una bala perdida le dio en la cabeza) en el potrero de Jimaguayú, el mayor General Ignacio Agramonte. Sin haber recibido entrenamiento alguno como militar, sus tropas habían aterrorizado el ejército español.

En octubre el general Vicente García propuso a Máximo Gómez que juntos depusieran a Céspedes como presidente, a lo cual se negó Gómez escribiéndole: «*El estado de la guerra es poco alentador... las perspectivas son la ruina y la decadencia de nuestra campaña... Bayamo se perdió por desorganización... Las Villas está totalmente abandonada ... estos son días memorables y amargos.*»

Para complicar aún más la guerra, el 24 de octubre Céspedes presentó un documento a la Cámara protestando por las limitaciones que le había impuesto el poder legislativo. La Cámara, reunida en Bijagual (Jiguaní, Oriente, hoy desaparecida bajo una represa), sin entrevistar ni invitar a conversar a Céspedes, respondió tres días después destituyéndolo y nombrando a Salvador Cisneros Betancourt como nuevo presidente.

FOTO: EL BUCÓLICO BIJAGUAL, EMPLAZAMIENTO DEL CAMPAMENTO MAMBÍ DONDE PRÁCTICAMENTE SE SELLÓ EL FRACASO DE LA GUERRA.

Trasbordo de los prisioneros al *Tornado*.

Para colmo, la captura del *Virginius*

El *Virginius* (200 pies de eslora, 491 toneladas, botado en 1864, propiedad de Miguel Aldama) era un barco veloz ex-confederado que utilizaron los cubanos durante la guerra del 68.

El 2 de noviembre de 1873, el guardacostas español *Tornado* salió de Santiago de Cuba en busca del *Virginius*. No había razón para el *Tornado* estar listo, equipado y escondido en el puerto de Santiago de Cuba; un informante de Nueva York había dado el soplo a la armada española de los planes del *Virginius*. A las 10:00 AM, en alta mar, el *Tornado* hizo contacto visual. El capitán Fry del *Virginius* encontró su nave en peligro y comenzó a tirar todo por la borda: cañones, caballos, comida, 7 ametralladoras de retroceso, 100 cajas de municiones, 2 toneladas de dinamita, uniformes, botas de campaña y 2,000 fusiles Remington. Miguel Aldama había pagado una pequeña fortuna por esas provisiones de guerra.

Todo fue en vano. El *Tornado* se puso al lado del *Virginius* y disparó tres proyectiles frente a la proa. El capitán Fry rindió la nave. El capitán Granados del *Tornado* y tres miembros de la tripulación abordaron el *Virginius* e izaron la bandera española donde había estado la de los EEUU; tomaron todos los mapas, cartas y documentos y asumieron el control de la nave. Al día siguiente el *Tornado* y el *Virginius* entraron en Santiago de Cuba.

Toda su tripulación de 144 hombres fueron sometidos a una corte marcial; todos fueron condenados a ser fusilados en presencia del Cuerpo de Voluntarios. Los cuatro primeros incluyeron a Pedro Céspedes, hermano de Carlos Manuel.

GRABADO: MARINOS DEL *TORNADO* ABORDANDO EL *VIRGINIUS*.

Conflicto internacional por lo del *Virginius*

A los cinco días de la corte marcial del *Virginius*, sin que el vicecónsul de EEUU tuviera oportunidad de entrevistarlos, 53 de los tripulantes ya habían sido fusilados. Las autoridades españolas en Santiago habían hecho caso omiso a una carta de Emilio Castelar, presidente de España, ordenando detener la masacre y una carta de la familia del magnate cubano, Ignacio Franchi Alfaro, que ofrecía un millón de dólares en oro para la liberación de todos los prisioneros.

Cuando la noticia de la masacre que ocurría en Santiago llegó a Kingston, el comandante de la corbeta de guerra británica *Niobe*, se lanzó a gran velocidad hacia Santiago, exigiendo de las autoridades que se detuviera la matanza y amenazando reducir Santiago a cenizas si no lo hacían. Un buque de guerra y una fragata de EEUU bloquearon la salida del puerto de Santiago, atrapando dentro tanto el *Virginius* como el *Tornado*. Fue la única forma de detener la matanza.

En los EEUU, los periódicos *New York Times, New York Tribune, New York Herald* y *New York Sun* editorializaron sobre los sucesos. El presidente Grant, sin embargo, decidió que «*en este momento, la guerra con España no es deseable.*»

20 días después, en Cuba, el nuevo presidente en armas Salvador Cisneros Betancourt alertó a la Cámara sobre la falta de seguridad en que vivía el ex-presidente Céspedes en San Lorenzo, Sierra Maestra. La Cámara no hizo nada. El 27 de febrero de 1874 Céspedes fue sorprendido y muerto mientras se defendía.

FOTOS: FUSILAMIENTO DE LOS TRIPULANTES DEL *VIRGINIUS*.

1870

1869

1869

1873

En España, una guerra literaria

El gobierno español, tratando de mantener una opinión pública favorable a la desastrosa guerra en Cuba, propició desde temprano la publicación de libros que justificaban el gasto de hombres y capital en Cuba. Cuatro libros publicados en España en la época fueron: *Historia de la Insurrección y Guerra de la Isla de Cuba*, Madrid, 1870; *Insurrección en Cuba*, Barcelona, 1869; *Cuba Siempre española*, Madrid, 1869; *Historia de los Voluntarios cubanos*, Barcelona, 1873.

1874

La estrella en la frente de Calixto García

Calixto García, el *León Holguinero*, fue un hombre fuerte, educado, contundente y no con mucha paciencia cuando se unió en Jiguaní, junto a su amigo Donato Mármol, a la Guerra del 1868 a la edad de 29 años. En 1874, mientras intentaba impedir conversaciones de paz entre oficiales españoles y algunos jefes cubanos en la zona entre Manzanillo y Bayamo, fue sorprendido con solo 20 de sus hombres por una columna enemiga en el lugar conocido por San Antonio de Baja.

En un intento de evitar darle los españoles la satisfacción de capturarlo, se pegó un tiro la barbilla con su pistola calibre 45. La bala salió por su frente, dejándolo inconsciente. La herida le dio una gran cicatriz, causando fuertes dolores de cabeza durante el resto de su vida. Llamó a la herida "*su estrella.*"

Cuando las autoridades españolas llegaron a Holguín para decirle a Lucía Iñiguez, su madre, que lo habían capturado, esta respondió que su hijo nunca habría permitido que lo capturaran. Cuando los funcionarios le explicaron que Calixto intentó suicidarse, ella respondió «*Ahora si creo que era mi hijo, ¡primero muerto que capturado!*» Fue encarcelado hasta el Pacto de Zanjón. Calixto García fue uno de varios patriotas que lucharon en cada una de las tres guerras de independencia.

FOTOS: CALIXTO GARCÍA EN 1874, ANTES DE SER HERIDO, Y EN 1897; EL BILLETE DE $50 CON QUE LA REPUBLICA HONRÓ SU MEMORIA EN 1936.

La infame sedición de Lagunas de Varona

El año 1875 comenzó con Máximo Gómez cruzando la Trocha de Júcaro a Morón, una línea de fortificaciones construidas por España para evitar la expansión de la guerra a Las Villas y la zona occidental de Cuba. Esta hazaña se vio opacada por la acción disruptiva y turbulenta del general Vicente García, que se negó a salir de Las Tunas para unirse a Máximo Gómez en su plan para invadir Las Villas.

García inició una protesta conocida como la *Sedición de Lagunas de Varona*, en la cual declaró su oposición al gobierno de Salvador Cisneros Betancourt. La reunión de las tropas de Vicente García el 30 de abril de 1875, en *Lagunas de Varona*, la publicación de sus demandas el 5 de mayo contra el presidente Cisneros y su manifiesto de 11 de junio retando la presidencia y los poderes legislativos de la República de Cuba en Armas, gravemente afectaron la moral de las fuerzas rebeldes.

Después de una protesta que duró dos meses, al general García se le dio el mando de Oriente y Camagüey y el presidente Cisneros fue reemplazado por Juan Bautista Spottorno. La República de Cuba en Armas vez más se conducía como los gobiernos convulsos e inestables en España.

DIBUJOS: VICENTE GARCÍA, JUAN SPOTTORNO Y TITA CALVAR.

La oficialidad cubana ante la sedición

El 1 de mayo, el presidente Salvador Cisneros y el general Bartolomé Masó, ambos sin escolta, se presentaron ante Vicente García tratando de persuadirlo a abandonar su desafío a las autoridades constitucionalmente establecidas. García los recibió cordialmente, pero reiteró sus razones para su protesta, alegando que sus hombres no estarían de acuerdo en luchar para liberar a ningún otro territorio que no fuera Las Tunas.

Antonio Maceo escribió una carta regañando al general García, rechazando los argumentos que lo condujeron a la sedición y pidiéndole disciplina y una retractación pública inmediata.

Máximo Gómez, con gran peligro personal, fue con un pequeño grupo a *Loma de Sevilla* para una reunión con Vicente García el 24 de junio y sugirió educadamente pero con fuerza que García tenía que elegir entre obedecer con disciplina o ir al destierro y ser despedido de las fuerzas independentistas.

El presidente Salvador Cisneros Betancourt, herido pero dispuesto a acomodarse a la situación, renunció a su cargo y Juan Bautista Spottorno asumió temporalmente la presidencia.

Fue la crisis constitucional más grave que las fuerzas cubanas habían encontrado, tan grave y demasiado cercana en tiempo y en alcance a la también infame destitución de Céspedes en Bijagual.

GRABADO: TROPAS DE VICENTE GARCÍA ACERCÁNDOSE A LAS TUNAS EN 1875.

Repercusiones en Cuba y España

Con el fin de mitigar la devastación moral creada por el incidente de *Lagunas de Varona*, un grupo de periodistas reformistas de La Habana dio a la publicidad un documento escrito por el capitán general Francisco de Lersundi cuando abandonó el cargo de gobernador de Cuba

El documento leído en parte decía:

«Es triste pero necesario confesar la falta absoluta de una política uniforme y coherente hacia la isla de Cuba por parte del gobierno de España, que prometió concesiones y reforma y, sin embargo, ha reprimido y defraudado las esperanzas de cumplir lo que se prometió. Se ha producido un estado de desconfianza, inquietud y desasosiego general, que puede ahora casi no remediarse. La organización poderosa e inquebrantable de nuestras colonia cubana ha sido reemplazada, sin orden ni concierto, con un sistema espasmódico y burocrático, que es a la vez costoso, ignorante y engañador, lo que permite una inmoralidad escandalosa por un lado y por el otro contribuye a desprestigiar y desacreditar a España. No hay futuro para España en la Cuba de hoy.»

Máximo Gómez regresó a mediados de julio a Las Villas; allí encontró el mismo malestar e incomodidad entre sus hombres que había dejado atrás en Oriente. En dos cartas a Miguel Aldama en Nueva York y Antonio Maceo en Oriente expresó sus dudas de que las fuerzas independentistas pudieran recuperarse de ese episodio de sedición.

Fotos: Máximo Gómez en Las Villas durante la gesta del 1868.

Consecuencias de la Sedición de Varona

La *Sedición de Lagunas de Varona* fue para muchos, en Cuba y en España, una señal que la guerra estaba llegando a su final. Spottorno trató de conciliar todos los puntos de vista y probablemente hizo la peor decisión posible al promover a Vicente García al cargo de jefe militar tanto en Camagüey como en Oriente. Después de casi un mes tratando de comprender la crisis, el gobierno de Madrid creó una situación más difícil aun para los cubanos al volver a enviar a Cuba como Capitán General a un hombre tan cruel y despiadado como el Conde de Valmaseda.

Las consecuencias del intento de sedición comenzaron a sentirse muy pronto a través de las líneas del ejército independentista cubano. En marzo de 1876 Julio Sanguily dimitió del puesto que le habían asignado al mando del territorio de Las Villas. Con gran pesar personal dio como razón: «*mis hombres, intoxicados por el ejemplo de Lagunas de Varona, rechazan mi derecho a dar órdenes muy lejos de Camagüey, mi tierra natal.*» Fue reemplazado por el general Carlos Roloff.

Los soldados amotinados en Santa Rita exigieron la destitución de Estrada Palma y la disolución de la Cámara de Diputados de Cuba. Vicente García no hizo esfuerzo alguno por restablecer una normalidad; por el contrario, dirigió sus tropas hacia Las Tunas en lugar de Las Villas.

Foto: Tropas cubanas al mando de Carlos Roloff en 1876.

El carácter de Antonio Maceo

El 10 de febrero de 1878 el general español Arsenio Martínez-Campos impulsó el fin de la guerra en Cuba al poner en vigor el *Pacto del Zanjón*. En una carta que había enviado a Madrid el 27 de septiembre de 1877, en plena campaña, había comentado:

«Pensé que estaba tratando con un mulato estúpido, un arriero grosero; pero encontré que no sólo Maceo se transformó en un verdadero general capaz de dirigir su movimiento con el juicio y la precisión de un gran militar, sino también era un atleta que, viéndose indispuesto en una litera con una bala en el vientre, asaltado por mis tropas, abandonó su cama, saltó sobre un caballo y dejó atrás aquellos que lo perseguían.»

El 7 de febrero de 1878, la Cámara se disolvió convirtiéndose en el *Comité del Centro*. Maceo todavía estaba luchando y en *San Ulpiano* logró una gran victoria sobre el famoso *Batallón de San Quintín*, cumpliendo así una promesa que se había hecho a sí mismo de vengar la muerte de Céspedes. El 15 de marzo se reunió con Martínez Campos en la famosa *Protesta de Baraguá*. El 18 de marzo recibió una oferta con una considerable suma de dinero para que aceptara el *Pacto de Zanjón*. Maceo respondió:

«¿Cree usted que un hombre que está luchando por sus principios y tiene un gran respeto por su honra y reputación personal puede venderse a sí mismo mientras todavía haya al menos una oportunidad de salvar su lucha muriendo o tratando de cumplir su destino antes de que se denigre a sí mismo? Los hombres como yo luchan sólo por la causa de la libertad y rompen sus armas en lugar de rendirse.»

OLEO: LA BATALLA DE SAN ULPIANO, 7 DE FEBRERO DE 1878.

Los deprimentes sucesos del 1877

En octubre de 1877, el Generalísimo Máximo Gómez, desalentado por los sucesos de *Lagunas de Varona* y por el sentimiento regionalista de Holguín, comenzó a comunicarse con amigos y ejecutivos del Gobierno en Armas. Alguno de sus pensamientos fueron:

«*Se nota una desmoralización completa y los ánimos están sobrecogidos; tanto por las operaciones constantes del enemigo como por la división de los cubanos.*»

«*Concluye este año 1877, uno de los más funestos para la libertad de Cuba; además de la terrible campaña que sostiene el general español Martínez Campos, con sus grandes recursos de hombres y dinero, los cubanos, divididos y en desacuerdo, han impreso un sello de debilidad y decadencia a la guerra; va a ser difícil encarrilarla por una vía segura hacia el triunfo.*»

«*Anoche en el campamento hubo manifestaciones en favor de la paz.*»

«*Martínez Campos estaba perfectamente enterado de lo que pasaba en nuestro campo y en el seno mismo de la Cámara por las relaciones que mantenía con algunos jefes de nuestras fuerzas que iban y venían de los campamentos españoles a los nuestros.*»

La situación no podía haber sido peor; Tomás Estrada Palma fue hecho prisionero por los españoles tras una delación; su sustituto, Francisco Javier de Céspedes, renunció a su cargo; el generalísimo Máximo Gómez dimitió como Secretario de Guerra. *El Pacto del Zanjón* era ya inevitable.

Grabado: Españoles y mambises negociando en el cuartel español de San Agustín del Zanjón (Sibanicú) en febrero de 1878.

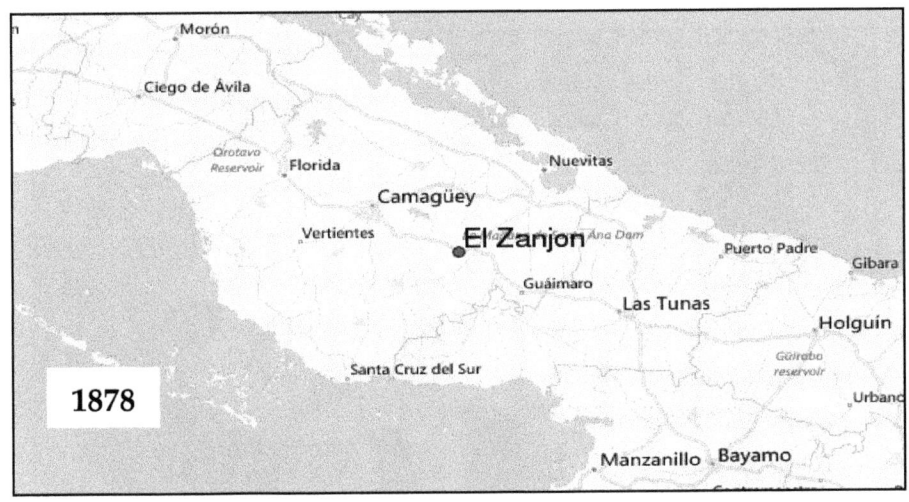

Los cubanos firmaron el Pacto del Zanjón

En una reunión con la Cámara de Diputados en el cuartel español de *San Agustín del Zanjón,* cerca de Sibanicú, Camagüey, el 7 de febrero de 1878, el general Vicente García se enteró de las conversaciones de paz con Martínez Campos y pidió una reunión con el general español al día siguiente en *El Chorrillo,* Camagüey. Martínez Campos sugirió disolver la Cámara de Diputados y sustituirla por un *Comité del Centro*. Vicente García no estuvo de acuerdo y salió de la reunión; el *Comité* se formó y se dio a la tarea de definir y dar seguimiento a la oferta de paz española. De inmediato se formó un *Comité de Tregua*.

Dos días después, el 10 de febrero, los cubanos acordaron tener una ceremonia en *San Agustín del Zanjón* para firmar el acuerdo de paz. A varios mensajeros se les dio la tarea de informar a otros rebeldes en Oriente y Camagüey, en particular a Máximo Gómez y Antonio Maceo.

Una reunión del *Comité de Tregua* con Maceo tuvo lugar el 27 de febrero en Piloto Abajo, cerca de San Luis, Oriente, en presencia de Máximo Gómez. Maceo pidió una reunión con Martínez Campos. Gómez solicitó un pasaporte para salir de Cuba. Al día siguiente todos los insurgentes en Las Villas (con la excepción de tropas de Ramón Leocadio Bonachea) depusieron sus armas. Maceo planeó continuar la guerra con la ayuda de Miguel Aldama en New York. El *Pacto del Zanjón* incluía una nueva constitución y formar un gobierno provisional. El espíritu rebelde se había desvanecido.

MAPA: LA ZONA DONDE SE FIRMÓ EL PACTO DE ZANJÓN.

Maceo se entrevistó con Martínez Campos

15 de mayo 1878 fue el día elegido para la reunión entre Martínez Campos y Antonio Maceo. El español había elegido la fecha y la hora y el cubano el lugar. Los hombres de Maceo llegaron primero a un claro del bosque y prepararon hamacas para ellos y para los españoles. A los veinte minutos los centinelas cubanos anunciaron la presencia de Martínez Campos. Comenzaron las conversaciones.

Al comenzar, Martínez Campos trató de elogiar a Maceo, indicando que no sabía que su adversario era tan joven. Maceo no se impresionó, sobre todo cuando se dio cuenta de Martínez Campos no se refería a él como «*general*» o a sus tropas como el «*ejército cubano.*» Maceo mantuvo su seriedad y compostura.

Martínez Campos trató de apelar a la paz y la prosperidad para todos los cubanos diciendo: «*Ya basta de luchas y sacrificios; usted ha impresionado a todos con su determinación y tenacidad; ha llegado el momento de unirse a España marchando por el camino de la prosperidad y el comportamiento civilizado.*» Maceo contestó diciendo «*Solo la independencia es aceptable.*» Martínez Campos preguntó «*¿Entonces, no nos entendemos?*» «*Exactamente,*» respondió Maceo, «*no nos entendemos.*» Martínez Campos, en su último esfuerzo por salvar las conversaciones le pidió a Maceo que le permitiera hablarle a las tropas cubanas para que conocieran los términos del *Pacto del Zanjón*. Maceo respondió que estaría de acuerdo si Martínez Campos le permitía hablarles a las tropas españolas para invitarlas a desertar. Martínez Campos se puso muy molesto, montó su caballo y desapareció. Maceo dio por terminada la reunión.

Dibujo: la reunión conocida como *La Protesta de Baraguá*.

1878

Desilusionados, los mambises se fueron a su casa

Para España la tregua reconocía la impotencia de la metrópoli para vencer decisivamente a los criollos. Para los cubanos, fue un duro reconocimiento de la desesperación imperdonable de sus líderes. Para todos, un ejercicio demasiado costoso y estéril.

FOTOS: MAMBISES AL TERMINAR LA GUERRA DEL 68 EN CUBA.

1878

Desencantados, los españoles quedaron en Cuba

En octubre, Calixto García criticó a los que habían accedido a los «*cantos de sirena de Martínez Campos.*» Un nuevo jefe militar fue nombrado en Cuba, Ramón Blanco Erenas (Marqués de Peña Plata (1833-1906). Tuvo que hacer frente a una nueva guerra de independencia: la *Guerra Chiquita de 1879-1880* organizada por Calixto García. El fin de la Guerra no trajo tranquilidad a España.

Fotos: Soldados españoles en Cuba en 1879.

Cuba conoció por primera vez a Weyler

1878

IMAGENES: *VALERIANO WEYLER* (1838-1930), DUKE OF RUBÍ, DURING HIS FIRST VISIT TO CUBA, SERVING UNDER GENERAL ARSENIO MARTÍNEZ CAMPOS IN 1868; THE *BOOK WRITTEN BY WEYLER* AFTER SPAIN'S VICTORY IN THE 1868 WAR; A *PROCLAMATION* (*BANDO*) BY WEYLER IN HIS INTENT TO "PACIFY" CUBA; A *CARTOON* OF VALERIANO WEYLER FROM A MADRID PAPER IN 1869.

Los criollos se exilaron después del Zanjón

La tregua acordada por el *Pacto de Zanjón* en 1878 dio lugar a un exilio de proporciones jamás vistas entre cubanos; 40,000 se refugiaron en Nueva York, Cayo Hueso y Tampa; 1,000 emigraron a los países del Caribe y Centroamérica. Muchos eran ex-soldados como Máximo Gómez (volvió a la República Dominicana), o los hermanos José y Antonio Maceo (en Honduras y Costa Rica). Otros encontraron refugio en México, Venezuela, Colombia y Perú.

En todos lugares, los exiliados cubanos organizaron *Clubs Independentistas* y *Juntas Patrióticas* para recaudar fondos, sostener sus sentimientos nacionales y divulgar la situación de Cuba. Más de 150 clubs se habían formado cuando los cubanos pudieron de nuevo luchar por su independencia. Los miembros de estos clubes daban 10% de sus ingresos a la causa cubana para comprar materiales de guerra destinados a una nueva guerra en Cuba.

Maceo, Calvar, Vicente García, Calixto García y Máximo Gómez, desde el *Pacto del Zanjón*, habían pedido a los mambises enterrar sus armas en lugar de entregarlas El gobierno español trató de convencer al mundo que los mambises luchaban únicamente con machetes y que España había estado en guerra contra salvajes. Cientos de rifles Remington, cuidadosamente protegidos con pesadas mantas untadas de sebo, habían sido escondidos en las sabanas de Camagüey y los valles, montañas y los densamente boscosos distritos de Oriente, listos para una nueva confrontación.

GRABADO: ENTRADA TRIUNFAL DE MARTÍNEZ CAMPOS EN LA HABANA TRAS LA FIRMA DEL *PACTO DEL ZANJÓN*.

El Zanjón no garantizó la paz

No habían transcurrido 15 meses desde la *Protesta de Baraguá* cuando Calixto García, que había sido puesto en libertad el 29 de mayo de 1878 después de haber estado encarcelado en Alicante durante 4 años, llegó a New York, formó el *Comité Revolucionario Cubano* y convocó a una nueva Guerra de Independencia. Unos días después, el 25 de agosto, Belisario Grave de Peralta, José Maceo, Quintín Banderas y Guillermón Moncada se alzaron en Holguín. El 5 de septiembre Antonio Maceo lanzó su *Proclamación de Kingston*, recordándoles a los cubanos que las promesas del Zanjón habían sido echadas a un lado y que en el Ayuntamiento de la Habana, por ejemplo, solo había un empleado cubano.

El 17 de septiembre José Martí fue una vez más deportado a España, donde lo entrevistó Arsenio Martínez Campos, amenazándolo con encarcelarlo si seguía conspirando. Los cubanos de España rindieron un póstumo saludo a José Antonio Saco que falleció en Barcelona el 26 de septiembre.

El 14 de diciembre Antonio Maceo conoció de un atentado contra su vida organizado por el Capitán General de Cuba Ramón Blanco y logró evadirlo. La paz en Cuba que España tanto deseaba no se estaba haciendo realidad.

FOTO: LA PUERTA DEL SOL EN MADRID EN 1879

Imágenes de la guerra en Cuba y España

IMÁGENES: UN GRABADO DE 1870 TOMADO DE *LA ILUSTRACIÓN ESPAÑOLA*, MOSTRANDO LA GUERRA EN CUBA; UN GRABADO DE 1872 CON EL *RESCATE DE JULIO SANGUILY* POR TROPAS BAJO EL MANDO DEL GENERAL IGNACIO AGRAMONTE; UNA ESCENA DEL FILM CUBANO *RESCATE DEL BRIGADIER SANGUILY*, PRODUCIDA Y DIRIGIDA POR ENRIQUE DÍAZ QUESADA, QUE TUVO SU DEBUT EN EL TEATRO PAYRET EL 9 DE ENERO DE 1917.

1879

Un cubano alcalde de Paris en 1879

Mientras los cubanos de la isla se preparaban para una nueva fase de la lucha independentista, el pueblo de Paris eligió un cubano como su alcalde. Severiano de Heredia nació en La Habana en 1836 y a los 10 años fue con su madre adoptiva, Madeleine Godefroy, para Francia donde desarrolló una larga carrera política y ocupó importantes cargos durante la III República. Era primo de los poetas cubanos José María Heredia y José María de Heredia. A diferencia de ellos, se destacó más por la política que por la literatura. Fue un hombre de amplia cultura, que estudió y dominó perfectamente el francés, su literatura y su política.

En 1873 fue electo consejero del barrio de Ternes (hoy distrito XVII de Paris). El 1 de junio de 1879 lo eligieron presidente del Consejo Municipal de Paris, lo que hoy sería el equivalente a Alcalde de París, que entonces tenía dos millones de habitantes.

En 1881 fue electo diputado por el mismo distrito XVII, uno de los más ricos de la capital, y en 1887 ocupó el cargo de ministro de Obras Públicas. Heredia no estuvo exento del racismo de algunos sectores de la sociedad Parisina, que lo calificaron como *El Mulato del Elíseo*. Otros lo ensalzaron: «*Era un radical progresista, laico, librepensador, defensor de la escuela pública y de la formación continua, ecologista y apasionado por el automóvil eléctrico,*» precisó el periódico *Le Fígaro* en 1901 cuando murió. Fue enterrado en el cementerio de Batignolles, en el noroeste de París.

Severiano sucedió a su dilecto amigo Víctor Hugo en la presidencia de la *Asociación Philotechnique*, una agrupación para la promoción de la cultura y la enseñanza para adultos.

FOTO: SEVERIANO EN LA PORTADA DE *LE FÍGARO* Y EL ESCUDO FRANCÉS.

La Guerra Chiquita de 1880

Ansioso por incorporarse a una guerra en Cuba, José Martí escapó de Madrid y marchó a New York apenas comenzado el año 1880. Allí se incorporó al *Comité Revolucionario Cubano* y aconsejó a Calixto García que una insurrección en Cuba en ese momento era prematura. A pesar de eso Calixto García zarpó de Jersey City el 29 de marzo de 1880 a bordo de una goleta. El 1 de abril, llegó a la costa Sur de Oriente, fue descubierto por los españoles y tuvo que huir a Jamaica, cuyas autoridades incautaron la nave. El 7 de mayo, en un bote rentado logró desembarcar cerca de Bayamo. Como había pronosticado Martí, el grupo no encontró apoyo y fue capturado el 3 de agosto. Calixto fue deportado a España, esta vez por 15 años.

El 1 de junio José Maceo, Guillermón Moncada, y otros líderes rebeldes se rindieron bajo la protección del cónsul español en Guantánamo. El acuerdo fue que los insurgentes tendrían el paso seguro para salir de Cuba; una vez en el mar, sin embargo, un buque de guerra español los interceptó y los remitió a las cárceles españolas en África.

No hubo muchos más combates en esa guerra. Los pocos efectuados terminaron con reveses para los cubanos. En septiembre, el mariscal de campo Camilo García de Polavieja, gobernador de Santiago de Cuba, logró poner fin a la guerra al derrotar los patriotas y tomar 5,000 prisioneros, muchos de ellos de las tropas del general Emilio Núñez; Polavieja fue ascendido a Teniente General.

FOTO: TROPAS CUBANAS EN LA GUERRA CHIQUITA, EN BAYAMO.

1880 - 1885

Comienza *La Tregua Fecunda*, 1880-1895

Los cubanos no se desalentaron por los fracasos del 1878. Muy pronto comenzaron las publicaciones patrióticas y unas nuevas gestiones de guerra. En 1882 se publicó la revista *La Habana Elegante* en la capital cubana. Tres años más tarde, en 1885, Enrique José Varona comenzó a publicar *La Revista Cubana* y los autonomistas comenzaron a publicar el periódico *El País*. En julio de 1885 la revista *El Fígaro* apareció en La Habana y en 1886, el semanario *La Fraternidad* en Sancti Spíritus.

A finales de 1883, el último combatiente de la Guerra de los 10 Años, Ramón Locadio Bonachea, hizo un intento de entrar a Cuba en Manzanillo. Fue capturado y ejecutado con varios de sus hombres en marzo de 1884 en el Castillo del Morro de Santiago de Cuba. Una expedición similar fue organizada por Maceo y Gómez, pero no pudo acercarse a las costas cubanas. En Varadero el brigadier Carlos Agüero tuvo éxito y desembarcó en Cuba; no pudo obtener apoyo popular y se fue en menos de un año.

El 2 de octubre de 1884, Martí, Maceo y Máximo Gómez se reunieron en el *Hotel Madame Griffon*, en la 9ª Avenida en la ciudad de Nueva York. Fue la primera vez que Martí y Maceo se veían cara a cara. Encontraron más diferencias que intereses comunes y la reunión no produjo ningún resultado positivo. Partieron frustrados y no en buenos términos el uno con los otros. Martí le escribió a Máximo Gómez unos días después: «*Un pueblo general, no se funda como se manda un campamento.*»

IMÁGENES: *La Habana Elegante*; *El Fígaro*; Ramón L. Bonachea.

Cubanos exiliados en Honduras en 1883

Otros sucesos importantes del primer quinquenio de la *Tregua Fecunda* fueron:

- 17 febrero de 1881: sustitución de la *Esclavitud* por el llamado *Patronato* (tutelaje de los ex-esclavos por sus antiguos dueños).
- Martí partió para Caracas el 8 de enero de 1881, fue expulsado por el dictador Antonio Guzmán y regresó a New York.
- En 1882 Maceo recibió el nombramiento de Comandante de Puertos en Honduras. Le escribió al editor del periódico *Yara*:
  «*Cuba será libre cuando la espada redentora arroje sus antagonistas al mar. La dominación española es una vergüenza que afrenta al mundo. Para los cubanos más que una pena es una deshonra. Los usurpadores del poder sobre Cuba encontrarán el polvo del suelo cubano anegado en sangre cubana o en la suya propia*»
- El 18 de mayo desembarcó en Baracoa Limbano Sánchez, que murió en combate el 27 de septiembre de 1885.
- En 1882 murió en La Habana José Luis Alfonso, Marqués de Montelo, líder separatista, miembro de la *Sociedad Económica de Amigos del País* y cuñado de Miguel Aldama. En 1885 murió en Madrid el rey Alfonso XII, *el Pacificador*, hijo de Isabel II.
- Comenzando en 1882, los EEUU llegaron a absorber 85% de las exportaciones cubanas.

IMÁGENES: CUBANOS EN HONDURAS: DE PIE, *FLOR CROMBET Y ANTONIO MACEO*. SENTADO, *MARTÍN MORÚA DELGADO*.

Cuba libre y el Honor de España

Al concluir la Guerra de los Diez Años, ya no había ningún lugar donde esconderse, fuese uno cubano o español. Posiciones como el autonomismo o el reformismo no tenían sentido después de 1879. Los criollos que fueron alumnos del *Seminario San Carlos*, la *Universidad de Habana*, el *colegio Carraguao*, el *colegio Salvador* en La Habana o el colegio *La Empresa* en Matanzas, tuvieron la oportunidad de cambiar la sociedad y alterar el destino de Cuba. Así se lo propusieron y así lo hicieron.

El tema de Cuba como colonia era crítico para España a finales de la década de 1880. Cuba era su única posesión importante y el control de la isla era imprescindible no sólo por razones económicas sino también por el prestigio y el honor de España. En la mente de muchos peninsulares en Cuba, lo importante era «*mantener la bandera española en alto.*» España temía que una pérdida definitiva del imperio generaría un malestar tan grave que podría derrocar al gobierno e incluso la dinastía borbónica.

Según los términos del *Pacto del Zanjón*, la esclavitud había terminado en Cuba en 1886, pero la autonomía prometida no había sido instituida. Después de un engaño flagrante en las cortes españolas, los delegados cubanos habían regresado a la isla desencantados y disgustados. El mercado natural de Cuba era cada vez más los Estados Unidos. España no podía absorber y pagar por las exportaciones cubanas ni suministrar a Cuba, a precios adecuados, los bienes y mercancías que Cuba necesitaba. Las tres quejas más virulentas en Cuba, incluso para los comprometidos con mantener a Cuba en manos de España, fueron: impuestos, aranceles y corrupción.

GRABADO: LAS CORTES DE MADRID EN 1885.

1890

Julián del Casal, el poeta que murió de risa.

Julián del Casal (1863-1893) nació en La Habana, en la calle Compostela, al fondo de la conocida droguería Sarrá, hijo de un vizcaíno y una artemiseña. Hoy en día es considerado como el más grande poeta cubano y el precursor de la estética modernista. A pesar de haber nacido en el seno de una acaudalada familia le toco vivir sin recursos al perderse la fortuna en una disputa familiar. Fue el creador de nuevas combinaciones métricas en poesía que más tarde el modernismo generalizó; se le considera maestro de sonetos endecasílabos (*Salomé*), dodecasílabos y alejandrinos (*Profanación*). Conoció a Rubén Darío en La Habana en 1892, poco antes de morir de la rotura de un aneurisma en la sobremesa de una reunión literaria, en medio de un ataque de risa provocado por un chiste de uno de los presentes.

Tanto Darío como Martí exaltaron su grandeza como poeta; su producción fue casi toda forjada en medio de una vida adaptada a la tuberculosis, desde sus habitaciones de hombre pobre en oscuros rincones en que le permitían vivir en los locales de los periódicos *La Habana Elegante* o *El País*. Su verso ha sido comparado con Charles Baudelaire, Paul Verlaine y Gustavo Adolfo Bécquer. Su obra fue generalmente «*sombría y audaz en que rendía culto a sensaciones, símbolos y el gusto por las culturas exóticas desde la helenista, el rococó o el arte nipón, todas interiorizados en la experiencia pura de su poesía,*» según Rubén Darío.

IMÁGENES: FOTO Y CARICATURA DE JULIÁN DEL CASAL.

*Una nueva y tercera
Guerra de Independencia*

Cuba se prepara para una nueva guerra

Al acercarse el final del siglo XIX, era urgente para los cubanos ir de nuevo a la guerra para lograr su independencia.

El 20 de julio de 1886, Flor Crombet llegó a Kingston con un barco repleto de armas y municiones para la nueva guerra en Cuba. En una reunión de Maceo con líderes independentistas en Kingston el 17 de agosto de 1886, Maceo y Crombet tuvieron una acalorada discusión sobre estrategia militar que terminó con Maceo retando a Crombet a duelo.

En New York, Martí fue nombrado cónsul de Uruguay, Argentina y Paraguay en 1887. Los cubanos comenzaron a asistir a sus discursos. En Cuba falleció Rafael María de Mendive.

Antonio Maceo volvió a Cuba el 5 de febrero de 1890 para coordinar los grupos independentistas; el Capitán General Polavieja ordenó su detención y Maceo se exilió una vez más. En un banquete en su honor, le respondió a un periodista que le preguntó sobre sus objeciones a que Cuba formase parte de los EEUU: «*Joven, si la única alternativa política fuera unirse a los EEUU, yo pelearía lleno de bríos en el lado español.*»

En 1890, Martí publicó La Edad de Oro, Juan Gualberto Gómez *Porque Somos Separatistas* y Fermín Valdés Domínguez *El 27 de noviembre de 1871*; se inauguraron el *Teatro Alhambra* en La Habana y el *Teatro Terry* en Cienfuegos. Cuba contaba ahora con 1.1 millones de blancos y 500,000 negros.

FOTO: MARTÍ EN LONG ISLAND, NY, EN 1890, JUNTO A MARÍA MANTILLA.

Martí apóstol de la independencia cubana

En 1891 los cubanos estaban listos para conquistar su independencia. Las razones para el fracaso del 1868 eran evidentes: El occidente de Cuba no había estado dispuesto a arriesgar su prosperidad; el regionalismo paralizó la voluntad de los cubanos de pelear en otras zonas que las suyas propias; muchos criollos temían que en Cuba ocurriera lo mismo que en Haití y se creara una república negra; España tenía en la isla tropas que superaban en número lo que los cubanos podían reclutar; Arsenio Martínez Campos había sido magistral en convencer y seducir a los indecisos con promesas que Madrid no tenía la intención de respetar y, por último, las rivalidades internas de los mambises debilitaron la unidad de las tropas mambisas. En el quinquenio 1891-1895 la situación fue totalmente diferente.

El 1 de enero de 1891 Martí publicó una nueva visión patriótica, *Nuestra América*, en *La Revista Ilustrada* de los EEUU; en octubre vieron la luz sus *Versos Sencillos*; en noviembre 26 pronunció en Tampa su discurso *Para Cuba que Sufre* y al día siguiente, en Ibor City, el discurso *Los Pinos Nuevos*. El 14 de marzo de 1892 comenzó a publicar el periódico *Patria* y el 8 de abril fundó el *Partido Revolucionario Cubano* en New York. En septiembre logró que Máximo Gómez aceptara la jefatura militar de la campaña por la independencia de Cuba. El 1 de julio de 1893 viajó a Costa Rica y logró la adhesión de Antonio Maceo a la lucha. El 1 de agosto de 1894 viajó a México y por medio de Manuel Mercado logró que Porfirio Díaz abriera los puertos del país a los barcos cubanos que necesitaran ayuda.

FOTO: MARTÍ EN TAMPA EN NOVIEMBRE 26, 1891.

Había llegado la hora de la guerra en Cuba

La vida transcurrió normalmente en Cuba durante los preparativos para una nueva guerra de independencia. El 19 de enero de 1882 la Universidad de La Habana canceló todos los cursos conducentes a doctorados; fue una imposición de Madrid para limitar la sensibilización de los cubanos a la idea de independencia. El 20 de octubre de 1893 murió Julián del Casal, exquisito poeta cubano, precursor del modernismo en Hispano-América. Juan Gualberto Gómez fundó el periódico *La Igualdad*, y publicó un famoso artículo titulado *A una persona prejuiciada*, donde preguntó: «*¿Cómo puede el color de piel negro producir repulsión en ti, cuando una niñera negra fue probablemente la persona que tus ojos contemplaron con mayor afecto cuando empezaron a ver?*»

En 1893, en Cruces y Lajas y en 1894 en Ranchuelo, Las Villas, ocurrieron tres prematuros y fallidos intentos de levantamiento en armas por parte de patriotas cubanos. El 24 de septiembre los autonomistas trataron de ganarse la opinión pública con una asamblea en Jagüey Grande, Matanzas. No tuvo resultados. En diciembre el parlamento español rechazó un proyecto de autonomía para Cuba, poniendo final a las ilusiones de los que favorecían esa solución para Cuba. Madrid, preocupado por el auge del comercio de Cuba con los EEUU, canceló los acuerdos comerciales entre la isla y el vecino del norte. Los cubanos sintieron el peso del absolutismo español cada vez más fuerte.

DIBUJO: A LA IZQUIERDA, CUBA EN 1893, ABUSADA POR ESPAÑA; A LA DERECHA, LOS EEUU EN UNA BUTACA, CON WASHINGTON, FRANKLYN Y LAFAYETTE PRESENTES; TODOS DORMITANDO ANTE EL DOLOR DE CUBA.

1890 - 1895

Viajes de Martí visitando a los cubanos

Fotos: Martí predicando la guerra a los cubanos en Cayo Hueso, Tampa, Ibor City y Cuba.

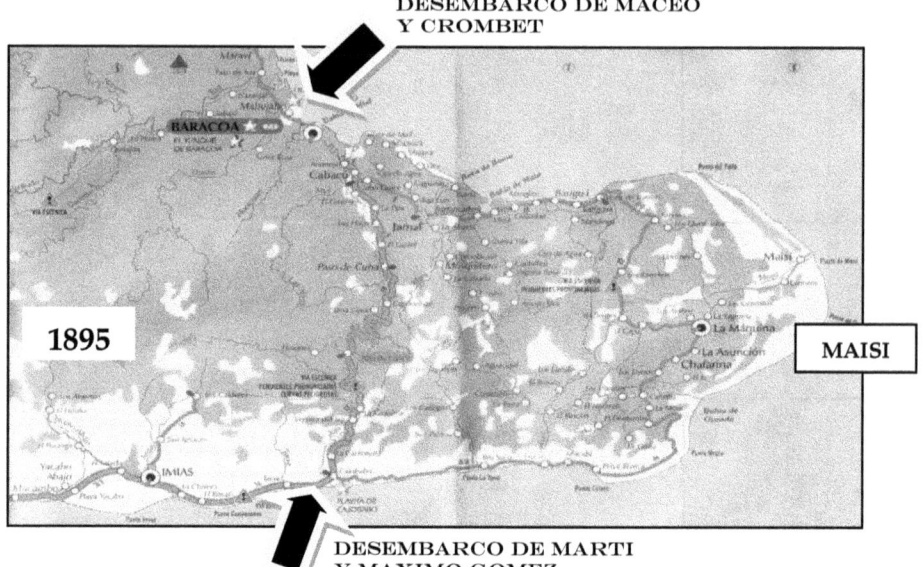

MAPA: DESEMBARCOS DE MARTÍ, MÁXIMO GÓMEZ, CROMBET Y MACEO.

El exilio comienza a infiltrarse en Cuba

El 10 de diciembre de 1894, en el *Hotel St. Denis* en New York (Broadway y la calle 11th del este), un grupo de separatistas cubanos envió a la *Playa Fernandina* en la Florida un cargamento sustancial de armas y parque. El *Plan de Fernandina*, formulado y costeado por Martí, incluyó varios vapores que zarparían desde diversos puertos estadounidenses con hombres, armamento y munición destinados a comenzar la guerra en Cuba; desafortunadamente el plan fracasó por una delación de uno de los asistentes al *St. Denis*. Las autoridades americanas detuvieron y confiscaron las embarcaciones el 10 de enero de 1895.

Los planes de guerra, sin embargo, continuaron gracias al entusiasmo y compromiso de Martí. El 25 de marzo, Martí y Máximo Gómez firmaron el *Manifiesto de Montecristi* en la República Dominicana y partieron hacia las costas de Cuba. El 1 de abril Maceo y Crombet desembarcaron en *Duaba*, cerca de Baracoa, Oriente. El 10 de abril murió Flor Crombet en combate, en *Altos de Palmarito*, municipio de Yateras, Oriente. El 11 de abril desembarcaron Martí y Máximo Gómez en *Playitas de Cajobabo*, en la costa sur de Oriente, y el 5 de mayo se reunieron con Maceo en el ingenio *La Mejorana*, en las inmediaciones de San Luis, Oriente. Allí se enteraron de la muerte por Tuberculosis de Guillermón Moncada el 5 de abril en Alto Songo, Santiago de Cuba.

El día del Grito de Bayate (o de Baire)

A finales de 1895, el ambiente en Cuba era irreversiblemente insurreccional. El fracaso del *Plan de Fernandina*, lejos de desalentar a los cubanos, se había convertido en un reto al que había que responder. Martí, Mayía Rodríguez y Enrique Collazo, reunidos a New York, comunicaron a Juan Gualberto Gómez en La Habana, Guillermón Moncada en Santiago, Bartolomé Masó en Manzanillo, Pedro Betancourt en Las Villas y Salvador Cisneros Betancourt en Camagüey que la guerra debía comenzar, simultáneamente en toda Cuba, el primer domingo de carnaval, 24 de febrero (fecha sugerida por Quintín Bandera). La consigna fue *«todos a levantarse el día 24 por la tarde y esperar órdenes.»*

El primero en alzarse fue Bartolomé Masó en la finca Colmenar de Bayate, cerca de Manzanillo. Le siguieron patriotas en Yara, Bayamo, Vega de la Piña, San Diego, Guantánamo, Guaso, Matabajo, Hatibonico, Santiago, El Cobre, San Luis, Loma del Gato, Palma Soriano, Jiguaní y Baire en Oriente; otros en Ibarra, Jagüey Grande en Matanzas y Aguada de Pasajeros en Las Villas.

La reacción española no tardó en manifestarse. Comenzaron las construcciones para dividir a Cuba en dos partes incomunicables en la parte más angosta de la isla, la *Trocha Mariel-Majana*, mientras Arsenio Martínez Campos, el laureado pacificador de la Guerra del 1868, retornó el 17 de abril a Cuba como nuevo Capitán General. Todo indicaba que la guerra iba a ser prolongada.

MAPA: TROPAS CUBANAS EN BAYAMO, ATACANDO UN FUERTE ESPAÑOL.

José Martí, un incansable luchador (1)

1895

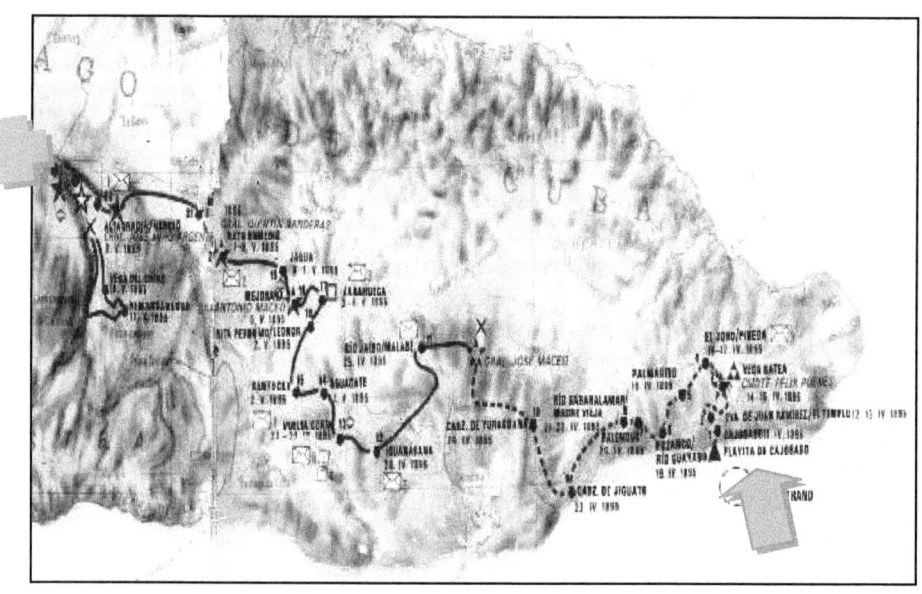

IMAGENES: PERIÓDICO *PATRIA*, DIRIGIDO, ESCRITO, PUBLICADO Y DISTRIBUIDO POR JOSÉ MARTÍ EN NEW YORK; LA CASA DONDE FIRMARON MARTÍ Y MÁXIMO GÓMEZ EL *MANIFIESTO DE MONTECRISTI*; UN MAPA MARCANDO LA RUTA DE MARTÍ EN ORIENTE DESDE PLAYITAS HASTA DOS RÍOS.

José Martí, un incansable luchador (2)

1895

IMAGENES: *PLAYITAS DE CAJOBABO*, LUGAR DONDE DESEMBARCARON MARTÍ Y MÁXIMO GÓMEZ EN ORIENTE; EL *MONUMENTO* QUE MARCA EL LUGAR PRECISO; EL REPORTAJE PUBLICADO POR EL *DIARIO DE LA MARINA* EN LA HABANA EL DIA 21 DE MAYO DE 1895.

La Catedral de Santiago de Cuba

La Catedral de Santiago de Cuba está ubicada en la calle Santo Tomás entre San Basilio y Heredia. Su historia es paralela a la historia de Cuba. En 1526 era una simple Iglesia Parroquial construida de Guano que fue destruida por el fuego y reconstruida y convertida en Catedral. En 1611 se trajo desde Cartagena y se instaló en la Catedral el cuadro *El Santo Ecce Homo*, (la pintura más antigua que se encuentra en la isla de Cuba), que fue y es objeto de gran devoción por los Santiagueros. A lo largo de 500 años la Catedral fue reconstruida 4 veces debido a ataques de piratas (entre ellos Jacques de Sores in 1553 y Henry Morgan en 1662), y a varios terremotos (1674, 1678, 1766, 1852 y 1932).

En 1882 el Papa León 13 le concedió el título de Basílica Menor y el 6 de enero de 1958 la república la declaró Monumento Nacional. En el interior se conservan obras pictóricas del siglo XVII y XVIII, entre ellas el *Coro de los Canónigos*, exquisita obra de ebanistería y una fabulosa decoración del techo que incluye una imagen de la Inmaculada y el martirio de Santiago apóstol.

La Catedral ha presidido la rebeldía de la población de Santiago de Cuba desde tiempos remotos: Santiago y su Catedral dieron a Cuba 29 Generales en 3 guerras de independencia y fueron testigos de las batallas que pusieron fin al colonialismo español en toda América; allí se celebraron múltiples victorias mambisas a lo largo de todo el territorio Oriental.

FOTO: LA CATEDRAL DE SANTIAGO DE CUBA Y EL PARQUE CÉSPEDES.

Muerte de José Martí

En mayo de 1895 el coronel español Jiménez de Sandoval se dirigía desde Palma Soriano hacia *Remanganaguas* y *Ventas de Casanova*, cerca de Contramaestre. Sabía de los desembarcos de Gómez, Martí y Antonio Maceo y había tomado medidas para combatirlos en caso de ser atacado. Algunos espías del lugar le habían advertido de la presencia de Gómez, Martí y Masó en *La Jatía*, cerca de *Dos Ríos*. Allí decidió acampar, bien atrincherado, detrás de una cerca de púas con la caballería cubriendo la retaguardia. Un capitán mambí le avisó a Gómez que una columna de 1,000 españoles estaba acampada cerca; Gómez, pensando que podía sorprenderla, dio el grito de «*a caballo,*» ordenándole a Masó que lo siguiera con 300 jinetes, y a Martí «*retírese, que este no es su puesto.*» Gómez asignó una escolta para cuidar a Martí.

Cuando Gómez y Masó se acercaron a *La Jatía* los españoles lo recibieron con una lluvia de balas. «*Jamás me había visto en trance más comprometido,*» anotó Gómez en su diario. Martí aprovechó un descuido de la escolta y viendo una oportunidad de pelear por Cuba con las armas en la mano, se montó en su caballo *Baconao*, regalo de José Maceo, y salió del campamento, lanzándose a pelear. Vadeó el río Contramaestre, y al llegar a la cima de un barranco se vio al frente de una línea de fuego de la infantería española, parapetada detrás de una cerca. Al verlo sólo, fue fácil blanco de la fusilería enemiga. Era un día lluvioso. Su sueño de morir combatiendo cara al sol se lo negó el destino. Fue, sin duda, un día negro para el apóstol y para la independencia cubana.

GRABADO: MUERTE DE MARTÍ, DOS RÍOS, 19 DE MAYO DE 1895.

El impacto de la muerte de Martí

La muerte de Martí fue un duro golpe para los cubanos en la isla y en el exilio; sin embargo, ayudó a inspirar una mayor actividad y compromiso en lugar de provocar un malestar por la guerra. En lugar de desalentar a los patriotas, sirvió para fortalecerlos.

En Nueva York, Gonzalo de Quesada recibió la noticia de la muerte de Martí en una carta de Bartolomé Masó que decía:

«Cegado por su coraje se apresuró a unos pocos pies de las líneas enemigas. Su delgado cuerpo rodó de la silla para nunca levantarse de nuevo. Su rostro inspirador había sido destruido por una bala que tomó con ella las esperanzas de los cubanos y la poesía patriótica y sublime de lo mejor de nuestros hijos. Sus ojos, llenos de melancolía hasta unos momentos antes, ya no estaban soñando; sus labios se sellaron para siempre; por haber cargado un rifle, sus brazos ya no iban a tocar jamás una pluma. ¡No pude dormir durante días, cuando me enteré de que José Martí había muerto!»

El impulso dado a la guerra por la muerte de Martí no fue poético sino real. En cuestión de semanas Antonio Maceo, el vencedor de *Peralejo* (que se sentía arrepentido por no haber resuelto sus últimos desacuerdos con Martí), tomó el control de toda la provincia de Oriente, con excepción de unas pocas ciudades y campamentos costeros fortificados. Su ejército estaba bien organizado y observó todas las reglas de la guerra civilizada; manteniendo movilidad y evitando grandes compromisos. Maceo acabó con la moral de los españoles con sus marchas forzadas, ataques por sorpresa y escaramuzas inesperadas.

GRABADO: LAS TROPAS DE MACEO EN *PERALEJO*.

1895 fue un año de sorpresas para España

Madrid no sospechaba la importancia que la independencia tenía para los cubanos al estallar la Guerra del 1895. El 13 de mayo Antonio Maceo venció al *Regimiento de Simancas* en *El Jobito*, a 10 km de Guantánamo y llevó a cabo numerosas acciones guerrilleras en la zona de Holguín. El 13 de julio se enfrentó a las tropas de Arsenio Martínez Campos en Peralejo, al suroeste de Bayamo, adueñándose de la zona oriental de Cuba e invadió la provincia de Camagüey. El 22 de octubre partió para Mangos de Baraguá, donde 17 años antes llevó a cabo su famosa protesta, y lo declaró punto de partida de su invasión al resto de Cuba.

Mientras tanto, el 14 de junio Máximo Gómez atacó el poblado de Altagracia en Camagüey, donde capturó un valioso botín de guerra en el campamento español de *El Mulato*; tomó San Jerónimo el 22 de junio y causó numerosas bajas a las tropas del general español Juárez Cano que había salido de Nuevitas el 13 de julio con 1,500 soldados para enfrentarse a él. Gómez recibió el 24 de julio en *Tayabacoa*, entre Trinidad y Sancti Spíritus, al General Carlos Roloff, procedente de Florida, fecha en que lo nombró Secretario de Guerra.

El 15 de diciembre de 1895, en *Mal Tiempo*, cerca de Cruces, Cienfuegos, Gómez y Maceo vencieron a 2,000 españoles causándoles más de 200 bajas. Madrid respondió a ese reto enviando 125,000 nuevos soldados a Cuba.

MAPA: TROPAS CUBANAS EN LA *BATALLA DE MAL TIEMPO*.

1895

La odisea española en *Mal Tiempo*

15 de diciembre de 1895 a las 7:00 PM. Una columna invasora cubana iba hacia Cienfuegos. Maceo sabía que los españoles habían fortificado la ciudad pero que tenía que dominar la región si quería llegar a La Habana. Las tropas de Maceo tomaron posiciones delanteras de la columna, seguidos de 3,000 hombres bajo Máximo Gómez y Serafín Sánchez. A la izquierda situaron 1,000 hombres al mando de Quintín Bandera. No encontraron españoles en la zona, aunque sabían que había una fuerza de 2,000 hombres en la zona de *Mal Tiempo*. Gómez y Maceo planearon tender una emboscada. Una vez ante las tropas españolas, Gómez atacaría la infantería y Maceo la caballería.

Los hombres de Gómez fueron descubiertos y tuvieron que abrir fuego, perdiendo el elemento de sorpresa. Gómez atacó por el frente al enemigo; Maceo atacó más tarde causando estragos en la retaguardia. De pronto una salva de trompetas anunció la presencia de un segundo batallón de infantería español; los hombres de Bandera se hicieron cargo de ellos. Los españoles fueron perseguidos hasta la ciudad de Cienfuegos, donde permanecieron varios días curando sus heridas. Las tropas de Maceo capturaron 300 Máuseres y 10,000 cartuchos de municiones. Gómez ocupó los archivos de la fuerza española, con mapas de toda la provincia de Las Villas.

Cinco días más tarde Martínez Campos trató de rodear a Maceo cerca del pueblo de Coliseo y fracasó. Cayó en una profunda depresión y telegrafió a sus superiores en Madrid diciendo:

«*Mi fracaso no puede ser más completo. Gómez y Maceo han roto mis líneas de defensa, han cortado las comunicaciones; mis hombres están en desorden, obsesionados con los horribles sonidos de machetes cayendo sobre nuestras cabezas. Ya no hay fuerzas españolas entre el enemigo y la ciudad de La Habana.*»

CUADRO: LA CABALLERÍA CUBANA DE MÁXIMO GÓMEZ EN *MAL TIEMPO*.

1895: un año de tantas altas como bajas

El 4 de abril de 1895 los autonomistas cubanos lanzaron un *Manifiesto al País* en el cual se pronunciaron contra la insurrección. Esa no fue la única mala noticia: el 5 de abril murió Guillermón Moncada y el 10 Flor Crombet. El 12 de junio el presidente norteamericano Grover Cleveland proclamó la neutralidad de los EEUU, lo cual repitió el 27 de julio del año siguiente. De hecho el 4 de abril de 1896 Cleveland ofreció a España mediar en la crisis cubana y fue rechazado por Madrid; el congreso americano respondió el 6 de ese mes reconociendo el estado de beligerancia en Cuba; Cleveland respondió vetando el acuerdo.

El 17 de junio, en San Jerónimo, Camagüey, Máximo Gómez había estrenado sus armas destruyendo el pueblo de Altagracia, donde derrotó a Martínez Campos en un breve encuentro. Como ocurriría en otras ocasiones, Martínez Campos, héroe español en 1878, se escapó del campo de batalla fingiendo ser un oficial de bajo rango gravemente herido mientras sus soldados lo transportaban fuera del terreno en una hamaca ensangrentada.

Entre otras malas noticias para el esfuerzo independentista cubano, una de las peores fue la Pastoral del 10 de octubre de 1895 en la cual Manuel Santander, Obispo de La Habana, se pronunció contra el independentismo. Unos meses más tarde, el 16 de julio de 1896, Santander reiteró su posición exhortando en otra Pastoral al ejército español *«que continuara la lucha de la civilización contra la barbarie.»*

MAPA: SELLOS DE CORREO COLEGIO HONRANDO A GUILLERMÓN MONCADA Y ADOLFO FLOR CROMBET.

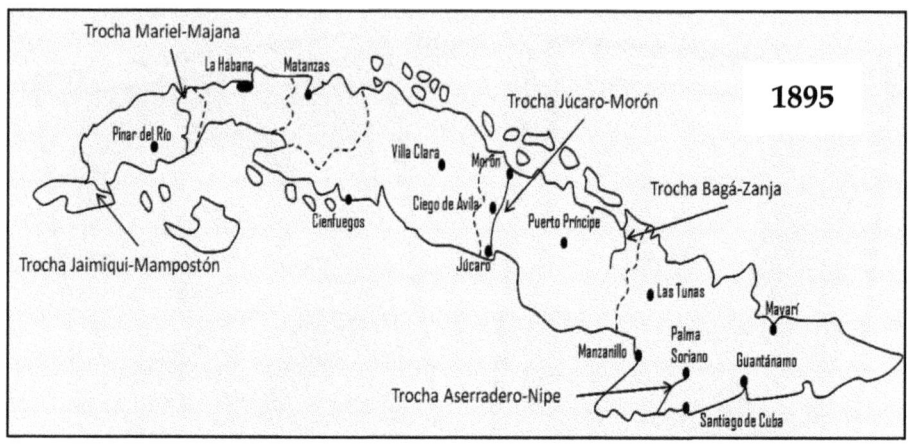

El león y el zorro de las tropas cubanas

A principios de septiembre de 1895 fue anunciada en los campamentos mambises la elección de miembros a una Asamblea Constituyente. Salvador Cisneros Betancourt, candidato a presidente de la República en Armas, le escribió a Maceo solicitando su apoyo. Maceo respondió la carta diciéndole:

«No se olvide de la naturaleza de mi temperamento si se le ocurre a usted de nuevo hablarme de puestos y destinos que nunca he solicitado. Como usted bien sabe, tengo la satisfacción de no haber ocupado ningún puesto gracias al favor de nadie. Por el contrario, he expuesto siempre una oposición manifiesta a cualquier sugerencia de algo así. La humildad de mi nacimiento me impide ponerme a la altura de otros que creen que pueden ser jefes de la insurrección por nacimiento.»

La *Constitución de Jimaguayú* fue aprobada el 16 de septiembre; estableciendo claramente la supremacía del poder civil sobre el militar, cosa con la cual estuvo ahora de acuerdo Maceo. Los nombramientos: Presidente, Salvador Cisneros; General en Jefe, Máximo Gómez; Lugarteniente General, Antonio Maceo.

El 30 de octubre Máximo Gómez cruzó la *Trocha de Júcaro a Morón* en Las Villas, posicionando sus tropas para una futura invasión. El 6 de noviembre reiteró su consigna del 1 de julio, «*esparcir la tea incendiaria (fuego a los cañaverales) para evitar los trabajos en los campos de caña.*»

Un mes después, el 29 de noviembre, Maceo cruzó la trocha. El 30 de noviembre, las tropas de Maceo y Gómez (bautizados por los españoles como *el león* y *el zorro*) unieron sus fuerzas en un poderoso regimiento de 2,600 hombres. El 15 de diciembre triunfaban juntos en la *Batalla de Mal Tiempo*.

MAPA: LAS TROCHAS ESPAÑOLAS EN CUBA EN 1895.

En 1895 España no podía con los mambises

A finales de 1895, España contaba en Cuba con 98,400 tropas adicionales y 63,000 voluntarios. Los planes eran aumentarlos hasta tener 240,000 soldados españoles y 60,000 voluntarios adicionales. Maceo y Máximo Gómez, con un regimiento combinado de solo 2,600 hombres, se movían fácilmente en los territorios que escogían para luchar. El 20 de diciembre Maceo entró en Matanzas cruzando el rio Hanabanilla. Con Máximo Gómez aparentó una retirada hacia Las Villas y ser perseguidos por el ejército español. El 1 de enero de 1896 los periódicos españoles mostraron titulares diciendo «*Maceo se replegó hacia Las Villas. Los insurrectos están en retirada.*» El día anterior, las tropas cubanas ya habían entrado en La Habana, burlando al ejército español y dejando un rastro de fuego y destrucción detrás de ellos.

El 3 de enero de 1896 Martínez Campos escribió a Madrid:

«El enemigo sigue avanzando al norte y al sur de La Habana. Una numerosa fuerza separatista está en San José de las Lajas, a 29 kilómetros de La Habana. Están destruyéndolo todo. Hay insurrectos en Guara, en Melena del Sur y en Batabanó. Numerosas familias llegan a La Habana huyendo de los pueblos cercanos. El pánico es extraordinario.»

El sentido de justicia de Maceo se puso a prueba cuando cuatro de sus soldados invadieron la casa de un coronel de los voluntarios españoles. Uno de los cuatro amenazó a un miembro de la familia y el coronel sacó su pistola y lo mató. El coronel fue llevado ante Maceo, esperando ser ejecutado. Maceo, sin embargo, le felicitó y ordenó fusilar a los tres soldados que sobrevivieron, dejando en claro que el ejército libertador cubano «*respetaba todas las casas de familia, aunque fueran del enemigo.*»

IMÁGENES: VOLUNTARIOS ESPAÑOLES EN 1896 Y CARICATURA DE UN VOLUNTARIO ESPAÑOL EN LA PRENSA DEL EXILIO EN NEW YORK.

Maceo a las Puertas de La Habana

Al comenzar el año 1896 había más de 20,000 insurgentes cubanos al oeste de La Habana que habían tomado 380 prisioneros en los primeros 6 meses del año. El *New York Journal* de mayo 2, 1896 reportó «*Al entrar en La Habana Maceo tomó los pueblos de Hoyo Colorado y Caimito del Guayabal y al moverse dentro de Pinar del Rio tomó la ciudad de Cabañas. El control se extendió a Güira de Melena, San José de las Lajas, Güines, Bainoa, Jaruco, Quivicán y finalmente Bejucal.*» En Bejucal las tropas españolas se negaron a rendirse tras seis horas de pelea. «*No los fusilaremos porque han peleado como hombres,*» fue la respuesta de las tropas cubanas, que se limitaron a incendiar la estación de trenes antes de retirarse.

El 6 de junio de 1896, desde La Habana, el Coronel Charles E. Akers, corresponsal del periódico *London Times*, remitió un reporte a su editor en los siguientes términos:

«*Con un ejército de 175,000 hombres, con materiales de todo tipo en cantidades ilimitadas, buen tiempo, poco o nada de enfermedad entre las tropas, en una palabra, con todo a su favor, los españoles han sido incapaces de derrotar a los sublevados. En la provincia de Pinar del Río, a unas dieciocho millas del centro de las líneas españolas, está acampado desde el pasado mes de marzo, el general insurrecto Antonio Maceo con su ejército. Las tropas independentistas están a la vista de 60,000 soldados españoles. No hay excusa de no saber la posición de Maceo. Todos saben el punto exacto donde está el campamento insurrecto. Dijeron que Maceo no sería capaz de cruzar la trocha de Mariel a Majana; él lo hizo. Para los españoles es mejor quedarse donde están; más de una tercera parte del ejército español permanece a la defensiva.*»

FOTO: SOLDADOS ESPAÑOLES EN 1896 EN MATANZAS, CUBA.

El fatídico último trimestre de 1896

El trimestre final de 1896 fue de extraordinaria mala fortuna para los cubanos. El 21 de octubre Valeriano Weyler lanzó su *Bando de Reconcentración* por el cual la población campesina debía mudarse a zonas militares fortificadas. En La Habana se produjeron 52,000 muertos por inanición. Los centrales azucareros y las plantaciones de tabaco fueron abandonados. El único beneficiado fue Weyler, que envió 40 batallones españoles a la caza de Maceo en Pinar del Rio.

Maceo y sus hombres cruzaron el 4 de diciembre por Cabañas y Mariel para poder entrar en La Habana evitando la trocha. En Mariel recibieron noticias de la muerte en combate el 18 de noviembre del mayor General Serafín Sánchez en *Paso de las Damas*, Sancti Spíritus. Serafín Sánchez, escritor, poeta, maestro alfabetizador, consumado abolicionista, participante en las tres guerras de independencia, organizador con Martí del *Plan de Fernandina*, al caer en combate pronunció como últimas palabras «*Me han matado; eso no es importante, ¡que siga la lucha!*»

Unos días después, el 7 de diciembre, Antonio Maceo cayó muerto en combate en San Pedro, Punta Brava, La Habana, junto a Panchito Gómez Toro, hijo de Máximo Gómez. Maceo tenía 51 años. Máximo Gómez le escribió a su viuda, María Cabrales, diciendo:

«*Con la desaparición de ese hombre extraordinario, pierde usted al dulce compañero de su vida, pierdo yo al más ilustre y al más bravo de mis amigos y pierde en fin el ejército libertador a la figura más excelsa de la revolución.*»

CUADRO: *MUERTE DE MACEO* POR ARMANDO GARCÍA MENOCAL.

Detalles de la muerte de Antonio Maceo

En La Habana, el periódico *La Voz de Cuba* reportó la noticia de la muerte de Antonio Maceo con lujo de detalles:

«Maceo llegó a San Pedro el 6 de diciembre de 1896 acompañado de 40 a 60 hombres. En el campamento irrumpieron tropas españolas al día siguiente, 7 de diciembre, cerca de las tres de la tarde. Maceo escuchó el estampido del fuego de los españoles y ensilló él mismo su caballo, tarea que nunca confió a nadie, ordenando un toque de corneta que llamara a las fuerzas cubanas a concentrarse para el contraataque.

Los mambises contraatacaron, sufriendo los españoles 28 bajas que los hicieron retirándose tras una cerca de piedra desde donde descargaron fuego sobre las tropas mambisas. Maceo quiso desalojarlos pero no pudo obligarlos a salir. Los cubanos se vieron inmovilizados.

Desechando una retirada, Maceo se dirigió machete en mano hacia un punto estratégico del campo de batalla, pero una cerca de alambre detuvo su avance. Expuesto al nutrido fuego de línea proveniente de la cerca de piedras, Maceo cayó herido por el lado izquierdo de su caballo; se incorporó de nuevo en su montura y fue alcanzado entonces en el tórax por otro impacto. Lo encontraron sin conocimiento; un arroyo de sangre salía por una herida que tenía al lado derecho de la mandíbula inferior. Dos minutos o más tarde de ser herido, murió. El proyectil había penetrado por el lado derecho de la cara, rompiendo la carótida y saliendo por la parte izquierda del cuello. El cuerpo sin vida de Antonio Maceo quedó solo en aquellos matorrales a merced del enemigo. Minutos más tarde, su ayudante Panchito Gómez Toro, que por estar herido estaba fuera del área, salió con un brazo en cabestrillo y prácticamente desarmado, buscó el cadáver de su jefe. Resultó blanco fácil de las armas españolas. Herido y debilitado por la sangre que perdía, fue víctima de uno de los soldados españoles que lo remató con un machetazo en la cabeza.»

Foto: Madrid haciendo burla de la muerte de Maceo.

La prensa española ofreció detalles de la muerte de Maceo

IMAGEN: NOTICIAS DE LA MUERTE DE **ANTONIO MACEO** PUBLICADAS EN *LA CORRESPONDENCIA DE ESPAÑA*, MADRID, DICIEMBRE 9, 1896.

1897

Mambises a punto de ganar la guerra (1)

La muerte de Maceo, lejos de desalentar, inspiro a los mambises a redoblar sus esfuerzos de guerra. Los eventos que favorecían la independencia se sucedieron vertiginosamente:

- El 3 de enero de 1897 desembarcó el vapor *Dauntless* en Pinar del Río con insurrectos y armas.
- El 17 de enero Carlos García Vélez, hijo de Calixto, voló la cañonera española *Relámpago* en aguas del rio Cauto en Oriente.
- El 20 de febrero Weyler, preocupado por las victorias cubanas, partió con 20,000 Soldados españoles hacia Las Villas.
- El 4 de marzo cayó Güines, en el sur de La Habana, en poder de las tropas cubanas.
- El 18 de marzo el vapor *Laurada*, en su 4º Viaje a Cuba con Carlos Roloff a bordo, desembarcó por el *Esterón de Júcaro*, cerca de Holguín, cargado de suministros para el ejército libertador.
- El 29 de abril el General Weyler, tratando de salvar su puesto, envió a Madrid un lacónico mensaje: «*No necesito más tropas.*» Poco después, el 28 de mayo, informó: «*Solo quedan en Cuba 1,100 insurrectos.*»
- 21 de mayo el *Dauntless* desembarcó en Camagüey, y el 24 en Bacuranao, en La Habana, con tropas y armas.
- A fines de mayo la prensa de Madrid reportó: «*la ofensiva española ha perdido gran parte de su impulso.*»

FOTOS: VAPOR *DAUNTLESS*; LLEGADA DEL *LAURADA* A BANES EN 1898.

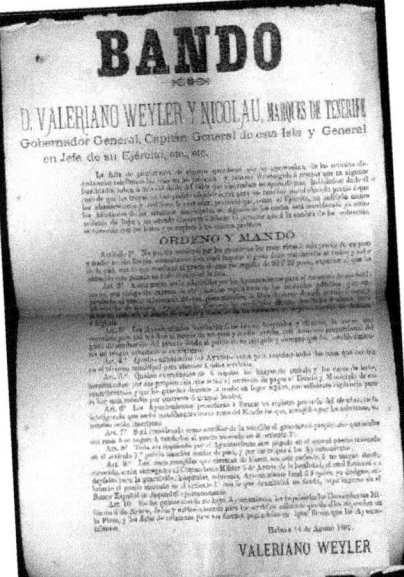 1897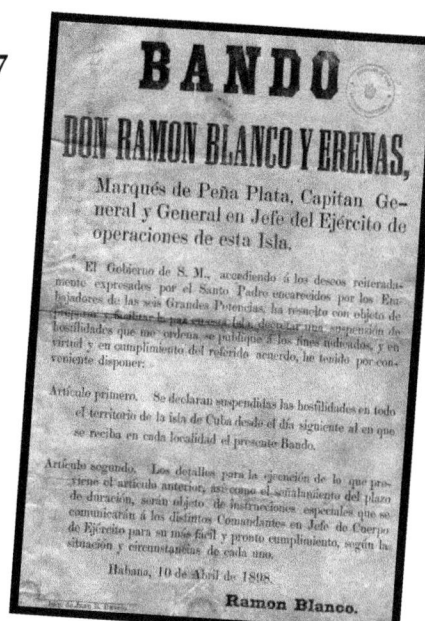

Mambises a punto de ganar la guerra (2)

- El 8 de junio un tren militar español fue dinamitado en San Miguel, La Habana.
- 28 de agosto Calixto García tomó la ciudad de Las Tunas, Oriente.
- El 5 de octubre una Convención Constitucional se llevó a cabo en *La Yaya*, Camagüey, y un nuevo gobierno fue electo: el General Bartolomé Masó, Presidente y Domingo Méndez Capote, Vice-Presidente.
- El 23 de septiembre, dado el éxito de los mambises, el Presidente William McKinley de los EEUU envió una carta al ministro de estado español exigiendo el autogobierno de la isla, la destitución de Weyler y proponiendo una mediación norteamericana en el alto el fuego.
- El 31 de octubre Madrid sustituyó al impopular Weyler por Ramón Blanco y Erenas como Capitán General de Cuba. Blanco solicitó y obtuvo 300,000 nuevos soldados españoles y la concesión el 25 de noviembre de una tardía autonomía a Cuba. Así mismo declaró derogada la *Orden de Reconcentración*.
- El 24 diciembre, el *Diario de la Marina* abogó por la reforma o la autonomía; cientos de *voluntarios* rodearon sus oficinas gritando ¡Viva Weyler!

DOCUMENTOS: *BANDO DE WEYLER* ORDENANDO LA RECONCENTRACIÓN Y *BANDO DE BLANCO* REVOCÁNDOLA.

Cuba cerca de su independencia

Cuba a finales de 1897 era ya casi cubana: al este de la trocha Júcaro-Morón, a lo largo de Camagüey y Oriente, Cuba era libre. Calixto García mantenía las tropas españolas dentro de las ciudades. No había alivio para ellas. Tres veces las tropas cubanas habían capturado cañoneras en el río Cauto y las habían hundido. Gómez mantenía las tropas españolas de Las Villas a raya. Según el Times de Londres:

«España necesitaría £ 100 millones durante el próximo año y tendría que llevar su propia comida desde la península. Madrid ha tenido que vender a una empresa británica su monopolio de tabaco y sal de Cuba para poder pagar sus gastos de guerra en la isla. Ya no saben qué más vender. La isla tendrá un gobierno cubano en La Habana en los próximos dieciocho meses.»

The New York Times llegó a similares conclusiones:

«Las únicas operaciones militares españolas son el envío de convoyes semanales entre Bayamo, Jiguaní, Santiago, Las Tunas y Holguín. Cada día les es más difícil a pesar de las escoltas. Los convoyes llevan municiones, ropa y alimentos enlatados como leche evaporada, embutidos, pescado, frutas azucaradas, cereales y sopas. Casi todos los convoyes son capturados por las tropas cubanas, que ya no escasean de alimentos o armas. Las granjas están desiertas; los dueños han huido a las ciudades.»

DOCUMENTOS: *TROPAS CUBANAS CUSTODIANDO LA ENTRADA Y SALIDA DE LA CIUDAD DE CAMAGÜEY EN DICIEMBRE DE 1897*

Nuevos y viejos héroes cubanos

FOTOS (DE ARRIBA A DEBAJO, IZQUIERDA A DERECHA):
JUAN GUALBERTO GÓMEZ (1854-1933), ÍNTIMO AMIGO Y COLABORADOR DE MARTÍ; RAFAEL MONTORO VALDÉS (1852-1933), LIBERAL Y AUTONOMISTA, FUNDADOR DE LA ACADEMIA CUBANA DE LETRAS; MAYOR GENERAL FRANCISCO CARRILLO MORALES (1851-1826), COMBATIENTE EN LAS TRES GUERRAS DE INDEPENDENCIA CUBANA; MAYOR GENERAL SERAFÍN SÁNCHEZ VALDIVIA, (1846-1896), COMBATIENTE DE LAS TRES GUERRAS; JOSÉ MACEO GRAJALES (1849-1896), HERMANO DE ANTONIO MACEO, COMBATIENTE DE LAS TRES GUERRAS, MUERTO EN COMBATE; FRANCISCO (FLOR) CROMBET TEJERA (1851-1895), COMBATIENTE DE LAS TRES GUERRAS, MUERTO EN COMBATE; GENERAL JOSÉ QUINTÍN BANDERAS (1846-1906), GANADOR DE MUCHAS BATALLAS; MAYOR GENERAL JOSÉ MARÍA (MAYÍA) RODRÍGUEZ (1849-1903), LEAL ESTRATEGA; MAYOR GENERAL LIMBANO SÁNCHEZ (1845-1885), MANO DERECHA DE CALIXTO GARCÍA.

Los tres grandes héroes del 95

1895 - 1898

IMAGENES: *JOSÉ MARTÍ* (1853-1895), MURIÓ EN COMBATE EN *DOS RIOS* A LA EDAD DE 42 AÑOS; *ANTONIO MACEO* (1845-1896), MURIÓ EN ACCIÓN EN *PUNTA BRAVA*, CUBA, A LA EDAD DE 51 AÑOS; *MÁXIMO GÓMEZ* (1836-1905), SOBREVIVIÓ LA GUERRA DE 1895 Y MURIÓ EN LA HABANA A LA EDAD DE 69 AÑOS.

El USS Maine y la prensa norteamericana

1898

IMÁGENES: EL ACORAZADO *USS MAINE* ENTRANDO EN EL PUERTO DE LA HABANA EN FEBRERO DE 1898; LOS PERIÓDICOS *NEW YORK JOURNAL* Y *THE WORLD* TRATANDO DE INFLUIR EN EL GOBIERNO DE EEUU PARA ENTRAR EN LA GUERRA EN CUBA.

Una inesperada intervención puso fin a la guerra

Los inesperados sucesos de 1898

El 1 de enero de 1898, Cuba ya era autónoma bajo el Capitán General Ramón Blanco. El 25 de enero el acorazado *USS Maine* recaló en La Habana, donde estalló y se hundió misteriosamente el 15 de febrero; murieron 2 oficiales y 266 marineros. El 15 de marzo los EEUU pusieron en alerta la marina norteamericana.

Temiendo una alianza EEUU-Cuba contra España, el General Blanco propuso infructuosamente a Máximo Gómez un pacto cubano-español contra los EEUU. El 14 de marzo el presidente McKinley ofreció en vano comprar Cuba por $300 millones.

Seriamente amenazada, España accedió el 9 de abril a destituir a Weyler; el día 20 el congreso de los EEUU adoptó la *Enmienda Teller* rechazando toda intención de adueñarse de Cuba;. El día 22 McKinley convocó a 200,000 ciudadanos al servicio militar. El día 25 el congreso norteamericano declaró la guerra a España por la voladura del acorazado *Maine*. Madrid expulsó al embajador americano Woodford. Weyler y otros generales españoles propusieron invadir las costas de los EEUU. El 10 de abril la escuadra española al mando del almirante Pascual Cervera se reunió en Cabo Verde y España declaró la guerra a los EEUU. Cervera recibió el 24 órdenes de poner rumbo al Caribe.

Los primeros ataques ocurrieron en Cárdenas el 25 de abril: una cañonera ligera española causó serios daños al torpedero americano *Foote*. Otros encuentros tuvieron lugar en Matanzas el 27 de abril y en Cienfuegos el 30. Por el momento la guerra era estrictamente naval.

FOTO: LAS RUINAS DEL ACORAZADO MAINE EN LA BAHIA DE LA HABANA.

¿ Por qué estaba el Maine en La Habana ?

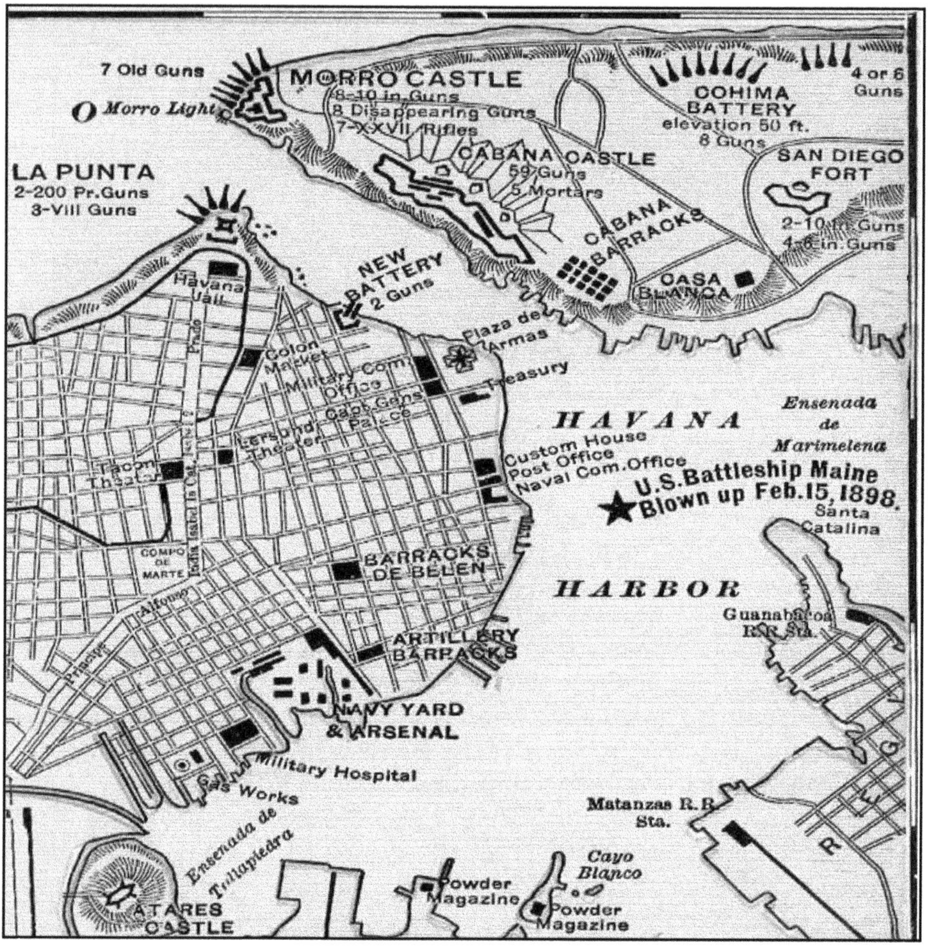

1898 - 1917

IMÁGENES: LA LOCALIZACIÓN EXACTA DEL *MAINE* EN LA BAHÍA; LOS RESTOS DEL *MAINE* CUANDO FUERON RECUPERADOS DEL FONDO DEL MAR.

Reacción al hundimiento del Maine

En la mañana del 16 de febrero, los restos retorcidos del puente y las secciones de la chimenea, cañones y cuerpos humanos era todo lo que quedaba del acorazado *Maine*. Las autoridades españolas no escatimaron esfuerzos para ayudar a los sobrevivientes y determinaron que un accidente interno había causado el desastre. El 25 de febrero, el subsecretario de estado Theodore Roosevelt puso la Marina de EEUU en máxima alerta.

En Nueva York, William Randolph Hearst del *NY Journal* pretendió no tener dudas sobre quién hundió el *Maine*. Incluso mostró un boceto de un saboteador español colocando una mina en la parte inferior del Maine con un alambre que un hombre utilizó para activar un detonador. Theodore Roosevelt declaró:

«*No puedo entender cómo se puede pedir a nuestra gente que tolere la infamia horrible que ha ocurrido en los dos últimos años de dominación española en Cuba, así como la destrucción traicionera del Maine y el asesinato de más de 200 de nuestros hombres; me siento tan profundamente indignado que es con gran esfuerzo que me puedo contener.*»

Después del incidente de Maine, no había poder en la tierra que pudiera haber evitado que los Estados Unidos declararan la guerra a España. El país entero explotó con fiebre de guerra. Más de 250,000 soldados comenzaron a inscribirse en el ejército de EEUU. Muchos hombres se reunieron en Florida a la espera de suministros y transporte y muchas ciudades organizaron y equiparon regimientos para la guerra. Algunos políticos, como Teddy Roosevelt, subsecretario de la Marina, renunciaron a sus cargos y formaron regimientos de voluntarios de caballería. Todo el país estaba listo para una guerra contra España.

Foto: TROPAS AMERICANAS SE EMBARCAN EN TAMPA RUMBO A CUBA.

1898

Los EEUU deciden intervenir en la Guerra

En el mes de mayo de 1898, parecía inaudito que España llevara ventaja sobre los EEUU. En la 2ª batalla naval de Cárdenas el 11 mayo, las cañoneras españolas *Ligera* y *Alerta* y el remolcador *Antonio López* causaron serios daños a los cañoneros *Wilmington* y *Machias*, al guardacostas *Hudson* y al torpedero *Winslow*, todos los cuales, muy dañados, huyeron de los combates.

La flota del almirante Cervera llegó a la bahía de Santiago de Cuba el 19 de mayo y ancló frente a la ciudad. El 29 de mayo, ante los descalabros alrededor de la isla, el almirante americano William T. Sampson, siguiendo órdenes de Washington, concentró sus fuerzas bloqueando la bahía de Santiago de Cuba. El día 1 de junio, Sampson dio órdenes de bombardear la ciudad por primera vez. Tres días después, marinos americanos trataron de hundir el carbonero *Merrimac* para evitar la salida de los buques españoles, pero los buques españoles *Vizcaya*, *Reina Mercedes* y *Plutón* lo hundieron antes de estar en posición y la flota española no quedó obstaculizada. El 10 de junio desembarcaron en Oriente el general William Shafter y los primeros de 306,760 soldados y marinos de EEUU que participaron en la guerra.

Los planes estratégicos de las tropas americanas estuvieron a cargo de Calixto García, general del ejército cubano. El desembarco fue en la zona de *Daiquirí* con el apoyo de los cubanos. Los americanos ocuparon el puerto de *Siboney*, cerca de Santiago; sus tropas y armas se movieron con la ayuda de tropas cubanas.

FOTO: GENERAL CALIXTO GARCÍA CON EL TENIENTE ANDREW SUMMERS ROWAN, EL QUE TRAJO A CUBA *EL MENSAJE A GARCÍA*.

Como la prensa española veía la guerra

1898

En Maceo, general de la quadrilla insurrecta de la provincia Oriental.

IMAGENES: CARICATURAS EN LA PRENSA DE MADRID. «CUBA ES UN BARRIL SIN FONDO CONTROLADO POR NEGROS IGNORANTES.»

Calixto García y la estrategia de la guerra

El 20 de junio de 1898, el general Calixto García, el almirante americano Sampson y el general americano Shafter se reunieron en *El Aserradero*, al oeste de Santiago de Cuba, para completar la estrategia general de la campaña de la guerra de 1898.

Las fuerzas cubanas acordaron ocupar posiciones al oeste, noroeste y este de Santiago de Cuba. El general Calixto García, comandante del cuerpo de ejército de Santiago, accedió a establecer un simulacro en Cabañas. Su fuerza de 3,000 hombres fue trasladada por mar a Siboney. El acuerdo en *Aserradero* incluía:

1- Desembarque del 5º Cuerpo estadounidense en Daiquirí;
2- Situar al general cubano Agustín Cabredo en el noroeste de Santiago para tomar posiciones y evitar que refuerzos españoles se acercaran a Santiago;
3- Asignar a las brigadas cubanas de Carlos González Clavel en Bayamo y Jiguaní a Sigua para unirse a las fuerzas de Demetrio Castillo y ocupar las zonas que rodeaban a Daiquirí;
4- La flota de Sampson bombardearía Cabañas, Aguadores, Daiquirí y Siboney para limpiar las áreas de las tropas españolas;
5- Diez transportes y tres barcos con tropas americanas desembarcarían simultáneamente en Cabañas;
6- Después que las tropas españolas avanzaran a Cabañas serían atacadas en la retaguardia por el General Jesús Rabí.

Al inicio de las operaciones, las tropas cubanas se distribuirían de la siguiente manera:

2,000 mambises en el oeste, bajo los generales Cebreco y Rabí; 1,000 bajo el General Castillo y el coronel Clavel estarían disponibles en Las Guásimas, San Juan y El Caney; 800 a 1,000 hombres adicionales estarían en El Caney y San Juan bajo Calixto García. Calixto estaría al mando de todas las tropas desde *El Aserradero*.

MAPA: POSICIÓN DE *EL ASERRADERO* RELATIVA A SANTIAGO DE CUBA.

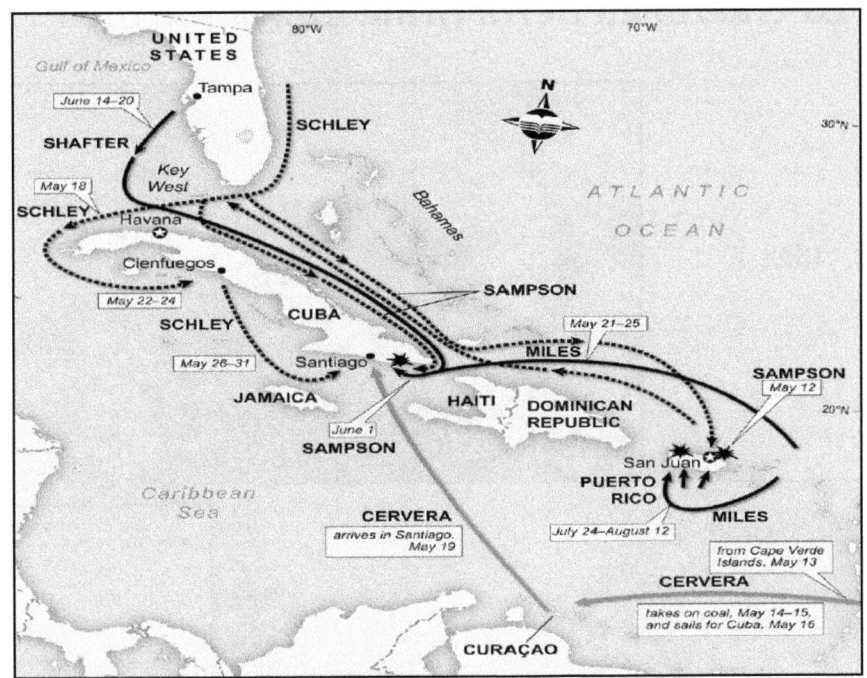

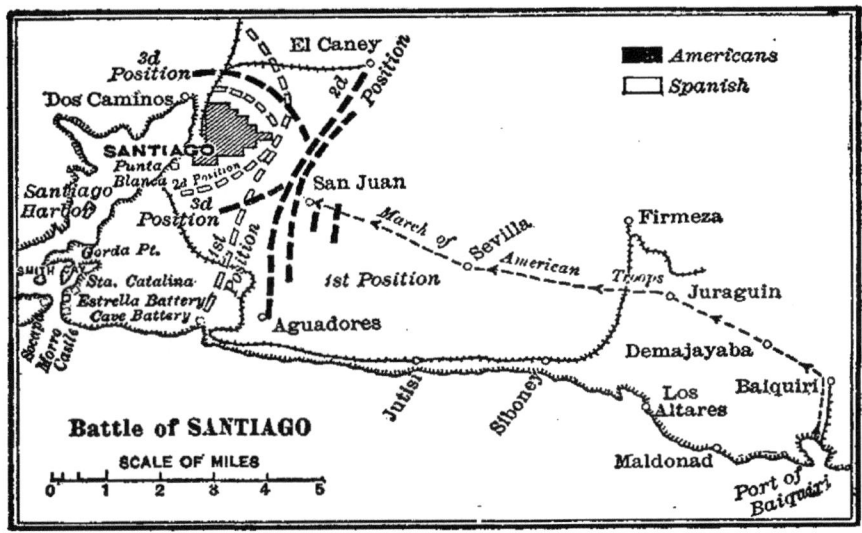

Posiciones de tropas en Santiago en 1898

MAPAS: MOVIMIENTO DE LAS FLOTAS DE LOS ALMIRANTES SAMPSON DE LOS EEUU Y CERVERA DE ESPAÑA;
MOVIMIENTO DE LAS TROPAS DE LOS EJERCITOS AMERICANO Y ESPAÑOL EN LOS ALREDEDORES DE SANTIAGO DE CUBA.

La Guerra en tierra firme nunca fue bien

1898

IMAGENES: OFICIALES DE LAS TROPAS CUBANAS QUE CERCABAN SANTIAGO DE CUBA DURANTE LA GUERRA DEL 98; EL CORPULENTO GENERAL **SHAFTER** EN EL LOMO DE UNA MULA CAMINO AL FRENTE; EL *PRESIDENTE MCKINLEY* (CÍRCULO) CON LOS GENERALES SHAFTER, WHEELER, LAWTON Y KIEFFER, CONFERENCIANDO EN TAMPA EN 1898.

El genio militar de Calixto García

Durante una semana la flota del almirante Cervera había permanecido al final del puerto de Santiago, cuya entrada estaba minada. La entrada estaba defendida por el *Castillo del Morro*, la *Batería Estrella*, la *Batería de Santa Catalina* y, 1,000 yardas al norte de la misma, la *Batería de Punta Gorda*. Al oeste de la entrada estaba la *Batería de La Socapa* y dos millas más al oeste, la *Batería Cabañas*. Los buques de guerra de los EEUU no podían alcanzar los barcos de Cervera al final del puerto; Cervera había decidido defender a Santiago desde el agua. La marina generalmente ayudaba a los ejército bombardeando desde el mar pero en Santiago se dio el primer caso en la historia en que una flota decidió llamar al ejército para destruir a otra flota.

Los cubanos unieron sus fuerzas con los EEUU para ganar acceso rápido a las colinas de los alrededores de Santiago y neutralizar el fuego de las *Baterías del Morro, Estrella, Santa Catalina, Punta Gorda y Cabañas*. La flota de Cervera tuvo dos opciones: permanecer en su lugar y ser diezmada por las artillerías americana y cubana desde las colinas o salir del puerto y ser diezmada por los barcos americanos que estaban a la entrada del puerto. Ese plan de ataque había sido concebido por Calixto García y aprobado por Shafter (ejército) y Sampson (Armada).

FOTO: LA FLOTA DE CERVERA EN LA BAHÍA DE SANTIAGO EN 1898.

Calixto García como maestro estratega

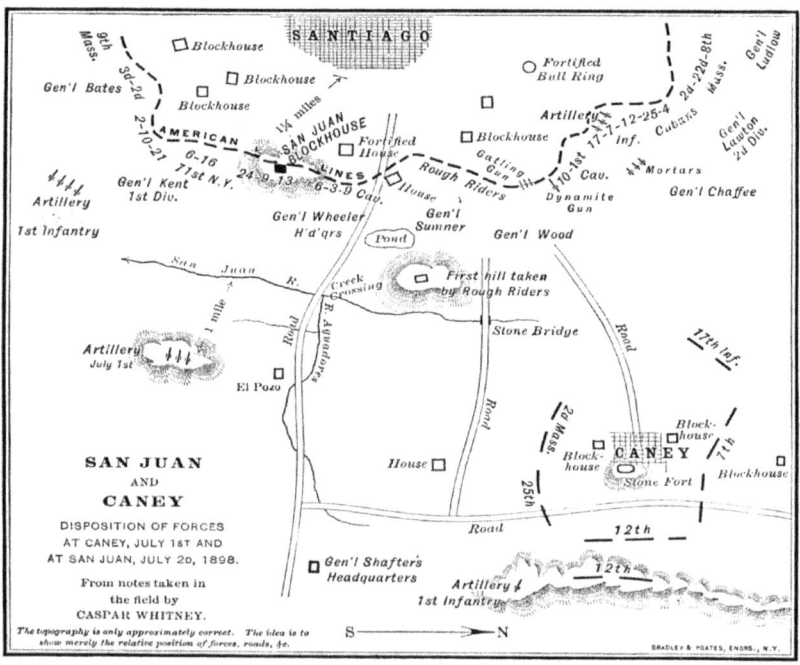

IMÁGENES: REUNIÓN DE LOS GENERALES CASTILLO, SHAFTER, WHEELER, KENT Y MILES CON *CALIXTO GARCÍA* PARA PLANEAR LA BATALLA POR TIERRA EN SANTIAGO DE CUBA; MAPA MOSTRANDO LA ESTRATEGIA DE LAS BATALLAS DE *SAN JUAN* Y *EL CANEY*, AMBAS EL MISMO DÍA EN 1898.

Cubanos en la batalla de *Las Guásimas*

Cuando las tropas de los EEUU comenzaron a moverse hacia Santiago el 24 de junio de 1898, encontraron un problema inesperado. En *Las Guásimas* la caballería voluntaria de Leonard Wood, los *Rough Riders* de Theodore Roosevelt y los batallones 1 y 10 de la caballería regular del ejército de los EEUU, no teniendo gran preparación, se vieron frente a tropas españolas que los rodeaban utilizando rifles máuseres que disparaban pólvora sin humo; en pocos minutos estuvieron acorralados y perdiendo la batalla. Un contingente de tropas cubanas entró en acción para reforzarlos. Juntos, los americanos y los cubanos, que sumaban 1,000 hombres, repelieron el fuerte batallón de 2,000 soldados españoles. Las tropas españolas se retiraron en dirección oeste hacia Santiago. Fue un primer encuentro no muy prometedor con las bien entrenadas tropas españolas.

Después de la batalla, como lo harían muchas veces después, el New York Times informó:

«Los Rough Riders, ese extraordinario regimiento de universitarios, vaqueros, atletas aficionados, policías de Nueva York, arquitectos de Boston, artistas y actore,s se ha portado magníficamente en Las Guásimas, bajo la dirección de nuestro vicepresidente ex secretario de la Armada, que dirigió sus tropas gritando «¡Paren de gritar y avancen! ¡No más insultos vulgares, simplemente disparen! ¡Maldita sea! ¡Manojo de mariquitas, muévanse más rápido y disparen contra esos cabrones!»

No hubo mención en el NY Times de las tropas cubanas que salvaron la situación. A partir de ahí, ese estilo de reportar las noticias de la guerra continuó hasta el final.

FOTO: TROPAS AMERICANAS DESCONCERTADAS EN *LAS GUASIMAS*.

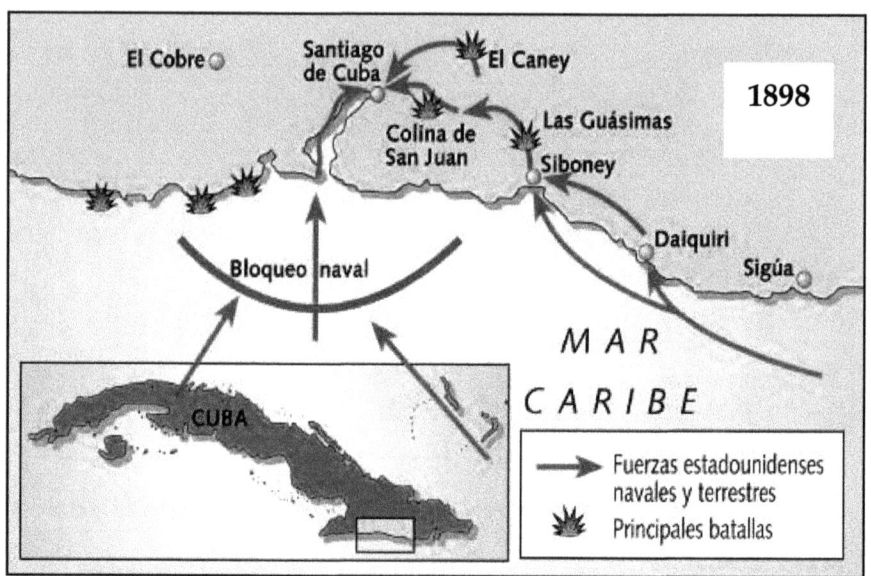

La súbita derrota española

El 1 de julio de 1898 las tropas de los EEUU entablaron combate con las tropas españolas en *El Caney*, poblado fortificado cercano a Santiago; más de 5,000 norteamericanos al mando del general Lawton y dotados de artillería, atacaron el poblado defendido por 520 españoles carentes de artillería, al mando del general Vara de Rey, que murió en el combate con cientos de los suyos. Ese mismo día los norteamericanos lanzaron un ataque feroz contra la loma de *San Juan*, donde se distinguió Theodore Roosevelt, al frente de sus *Rough Riders*. EEUU ocupó allí valiosas posiciones desde donde se divisaba Santiago de Cuba.

El 2 de julio el Capitán General Blanco ordenó al almirante Cervera sacar la flota española del puerto de Santiago de Cuba, para evitar que cayera en manos yanquis; la flota del almirante Sampson, con 9,433 cañonazos, destruyó totalmente la flota española al día siguiente cuando salía del puerto de Santiago. España perdió los cruceros *Infanta María Teresa* (barco insignia con 20 cañones, 10 ametralladoras y 8 tubos lanzatorpedos), los cruceros *Almirante Oquendo y Vizcaya* (ambos con 28 cañones, 2 ametralladoras y 8 tubos lanzatorpedos), el crucero *Cristóbal Colón* (con 38 cañones, 2 ametralladoras y 4 tubos lanzatorpedos) y los cazatorpederos *Furor y Plutón*. El total de bajas de la Armada española fue 326 muertos, 215 heridos y 1,720 prisioneros. Los EEUU, un sólo muerto. La situación española se tornó crítica.

MAPA: ESQUEMA DE LAS BATALLAS DE SANTIAGO EN JULIO 1898.

Los últimos eventos de la guerra de 1898

1898

IMÁGENES: LA *RENDICIÓN DE SANTIAGO DE CUBA* POR EL GENERAL ESPAÑOL JOSÉ TORAL (VER CÍRCULO); LOS RESTOS DEL ACORAZADO *ALMIRANTE OQUENDO* Y EL *CRUCERO VIZCAYA* EN LAS AFUERAS DE LA BAHÍA DE SANTIAGO DE CUBA AL FINAL DE LA BATALLA NAVAL.

España al perder la guerra de 1898

El 4 de julio los EEUU presentaron un ultimátum a España: si Santiago no se rinde será atacada. España lo rechazó y la ciudad fue bombardeada el día 10. El 16 de julio Santiago de Cuba se rindió. La ceremonia de rendición se llevó a cabo el 17 de julio; no fueron invitadas las tropas cubanas. En palabras del general español que entregó Santiago *«España está dispuesta a rendir sus 22,000 hombres de toda la provincia de Oriente, siempre que el ejército cubano y particularmente el general Calixto García, se mantengan lejos de las negociaciones y las ceremonias.»* El general Calixto García dimitió el 19 de julio como asesor de las fuerzas armadas de EEUU. El 27 España admitió haber perdido la guerra y solicitó conversaciones de paz.

El 1 de octubre España y los EE.UU llevaron a cabo una reunión en París para poner fin a la guerra. El 27 del mes España aceptó la posición estadounidense sobre la deuda cubana: *«ni los EEUU ni un futuro gobierno cubano estarán obligados a asumir la deuda de guerra que España insiste en cobrar.»* España debía abandonar Cuba el 31 de diciembre o antes.

El 10 de diciembre se firmó el tratado de París entre España y los Estados Unidos. No fueron invitados los cubanos a insistencia de España. Máximo Gómez se negó a ir a La Habana para el izamiento de la bandera americana en el Castillo del Morro. *«La nuestra»*, escribió, *«es la bandera cubana, la única para la que se han derramado tantas lágrimas y sangre. Hay que mantenernos unidos con el fin de poner fin a esta ocupación militar injustificada.»*

FOTO: FIRMA DEL TRATADO DE PARIS PONIENDO FIN A LA GUERRA DEL 98.

1898 - 1902

Gobiernos de transición en Cuba

Los 400 años de dominación española que terminaron en 1898 fueron seguidos por cuatro años de ocupación estadounidense que ofreció a los cubanos las primeras lecciones sobre cómo gobernar un país. La civilización europea que España había traído a Cuba había sido opacada por imposiciones económicas y políticas de Madrid. Durante esos 400 años, la España colonial nunca hizo esfuerzo alguno para establecer un sistema democrático de gobierno en Cuba. Nunca mostró el más mínimo intento de crear un sistema educativo razonable. España creía que burócratas, comerciantes, conscriptos y oficiales civiles nacidos en España extraerían la riqueza disponible en Cuba y que el personal de la Iglesia Católica se encargaría de las necesidades educativas.

Después de 1898, cuatro años de muy buen gobierno bajo control estadounidense se vieron empañados por la inoportuna imposición de la *Enmienda Platt* a la primera constitución cubana en 1901. La ocupación estadounidense de 1898-1902, aunque penosa y frustrante desde ese punto de vista político, fue sin embargo muy beneficiosa en cuanto a salud, educación, mejoras físicas y oportunidades económicas para los cubanos. A pesar de sus reservas, los cubanos mostraron gran entusiasmo por la contribución de los EEUU al sistema educativo de la isla. Estaban convencidos de la importancia de la educación para tener éxito en la vida, tanto personal como para la nación en su conjunto. Muchos pueblos y ciudades construyeron sus propias escuelas; no faltaron benefactores que proporcionaran capital para construir las instalaciones; muchas organizaciones y sindicatos obreros, financiaron y apoyaron sus propias escuelas especiales.

FOTOS: JOHN RUTTER BROOK, 1898-1899; LEONARD WOOD, 1899-1902.

Ultima asamblea del gobierno en armas

El 24 de octubre de 1898, el gobierno de Cuba en armas, preocupado por las decisiones a tomar una vez terminada la guerra, organizó una reunión en Santa Cruz del Sur, Camagüey, que concluyó sus deliberaciones en una casa en la calzada del Cerro, La Habana. De ahí su nombre *La Asamblea del Cerro*. Se decidió enviar una comisión de alto nivel a Washington presidida por Calixto García para, entre otras cosas, discutir el tema de licenciar el ejército de la independencia cubana.

En la *Asamblea del Cerro* Máximo Gómez apoyó aceptar $3 millones que ofreció el presidente McKinley para pagar los salarios adeudados a los soldados del ejército cubano, señalando que el nuevo gobierno de Cuba no debía asumir grandes préstamos. Los miembros de la asamblea se pronunciaron a favor de tomar un préstamo por $20 millones, con un pago de intereses semestrales del 5%. Argumentaron que un préstamo de esta magnitud establecería sólidamente el crédito del gobierno de Cuba. Debido a ese desacuerdo, la asamblea cesanteó a Gómez como comandante en jefe del ejército. El 11 de marzo de 1899, el general Enrique Collazo, escribió en *La Lucha*: «*Gómez sin la Asamblea no tiene autoridad real. La Asamblea sin Gómez no tiene vida y vamos a quedar huérfanos.*» El 7 de abril Gómez fue reinstalado por la mayoría de los generales cubanos y posteriormente confirmado por el general Brooke, gobernador militar de Cuba. Brook también confirmó la cifra de $3 millones para los pagos al ejército cubano.

FOTO: MÁXIMO GÓMEZ Y OTROS ABANDONANDO LA *ASAMBLEA DEL CERRO*.

Las tropas españolas se fueron de Cuba

1898

IMÁGENES: TRES FOTOS DE TROPAS ESPAÑOLAS ABANDONANDO LA ISLA DE CUBA AL TERMINAR LA *GUERRA DE INDEPENDENCIA*; LAS NOTICIAS SEGÚN FUERON REPORTADAS EN EL PERIÓDICO *PHILADELPHIA EVENING*.

Escenas de La Habana de 1898

IMÁGENES: LA *PLAZA DEL VAPOR*; LA *AVENIDA DE CARLOS III*; EL *TEMPLETE* (EN CÍRCULO) Y LA BAHÍA DE LA HABANA; EL *PARQUE CENTRAL* TODAVÍA CON LA ESTATUA DE ISABEL II.

Otras escenas de la Cuba de 1898

1899

IMÁGENES: LA PLAZA CENTRAL DE CAMAGÜEY; EL *CASTILLO DEL MORRO* EN SANTIAGO DE CUBA; LA *CATEDRAL DE MATANZAS*; LA ENTRADA AL PARQUE CENTRAL DE CIENFUEGOS.

Los primeros cubanos en un gabinete

Los cubanos sintieron un entusiasmo inicial con la participación de los EEUU en la guerra de Independencia Hispano-Cubana; rápidamente, sin embargo, comenzaron a sospechar de las intenciones de los EEUU. La historia mostró, sin embargo, que la mayor parte de los esfuerzos de Estados Unidos después del final de la Guerra Hispano-Cubano-Americana fueron dirigidos a reconstruir a Cuba en lugar de explotarla. Una vez que la comisión de la evacuación española terminó su trabajo, el gobierno de transición de los EEUU en Cuba comenzó a construir hospitales, asilos, parques públicos y todo tipo de obras sanitarias y de reconstrucción nacional.

Las carreteras cubanas eran esenciales para el desarrollo económico de la isla y muchas fueron pavimentadas en los dos primeros años. Para guiar en el trabajo social y físico, un gabinete interino fue nombrado por el Gobernador Brooke con algunos de los mejores y más capaces profesionales en la isla. El Gabinete incluyó a Domingo Méndez Capote, José González Lanuza, Pablo Desvernine y Adolfo Sáenz. A finales de 1900 la mayoría de los cubanos sabían que, en palabras de Manuel Sanguily, *«aunque no era el mejor de los mundos, con el tiempo los norteamericanos planeaban irse.»*

FOTO: CUATRO CUBANOS EN EL GABINETE INTERINO DE BROOKE EN 1898.

Los buenos esfuerzos del general Wood

El mayor general Leonard Wood (1860-1927) fue clave en la transformación del ejército de Estados Unidos en una fuerza de combate moderno. En la guerra Hispano-Cubano-Americana de 1898, estuvo al mando de la primera caballería de voluntarios; su segundo al mando era el ex subsecretario de Marina, Theodore Roosevelt. El regimiento resultó pronto ser conocido como los *Rough Riders*.

Al final de las hostilidades, Wood se quedó en Cuba como gobernador militar desde 1900 hasta 1902. Desde esa posición, instituyó reformas políticas, sociales y educativas y se esforzó en mejorar las condiciones médicas y sanitarias de la isla.

Wood pensaba que Cuba debía ser no una colonia o un país independiente, sino un nuevo estado norteamericano; estaba a favor de la anexión, a pesar de que sabía que después de la resolución conjunta del congreso de los EEUU en 1898 (*el pueblo de la isla de Cuba es y por derecho debe ser libre e independiente*), la enmienda Teller (*los EE.UU. rechazan cualquier disposición o intención de ejercer soberanía, jurisdicción o el control de Cuba*) y la enmienda Foraker (*el Gobierno Militar de Estados Unidos no otorgará ninguna concesión a empresas de Estados Unidos*), la anexión de Cuba nunca sería aprobada por los EEUU. Wood creía que lo mejor para Cuba y los EEUU era establecer lazos íntimos. «*La prosperidad de Cuba y su estabilidad requieren programas políticos, económicos y sociales que reconstruyan la economía y la sociedad cubana. Puede y debe lograrse con la ayuda de inversionistas americanos que buscan utilizar su exceso de capital en el extranjero.*»

FOTO: ROOSEVELT Y WOOD ACAMPANDO EN 1898.

La educación en Cuba en 1898

Desde el siglo XVII hasta 1898 la educación de los niños en Cuba descansaba en manos de la Iglesia. España, al retirarse de Cuba, dejó la isla con una tasa de analfabetismo de 65%. Cuba desarrolló un sistema educativo fuerte entre 1898 y 1902 y en los primeros años de la República, con la ayuda de los EEU perimero y después gracias al primer presidente de Cuba Don Tomás Estrada Palma y otros pioneros educadores cubanos.

La educación estaba al alcance de los niños que vivían en las grandes ciudades. El interior del país, sin embargo, siempre sufrió una tasa de alfabetización baja en comparación con las ciudades. Una vez que la intervención de los EEUU entró en funciones (1898-1902) el gobierno de Leonard Wood lanzó un programa para introducir prácticas educativas y creencias políticas democráticas a los jóvenes cubanos, los maestros y sus familias. Su propósito declarado fue «*Acelerar la retirada de las fuerzas del ejército de Estados Unidos, dejando detrás un grupo autosuficiente de administradores y una comunidad de ciudadanos informados con conocimientos y habilidades para practicar los principios económicos que garantizaran el crecimiento de la nueva República.*»

Los cubanos en 1898 estaban preocupados de que los estadounidenses trataran de *americanizar* la educación para facilitar una eventual anexión. Los estadounidenses, por otro lado, estaban temerosos de que «*la sociedad cubana podía convertirse en una población impulsiva fácilmente influenciable por oradores exaltados, como ya estaba sucediendo en muchas sociedades latinoamericanas.*» (Ambas citas son tomadas de escritos del presidente Theodore Roosevelt).

FOTO: MAESTRAS CUBANAS EN RUTA A LA UNIVERSIDAD DE HARVARD.

1900

Dos maestros de maestros cubanos

Dos hombres fueron responsables del intenso esfuerzo para educar a los cubanos en función de una nueva república.

Ramiro Guerra Sánchez (1880-1970), un joven de unos veinte años, fue uno de los maestros enviados a estudiar por el general Leonard Wood a la *Universidad de Harvard*. Guerra abogó por la educación universal en Cuba con el lema *«no hacer hincapié en la educación es el peor crimen que se puede cometer contra la nación.»* En 1912 se graduó como médico en la Universidad de La Habana, dirigió la *Escuela Normal de Maestros* entre 1912 y 1913 y más tarde fue superintendente general de escuelas en Cuba.

Enrique José Varona (1849-1933) fue un escritor, filósofo, pensador y educador. En 1868 se unió a la guerra y después del *Pacto del Zanjón* se unió al movimiento de autonomía. Entre 1885 y 1895 publicó varias obras filosóficas, políticas, literarias y científicas. A petición de José Martí en 1895, fue director del periódico *Patria* en New York. En 1898 ocupó el cargo de director de instrucción pública y bellas artes, y modernizó la enseñanza en Cuba con el afamado *Plan de Varona*. Con el establecimiento de la república en 1902 se dedicó a su trabajo como profesor en la Universidad de La Habana y dictó numerosas conferencias sobre educación pública con el pensamiento más avanzado del siglo.

FOTO: MAESTROS CUBANOS EN RUTA A LA UNIVERSIDAD DE HARVARD; RAMIRO GUERRA Y ENRIQUE JOSÉ VERONA.

Cuba y la constitución de 1901

Cuba ha sido siempre un país propicio a las constituciones. En la época colonial los cubanos disfrutaron las dos leyes constitucionales españolas de 1812 y 1876; luego tuvieron la ilusión de que las constituciones ordenaban jurídicamente la vida de las isla y los ayudaban durante su larga lucha contra la metrópoli.

Durante las guerras de independencia los cubanos se dieron cuatro constituciones mambisas; la fundacional y civilista de *Guáimaro*, 1869; la breve y práctica de *Baraguá*, 1878; la equilibrada de *Jimaguayú*, 1895 y la altamente elaborada de *La Yaya*, 1897. Se dio el caso que en la Guerra del 1895 había en Cuba dos Constituciones: *La Yaya* en el territorio ocupado por los mambises; la *Constitución Autonómica Española de 1897*, en los lugares donde quedaban tropas españolas; eso, aparte de las ordenanzas militares de Brooke y Leonardo Wood en las zonas de donde estaban las tropas americanas.

En Diciembre de 1899, Wood, como gobernador militar de la Isla, coordinó con los mambises y los sectores políticos cubanos la creación de una *Asamblea Constituyente*, encargada de redactar la futura constitución de la república de Cuba. El 5 de noviembre de 1900 se abrieron las sesiones en la Habana. En la tarde del jueves 21 de febrero de 1901, tras un mes de debates, quedó aprobada la Constitución de 1901. Sus antecedentes ideológicos se basaron en la revolución americana de 1776 y la revolución francesa de 1789. Los 31 constitucionalistas la firmaron con una pluma de oro, a los acordes del himno de Bayamo.

FOTO: UNA DE LAS SESIONES DE LA CONSTITUYENTE DE 1901.

Un extraordinario grupo de sobrevivientes de la guerra de 1895

Fotos, izquiera a derecha, arriba a debajo:

Gonzalo de Quesada (1868-1915), diplomático, escritor, organizador de expediciones;

Juan Gualberto Gómez (1854-1933), educado en Francia, general en la guerra de 1895, contacto de Martí en Cuba;

Salvador Cisneros Betancourt (1828-1914), presidente de la República en Armas en dos guerras de independencia;

Mayor General Emilio Núñez (1855-1922), jefe y comandante de expediciones, graduado de la Universidad de Pennsylvania.

Mayor General Máximo Gómez (1836-1905), general en jefe en la guerra de 1895, general en la guerra de 1868;

General Bartolomé Masó (1830-1907), estuvo en Baraguá con Maceo y en Bayate al comenzar la guerra del 1895;

Mayor General Calixto García (1839-1898), estratega de la guerra en 1898, líder de la Guerra Chiquita, participante en las tres guerras de independencia;

Manuel Sanguily Garritt (1849-1925), alumno de Luz y Caballero, héroe de la guerra de 1868, hermano de Julio Sanguily.

La constituyente del 1901 y los EEUU

IMÁGENES: EL TEATRO *IRIJOA* (HOY TEATRO MARTÍ), DONDE SE CELEBRARON LAS SESIONES DE LA CONSTITUYENTE DE 1901; UNA ALEGORÍA INDICANDO QUE LA *GUERRA HISPANO-CUBANO-AMERICANA* HABÍA UNIDO EL NORTE Y EL SUR DE LOS EEUU DESPUÉS DE LA GUERRA CIVIL; UNA CARICATURA QUE SUGIERE A LOS EEUU COMO *PROTECTOR DE LA JOVEN REPUBLICA DE CUBA*.

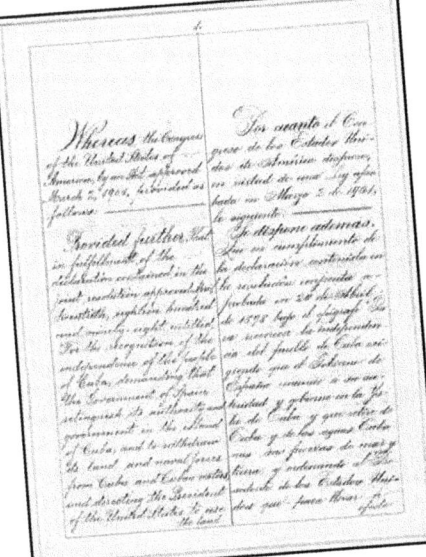 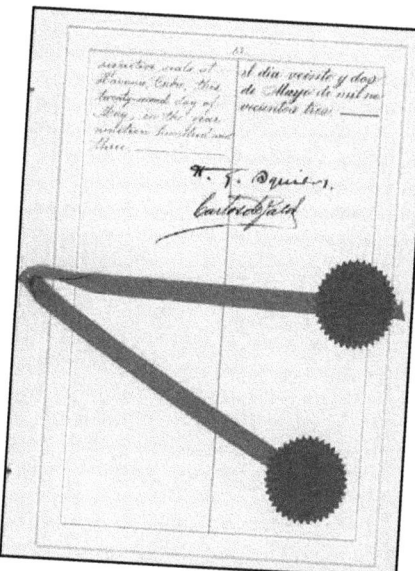

1901

Un apéndice doloroso: la Enmienda Platt

La *Enmienda Platt* fue un apéndice agregado a la constitución de Cuba de 1901. El 28 de febrero de 1901, el senador estadounidense Orville H. Platt propuso una cláusula que regulara las relaciones entre el nuevo estado independiente cubano y los Estados Unidos. La enmienda recibió el apoyo del congreso de los EEUU y del presidente, tras lo cual el gobernador militar de Cuba entregó la resolución a la convención constituyente.

Los representantes cubanos la consideraron como una condición para que las tropas de los EEUU abandonaran la isla y la aceptaron a regañadientes. La enmienda excluía la Isla de Pinos del resto de la jurisdicción cubana, dejándola para un futuro arreglo por tratado. También otorgaba en arrendamiento de Cuba a los EEUU ciertos territorios y servicios; permitía bajo ciertas circunstancias la intervención política y militar de los EEUU en territorio cubano; limitaba los acuerdos que Cuba podía hacer con otros países y no reconocía su capacidad de contraer deudas públicas.

El 8 de junio de 1901, el gobierno de los EEUU proclamó que la enmienda debía cumplirse tal cual fue aprobada, sin modificación alguna. El 12 de junio, la convención constituyente cubana decidió incorporar la enmienda a la constitución, con 16 votos a favor y 11 en contra (entre ellos Juan Gualberto Gómez, Salvador Cisneros Betancourt y Manuel Sanguily).

FOTO: LAS DOS PÁGINAS DE LA ENMIENDA PLATT.

Por fin nació la anhelada República de Cuba

La bandera cubana se enarboló en toda Cuba, como lo había soñado Martí

FOTOS: DOS FOTOS TOMADAS CON UNOS CUANTOS MINUTOS DE DIFERENCIA. EN EL MORRO DE LA HABANA, EL 20 DE MAYO DE 1902, SE RETIRÓ LA BANDERA NORTEAMERICANA Y SE ALZÓ POR PRIMERA VEZ LA BANDERA CUBANA.

El primer gabinete cubano en 1902

Las primeras elecciones de Cuba independiente dejaron mucho que desear. Se formaron dos partidos, el Nacionalista y el Republicano; ambos apoyaron para la presidencia al hombre que había llenado la posición de Martí después de su muerte en Dos Ríos: Tomás Estrada Palma. Un tercero, la Unión Democrática, apoyó a Bartolomé Masó, un ilustre general mambí. Dos tendencias políticas comenzaron a to-mar forma: el liberalismo de Masó y el conservadurismo de Estrada. Estrada Palma, el educador, prevaleció fácilmente sobre Masó, el líder guerrero, que se retiró de la contienda.

En una carta al General Juan Rius Rivera, del 7 de septiembre de 1901, Estrada Palma había avanzado sus prioridades como presidente de Cuba: En primer lugar, saldar la deuda que la república tenía con el ejército cubano de la independencia; segundo, formalizar las relaciones y asegurar posibles tratados comerciales entre Cuba y los EEUU, así como para aclarar los términos de la Enmienda Platt y los alquileres de los territorios cubanos a los norteamericanos; tercero, crear una estructura de gestión eficiente, que identificara las necesidades reales y administrara el crecimiento de la joven república. Estrada Palma cumplió todas sus promesas.

FOTO: EL GABINETE DE TOMÁS ESTRADA PALMA (A LA DERECHA) EN 1902.

Surgió el anti-americanismo en Cuba

En 1899 existía un fuerte movimiento ideológico en Cuba con profundas tendencias anti-americanas. A pesar de ello, la mayoría de los miembros del gabinete en el gobierno de Tomás Estrada Palma compartió con él su amabilidad y disposición positiva hacia los EEUU.

En ocasión de la celebración del 10 de octubre en 1902, Estrada Palma había escrito:

«No tengo temor de confesar que una dependencia política temporal que nos traerá las bendiciones de una más completa república soberana es mejor que una república independiente pero desacreditada y arruinada por guerras civiles periódicas.»

Muchos cubanos reconocieron la gestión que el gobierno de los EEUU estaba haciendo para traer la isla al siglo XX. España no había hecho mucho en Cuba que no fuese en su beneficio propio; la isla sufrió de falta de higiene, comunicaciones, educación, carreteras, buenos puertos, riego y muchas otras necesidades, excepto en aquellos lugares en los que se beneficiaban los propietarios españoles.

Por otro lado el final de la guerra Hispano-Cubano-Américana había herido el orgullo de los cubanos. A pesar de haber librado una guerra de tres años y de haber controlado el 90% del territorio cubano, el ejército de EEUU colmó de gloria a generales como Teddy Roosevelt sin siquiera dejar que el ejército cubano tomara las armas de las manos de los derrotados españoles.

FOTO: WOOD LE ENTREGA EL PODER A ESTRADA PALMA EN 1902.

El castillo de La Fuerza en 1902

La Fuerza fue la primera fortaleza permanente abaluartada construida en América, y la más antigua de las fortificaciones del sistema defensivo de La Habana, levantada entre 1558 y 1577.

Ante la amenaza que representaban los ataques de corsarios y piratas, y por la importancia que había adquirido La Habana para el comercio americano como puerto de escala casi obligada para las embarcaciones que retornaban a Europa desde México y Perú, la Corona española emprendió la fortificación de la plaza. La primera obra de fortificación fue una torre de altos pilotes de madera, destruida durante el ataque del corsario francés Jacques de Sores en 1555.

Se proyectó entonces una nueva fortificación, más amplia y sólida. Por él interés de la metrópoli en la rápida ejecución de la obra, se enviaron desde Nueva España 12,000 pesos. Fue la primera fortaleza en América diseñada con los patrones de la escuela renacentista italiana de fortificaciones. Sobre el extremo del baluarte del noroeste se levantó una torre vigía cilíndrica con una estatuilla de bronce representando una mujer en actitud triunfante, imitando la Giralda de la Catedral de Sevilla.

En él se almacenaron el oro y la plata extraídos de América con rumbo a España. A falta de buenos edificios públicos, a la inauguración de la República, en 1902, en un uso muy poco adecuado, se establecieron en La Fuerza, con el tiempo, la *Biblioteca Nacional José Martí*, el *Archivo Nacional de Cuba* y el *Estado Mayor del Ejército Cubano*.

IMAGEN: *CASTILLO DE LA REAL FUERZA*. EN EL CÍRCULO, *LA GIRALDILLA*.

1902

Cuba estrenó su nueva vida republicana

El 20 de mayo 1902 Tomás Estrada Palma se hizo cargo de un país viable y funcional. El tesoro tenía suficientes fondos. No había deudas, ni a España ni a ningún otro país o persona. No todo era dulce, sin embargo. Había un gran número de desempleados que necesitaban apoyo y ayuda material del gobierno en una época en que los precios del azúcar estaban deprimidos.

Los cubanos aun no habían dominado el arte del discurso político. Los partidos políticos eran débiles e inconsistentes. El Nacionalista se convirtió en el *Partido Liberal*. Los Conservadores se convirtieron en el *Partido Moderado*. Las etiquetas de partido y los principios políticos no tenían sentido. Los generales veteranos se habían convertido en líderes políticos *de facto*. Disfrutaban de un mundo lleno de intrigas, luchando por su hegemonía. La clase culta de intelectuales cubanos de primera línea estaba en desventaja por su pasado no militar. En 1902, no muchos cubanos creían que los EEUU se retirarían de Cuba; sin embargo, lo hicieron, a tiempo y totalmente. Los periódicos estadounidenses aplaudieron la aventura cubana: «*Un dinero y un tiempo bien gastado,*» declaró el *Buffalo News*. Pocos meses después de la inauguración de la República de Cuba, el gobierno de Tomás Estrada Palma comenzó a reclutar jóvenes para formar un ejército profesional cubano.

FOTOS: DOS FOTOS DE PASQUINES DE RECLUTAMIENTO PARA EL NUEVO EJERCITO CONSTITUCIONAL CUBANO.

Días de júbilo y trabajo en Cuba libre

IMÁGENES: CELEBRACIÓN DEL PRIMER ANIVERSARIO DE LA FUNDACIÓN DE LA REPÚBLICA Y LA TOMA DEL PODER POR ESTRADA PALMA; PRIMERA REUNIÓN DEL SENADO COLEGIO EN 1902.

1903

Los primeros años de Estrada Palma

El Gobierno de Estrada Palma comenzó a gobernar de manera efectiva con principios administrativos similares a los de los Estados Unidos. El 3 de noviembre 1902 Estrada presentó al recién electo congreso cubano un presupuesto inicial de menos de $15 millones. El 24 de noviembre, surgieron los primeros descontentos y fue declarada una huelga. Estrada tuvo que llamar a la Guardia Rural para ayudar a la policía a mantener el orden. El resultado fue unas primeras muertes por motivos políticos en la Cuba republicana.

El 17 de febrero 1903 Estrada Palma y Roosevelt firmaron un tratado estipulando que Cuba arrendaba perpetuamente la bahía de Guantánamo a los EEUU. Otras peticiones de los EEUU para bases en Bahía Honda, Cienfuegos y Nipe no fueron concedidas; el tratado no resolvió nada sobre la soberanía de Cuba en la Isla de Pinos, que había sido olvidado en la Enmienda Platt.

La estatua de Isabel II fue retirada de su pedestal en el Parque Central de La Habana en 1903. Un debate surgió sobre cual estatua debería estar allí: Los partidarios de Céspedes y Martí compitieron por el honor. El congreso decidió que fuera la de Martí.

FOTO: REMOCIÓN DE LA ESTATUA DE ISABEL II DEL PARQUE CENTRAL DE LA HABANA EN 1903. ALLÍ SE COLOCO LA ESTATUA DE JOSÉ MARTÍ.

1903

El tratado de reciprocidad de 1903

El tratado de reciprocidad de 1903 situó la economía cubana muy cerca de la de los EEUU; el azúcar cubano, por ejemplo, recibió una reducción arancelaria del 20%, una compensación diseñada para pacificar a los cubanos que se oponían a aceptar la Enmienda Platt.

El Tratado dio a Cuba un lugar privilegiado en el mercado estadounidense y la convirtió en el mayor productor azucarero del mundo. Una gran cantidad de capital americano se invirtió en Cuba, transformándola en el país más rico del Caribe. La nómina pública, municipal, provincial y nacional, se expandió a 20 mil empleados públicos, de los cuales 8,000 trabajaban en la ciudad de La Habana.

DIBUJOS: DOS CARICATURAS PRESENTADAS EN LA *REVISTA PUCK*, MOSTRANDO LA OPOSICIÓN DE LOS PRODUCTORES DE AZÚCAR DE LOS EEUU A LA REDUCCIÓN ARANCELARIA RECIBIDA POR CUBA EN 1903.

El balance de los años 1898-1902

El saneamiento de calles, la construcción de carreteras y el dragado de los puertos de Cuba durante la ocupación norteamericana fueron parte del legado de los EEUU a la naciente nación cubana. En un informe final de Leonard Wood como gobernador de Cuba, dirigido al presidente de EEUU y al congreso, se destacaron proyectos ya concluidos y pendientes por realizar:

- *El proyecto para la pavimentación e instalación de cloacas en la ciudad de La Habana ya ha sido adjudicado y está en marcha.*
- *El proyecto para llevar agua desde San Juan para abastecer a la ciudad de Santiago de Cuba, y un proyecto para la instalación de alcantarillas en la ciudad, ambos se han pagado y están en marcha.*
- *Se han completado los proyectos para la protección de los puertos contra las enfermedades epidémicas en La Habana, Matanzas, Cienfuegos y Santiago y ya se han pagado para realizar inmediatamente después los proyectos en todos los demás puertos de la isla.*

A pesar de los intereses económicos de los EEUU y sus esfuerzos por evitar que la soberanía de Cuba fuera trasladada de España a cualquier otra potencia (incluyendo cubanos radicales), lo cierto es que un motivador importante para los EEUU fue el humanitarismo americano, el respeto del principio de la libre determinación, y un sentido de responsabilidad moral para detener el derramamiento de sangre y poner fin a la brutalización de Cuba con la política de reconcentración de España.

FOTO: TRASPASO DE PODERES EN 1902, LEONARD WOOD POR LOS EEUU Y TOMAS ESTRADA PALMA POR CUBA, CON MÁXIMO GÓMEZ PRESENTE.

Cuba y su evidente inmadurez política

El 17 de septiembre de 1903, Estrada Palma visitó Santiago de Cuba, donde fue recibido con entusiasmo. El tren que lo traía de vuelta a La Habana fue descarrilado en *Palmarito del Cauto* en un aparente atentado contra su vida. El 18 de diciembre el Senado aprobó la *Ley Corona*, estableciendo que los congresistas solo podían ser enjuiciados por la sala criminal del tribunal supremo. Estrada vetó la ley el 31 de diciembre. El 6 de enero de 1904 Estrada vetó la *Ley Morúa*, que restablecía la *Lotería* en Cuba.

El 27 de febrero de 1905 Domingo Méndez Capote renunció a la presidencia del senado cubano y el 31 de marzo Luis Estévez renunció a la vicepresidencia de Cuba. El 17 de junio murió en La Habana Máximo Gómez; su sepelio constituyó una enorme manifestación de duelo nacional. El 22 de septiembre murió el representante Enrique Villuendas víctima de un atentado en una manifestación política en Cienfuegos. El 27 de septiembre renunció José Miguel Gómez a la gobernación de Las Villas, abogando por una intervención americana bajo los términos de la *Enmienda Platt*. Los miembros del partido liberal se retiraron de las elecciones a celebrarse en 1906 y se alzaron en protesta en Pinar del Rio, La Habana y Las Villas.

El 1 de diciembre Tomás Estrada Palma fue reelecto sin oposición. Hubo numerosos fraudes en las mesas electorales. La república parecía no poder sobrevivir todos esos embates.

Foto: SEPELIO DEL GENERALÍSIMO MÁXIMO GÓMEZ EN LA HABANA.

1836 - 1905

Máximo Gómez fue un ser extraordinario

El 24 de julio de 1905, *La Ilustración Española* en Barcelona, publicó una esquela en reconocimiento de la muerte de Máximo Gómez diciendo:

«Estamos de pésame españoles y cubanos. A los cubanos les corresponde elevar un monumento al defensor de sus ideas. Si, fue nuestro enemigo con las armas en la mano pero, concluida la lucha, terminaron los rencores y reconocimos y celebramos su valor. Fue él un valiente, un gran guerrillero, un gran convencido, que sacrificó su vida en pro de lo que le dictaba su conciencia. Hoy es un recuerdo histórico de nuestra última pelea con América, que trae tristezas para España. Saludamos la tumba que se abre y depositamos en ella lo que mas hace olvidar la guerra y sus horrores: un ramo de olivo.»

FOTOS: LA FAMILIA DEL GENERALÍSIMO MÁXIMO GÓMEZ Y SU ESTADO MAYOR DURANTE LA GUERRA DE 1895.

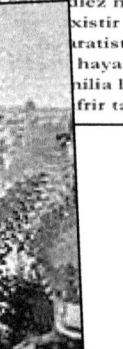

1905

Los últimos días de Máximo Gómez

Una vez terminada la contienda bélica, la absoluta prioridad para Máximo Gómez fue compartir el mayor tiempo posible con su familia. En abril partió hacia Oriente, donde vivía uno de sus hijos para allí descansar. La guerra le había arrancado a su hijo Panchito Gómez Toro y otros cuatro murieron a causa de la precariedad y miseria que la familia debió afrontar fuera de Cuba. A varios de ellos no los pudo ver crecer y espigarse haciéndose hombres y mujeres. Una infección se extendió por todo su cuerpo agotado por los años y el desgaste de las penalidades sufridas en las guerras. De vuelta a La Habana le operaron dos veces. No sobrevivió.

Fotos: nota de pesar en el *Diario de la Marina*; el cortejo fúnebre del general Máximo Gómez en la calle Reina de La Habana.

1905

Estrada contra la corrupción en Cuba

Don Tomás Estrada Palma nunca fue acusado por críticos o historiadores por la corrupción que prevaleció en Cuba desde los primeros días de la república. La institución más propensa a la fácil malversación fue sin duda la *Lotería*. Fue desautorizada por los EEUU desde 1898 hasta el advenimiento de la república en 1902 y luego vetada por Estrada Palma en 1904, cuando era parte de un proyecto de ley presentado en el congreso por el senador Morúa Delgado.

En 1909, durante el gobierno de José Miguel Gómez, la *Lotería* fue autorizada de nuevo, esta vez con niños de la casa de beneficencia extrayendo los números ganadores de un gran bombo. La lotería cubana fue parte de la tradición del país desde fines del siglo XVIII, cuando fue introducida en la isla por los españoles. El modelo que se siguió en su organización fue el establecido por la escuela de San Ildefonso para huérfanos de Madrid. En Cuba comenzó a hacerse popular por primera vez en 1811 como un entretenimiento de las clases altas. La peor parte de la lotería fue que era la base para el juego de apostar números de la *Charada China*, una fuente adicional de corrupción en la que políticos sin escrúpulos vendían protección contra intromisión de las autoridades a jugadores profesionales.

Foto: Billetes de la Lotería Nacional de Cuba en los primeros años de la República.

Primer informe de Estrada Palma al país

En abril de 1905 el presidente Tomás Estrada Palma presentó un informe sobre sus logros en el gobierno de Cuba:

- *Cientos de trabajadores habían sido empleados en la construcción de carreteras, instalaciones de luz en las calles, muelles, líneas telegráficas, hospitales, escuelas y otras necesidades de infraestructura de la república.*
- *Después de pagar todas las deudas y cuentas, el tesoro nacional tenía un saldo de $ 10,764,000.*
- *Los veteranos habían recibido sus salarios pasados, a pesar de que eso requirió un préstamo garantizado de los EEUU, apoyado por los impuestos de importación y los ingresos portuarios en general.*
- *Los cultivos de azúcar en 1903-1904 habían alcanzado un récord en 1.2 millones de toneladas.*

Estrada Palma también informó acerca de los fracasos del gobierno en sus tres primeros años:

- *La ley electoral no había podido evitar fraudes, abusos e injusticias.*
- *El poder judicial no era independiente de la política como debía ser.*

Las primeras elecciones bajo la república tuvieron lugar el 28 de febrero de 1904. Fue caracterizada por algunos como «*una farsa representada con menos vergüenza que en la época colonial.*» Contendientes honestos como Juan Gualberto Gómez, del *Partido Nacional Liberal*, se excusaron por haber recibido más votos que electores. El *Partido Republicano* (Conservador) se adjudicó la victoria en casi todas partes. Cuando el nuevo Congreso abrió en abril, los liberales no acudieron en señal de protesta.

FOTO: PRIMER BONO DE LA REPÚBLICA EN 1905

1905

Los Partidos Políticos en Cuba en 1905

Durante todo el año 1904 ,las luchas políticas en Cuba fueron intensas. El congreso funcionó solo esporádicamente. *El Partido Republicano* (Conservador) se convirtió en el *Partido Moderado*, una organización política creada en Cuba en agosto de 1904 bajo la dirección de Domingo Méndez Capote. Tomás Estrada Palma, no muy popular por haber vetado la *Ley de Lotería*, abandonó la neutralidad, se hizo miembro de los *Moderados* y aceptó la candidatura para las elecciones de 1906, con Domingo Méndez Capote como Vice. Cuando se efectuaron las elecciones, Estrada Palma y Méndez Capote fueron reelectos; los miembros del *Partido Liberal*, que llevó de candidatos a José Miguel Gómez y Alfredo Zayas, protestaron por las irregularidades. El 16 de agosto de 1906 estalló una revuelta contra Estrada, que sin ejercito organizado y con poco apoyo popular se vio en la necesidad de apelar a la *Enmienda Platt* y solicitar la ayuda de los EEUU.

FOTOS: LIDERAZGO DEL *PARTIDO LIBERAL* EN 1904: **ARRIBA**, JOSÉ MIGUEL GÓMEZ, ALFREDO ZAYAS, JUAN GUALBERTO GÓMEZ. JUAN GUITERAS, Y MARTÍN MORÚA DELGADO.

LIDERAZGO DEL *PARTIDO MODERADO* EN 1904. **DEBAJO**, TOMÁS ESTRADA PALMA, EMILIO NÚÑEZ, DOMINGO MÉNDEZ CAPOTE, MANUEL SANGUILY, Y JUAN RIUS RIVERA.

1906
La desestabilizante *Guerrita de Agosto*

Cuando en abril de 1906, el congreso cubano se reunió para certificar las elecciones, todos los diputados del Partido Liberal se retiraron, dejando solos a Estrada Palma y Méndez Capote; en medio de ese caos, los dos fueron proclamados como presidente y vice-presidente de la república.

Los liberales de inmediato comenzaron a tramar una rebelión que se conoció como *La Guerrita de Agosto*. Los dirigentes liberales Faustino (Pino) Guerra Puente, Ernesto Asbert y Loynaz del Castillo comenzaron a organizar sus partidarios mientras que Estrada Palma ordenó a todos los políticos liberales a ser arrestados. A los 20,000 hombres que los liberales pusieron en armas, Estrada Palma sólo pudo oponer 2,000 guardias rurales, en su mayoría veteranos de guerra con malos y antiguos armamentos. Pino Guerra, pronto fue reconocido como el héroe de 1906 y como el primero de varios políticos cubanos que se acostumbraron a confiar en las intervenciones de Estados Unidos para asegurar sus objetivos nacionales.

Fue una salida fácil frecuente y lamentable ideada por hombres políticamente inmaduros que, sin embargo, habían servido a la joven república cubana con dignidad y decoro.

Años más tarde, Pino Guerra se convirtió en presidente del Partido Liberal y, una vez más, pidió a los EE.UU. que supervisara las elecciones de 1920, cuando Zayas, como Conservador, derrotó a José Miguel Gómez. Hombres como Pino Guerra nunca prestaron atención a la declaración de 1897 de Máximo Gómez, para quien «*defender la intervención americana equivalía a traición.*»

FOTOS: FAUSTINO (PINO) GUERRA PUENTE, ERNESTO ASBERT Y LOYNAZ DEL CASTILLO.

> **COMUNICACIONES DE LA ISLA DE CUBA.** 1906
> SECCION DE TELEGRAFOS.
>
> TELEGRAMA RECIBIDO V. ...Venezuela. Novb. 3. 10 p.m. Palabras 80.
>
> Stgo. de las Vegas 17 Spt. 2. 45 p.m.
> Sr. Tomás Estrada Palma.
> HABANA.
>
> A Vd. le resta un único servicio á nuestra adorada Cuba; su inmediata renuncia. Que los hijos de Vd. tengan patria. Que haya desde ahora entre los cubanos, un culto á la constitución, respeto á los derechos de toda libertad, justicia y fraternidad. Que la revolución sea para bien de todos los Cubanos, y restablezca sobre cimientos eternos la República.
> Respetuosamente:
> El Mayor Gral. Enrique Loinás del Castillo.

Consecuencias de la *Guerrita de Agosto*

Durante la *Guerrita de Agosto*, el general José Monteagudo se rebeló en Santa Clara y Juan Gualberto Gómez en Oriente. Estrada Palma aceptó la mediación del general Mario García Menocal para negociar un compromiso entre liberales y moderados. Sus servicios fallaron cuando Estrada insistió que los rebeldes primero depusieran las armas. Ese mismo día Estrada Palma habló con el Cónsul de EEUU, solicitando que dos barcos de guerra con 3 mil hombres fueran enviados a Cuba, uno a Cienfuegos y otro a La Habana.

La crisis continuó, Pino Guerra tomó San Juan y Martínez; Campos Marquetti se acercó a Guanabacoa; Enrique Loynaz del Castillo, ocupó Wajay. Loynaz trató de convencer a Estrada Palma a renunciar a la presidencia y traer la paz a Cuba.

A petición de Estrada Palma, el Cónsul General de EEUU pidió al presidente Roosevelt dos buques de guerra para preservar el orden, anunciando que el presidente Estrada no podía proteger vida y propiedad, reclamando una intervención como contemplaba la Enmienda Platt. Los acorazados *Denver* y *Marietta* pronto llegaron a La Habana.

Después de insistentemente haber denunciado la Enmienda Platt, los cubanos estaban pidiendo su aplicación.

FOTOS: COPIA DEL TELEGRAMA DE LOYNAZ A ESTRADA PALMA.

> **MR. PALMA BEGGED FOR INTERVENTION**
>
> Official Correspondence Made Public Shows That He Asked It on September 8.
>
> PRESIDENT HELD OFF
>
> Mr. Roosevelt Explained Gravity of Sending Troops and Asked Effort to Quell Rebels.
>
> GOVERNMENT WAS IN PANIC
>
> Consul General Steinhardt Besieged by Cuban Officials—Palma Decided to Resign on September 13.
>
> **TAFT WILL NOT NAME A CABINET**
>
> Tells Cubans He Will Leave Filling of Posts to His Successor as Governor.
>
> DAMAGE CLAIMS PUT IN
>
> Question of Compensation for Losses Caused by Rebels Held in Abeyance.
>
> RAPIDLY GIVING UP ARMS
>
> Eleven Hundred Rebels in Cienfuegos Surrender Rifles, and Situation Everywhere Is Quiet.

1906

Los cubanos y la Enmienda Platt

Estrada Palma, pobre y abatido por los sucesos que estaban ocurriendo en Cuba se retiró a una pequeña finca de su propiedad cerca de Bayamo, donde enfermó de tristeza y fue trasladado a Santiago de Cuba, donde murió el 4 de noviembre de 1908.

Cuba quedó sin ejecutivos al renunciar el vicepresidente Domingo Méndez Capote y negarse el Congreso a reunirse. El secretario de guerra de los EEUU, William H. Taft, asumió el gobierno de Cuba el 20 de septiembre de 1906 y el 12 de octubre nombró a Charles E. Magoon como gobernador de la isla. Magoon trajo consigo un grupo de ejecutivos americanos que ocuparon todas las posiciones importantes del gobierno central. Después de haber insistido tanto en no aceptar la Enmienda Platt, ahora los cubanos estaban suplicantemente invocándola.

Magoon trató de cumplir su cargo lo mejor posible. Creó una *Comisión Consultiva de Cubanos*, una *Ley de Empleados*, un *Ejército Nacional*, promulgó una nueva *Ley Electoral*, fomentó las *Obras Públicas* necesarias (dejando muchas incompletas o en mal estado) y prodigó *indultos* para mantener a todos contentos. En el proceso de hacer esas obras gastó todos los ahorros (mas de $12 millones) que Estrada Palma había logrado en cuatro años.

Los partidos políticos sea reorganizaron una vez más: el *Partido Moderado* se disolvió, se formó en su lugar un *Partido Conservador*. El *Partido Liberal* se dividió y reconstituido comenzó a llamarse *Partido Liberal Histórico*.

FOTO: EL *NY JOURNAL* REPORTÓ LOS SUCESOS EN CUBA.

1806 - 1908

Los últimos días de Estrada Palma

La decisión de Tomás Estrada Palma de ser reelecto fue totalmente legal bajo los dictados de la constitución cubana de 1901, que había sido inspirada por la constitución americana. A pesar de eso Máximo Gómez y los miembros del legislativo se opusieron a la reelección. Una vez Estrada y su gabinete renunciaron a continuar siendo gobierno, los legisladores les imploraron que se retractaran.

FOTO: NOTA EN EL *HAVANA DAILY TELEGRAPH*; LA MODESTA TUMBA DE ESTRADA PALMA EN SANTIAGO DE CUBA.

La inevitable intervención americana

El 13 de octubre de 1906 Charles Magoon (1878-1920), fue nombrado gobernador de Cuba por Taft; inmediatamente declaró desierta la elección de 1905 y se hizo cargo de los poderes legislativos junto con una *Comisión Asesora de Derecho* que nombró con nueve cubanos y tres estadounidenses. Todos los Jefes de Departamento fueron confirmados en sus cargos y la bandera cubana se mantuvo en todos los edificios públicos. Magoon creía en los principios de la escuela keynesiana que estipulaba que cualquier caída en la economía podía ser aliviada por un aumento en el gasto público. Emprendió un vasto programa de obras públicas que ocasionó una disminución en la tesorería cubana de $31 millones, llevándola a un déficit.

Dos distorsiones históricas se han aceptado como hecho cuando los EEUU intervinieron en Cuba en 1906. Primero fue el mito de que los EEUU habían enviado su ejército en Cuba abusando de los dictados de la Enmienda Platt. Roosevelt envió una carta a Gonzalo de Quesada diciendo «*los EEUU han sido obligados a intervenir en Cuba. Nuestro único propósito es crear las condiciones necesarias para una elección pacífica y nuestra intervención en asuntos cubanos terminará cuando Cuba recupere una moderación propia y necesaria para lograr la paz.*»

El segundo mito fue la acusación de que Estrada había sido un agente de los EEUU y siempre había favorecido la anexión. Eso ignora que Mario García Menocal, Alfredo Zayas y la mayoría de los empresarios cubanos fueron partidarios de la intervención y creían que la situación en Cuba había deteriorado más allá de la capacidad del gobierno cubano de resolverla pacíficamente.

FOTO: *CHARLES EDWARD MAGOON* (1878-1920).

1906

La Comisión Asesora de Magoon en 1906

Los miembros nombrados por Magoon para su *Comisión Asesora de Derecho* fueron una verdadera selección de lo mejor de Cuba.

FOTO FIRMADA (IZQUIERDA A DERECHA):

FRANCISCO CARRERA JUSTIZ (CATEDRÁTICO UNIVERSITARIO DE GOBIERNO, POLÍTICO INDEPENDIENTE), *BLANTON WINSHIP* (EX AUDITOR ESTADOUNIDENSE QUE HABÍA SERVIDO EN LAS FILIPINAS), *ALFREDO ZAYAS* (EN 1906 EL CANDIDATO LIBERAL PRESIDENCIAL), *ERASMO REGÜEIFEROS* (ZAYISTA, ABOGADO LIBERAL), *JUAN GUALBERTO GÓMEZ* (UN IMPORTANTE LÍDER AFRO-CUBANO, DIRECTOR DEL DIARIO ZAYISTA *EL LIBERAL*), *GENERAL ENOCH H. CROWDER*, PRESIDENTE DE LA COMISIÓN, *OTTO SCHOENRICH* (EX JUEZ DE ESTADOS UNIDOS EN PUERTO RICO), *RAFAEL MONTORO* (LÍDER CONSERVADOR, EX EMBAJADOR CUBANO EN INGLATERRA Y ALEMANIA), *MANUEL M. CORONADO* (LÍDER DEL PARTIDO CONSERVADOR, DUEÑO Y EDITOR DEL PERIÓDICO *LA DISCUSIÓN*), *MIGUEL F. VIONDI* (MIGUELISTA, MIEMBRO DEL PARTIDO LIBERAL, ABOGADO), *JUAN DE DIOS GARCÍA KOHLY*, CONSERVADOR, MIEMBRO DE LA CÁMARA CUBANA DE REPRESENTANTES), *FELIPE GONZÁLEZ SARRAÍN*, (LIBERAL ZAYISTA, MIEMBRO DE LA CÁMARA DE REPRESENTANTES DE CUBA).

Escenas de la segunda intervención

1906

Fotos: Las tropas de los EEUU retirándose de La Habana; el periódico *La Discusión* tratando el tema de la Isla de Pinos; para minimizar su presencia visible en Cuba, las tropas estadounidenses fueron destacadas en el *Campamento de Columbia*, (el cual fundaron al oeste de La Habana), en lugar de La Cabaña, donde hubieran estado más cómodas.

Estrada Palma: el presidente más honesto

A la muerte de Estrada Palma su fortuna era escasamente la misma que había heredado de sus padres, excepto por una pequeña finca que adquirió en su juventud cuando se casó con su esposa Genoveva. Esa historia de honestidad y modestia ha estado en total contraste con la de otros presidentes que gobernaron en Cuba desde 1902 hasta el final de la República.

FOTO: ARTÍCULO EN EL *DIARIO DE LA MARINA* Y ESQUELA PUBLICADA CON MOTIVO DE LA MUERTE DE DON TOMÁS ESTRADA PALMA.

1908

Cuba elige un nuevo presidente

El 12 de septiembre de 1908 se celebraron nuevas elecciones nacionales en Cuba saliendo electo Presidente José Miguel Gómez. Sus credenciales eran impecables: héroe de la toma de Arroyo Blanco, gobernador de Las Villas, miembro de la constituyente en 1901. Su vicepresidente fue Alfredo Zayas, deportado en 1895 y también miembro de la constituyente.

Los primeros retos del nuevo gobierno fueron la *insolvencia del tesoro nacional* debida a los excesos del gobernador Charles Magoon; el llamado *Movimiento Veteranista* (que reclamaba que solo Veteranos debían trabajar en la administración) y la insurrección organizada por el *Partido Independiente de Color*, bajo el liderazgo de Evaristo Estenoz y Pedro Ivonet. Gómez la reprimió con tal violencia (mas de 6,000 muertos) que los EEUU estuvieron a punto de desembarcar para evitar un genocidio.

A las muchas obras positivas que inició el Presidente Gómez (pavimentación en varias ciudades, proveer a La Habana de abundante agua, la *Ley del Dragado* para limpiar varios puertos cubanos, la *Ley Arteaga*, que prohibía pagar servicios con *vouchers*, la fundación de la *Academia de Historia* y la *Academia de las Artes*, el inicio del *servicio telefónico*) se unieron dos terribles desaciertos: aumento de la *corrupción pública* y auge del *caudillismo*. Para muchos, el lema de su gobierno fue «*El Tiburón se Baña pero Salpica.*» Fue casi un preludio del futuro de la República.

DIBUJO: LOS *LIBERALES* JOSÉ MIGUEL GÓMEZ Y ALFREDO ZAYAS; LOS *CONSERVADORES* MARIO GARCÍA MENOCAL Y RAFAEL MONTORO.

La Prensa de EEUU y el nuevo presidente

FOTO: LA EDICIÓN DEL PERIÓDICO *NEW YORK TRIBUNE* EL DÍA QUE TERMINÓ LA SEGUNDA INTERVENCIÓN DE LOS EEUU EN CUBA, MOSTRANDO FOTOS DE *JOSÉ MIGUEL GÓMEZ*, SU ESPOSA *AMÉRICA ARIAS*, EL INTERIOR Y EXTERIOR DEL PALACIO PRESIDENCIAL DE ENTONCES Y FOTOS DE LOS HIJOS, ENTRE ELLOS MIGUEL MARIANO GÓMEZ, FUTURO PRESIDENTE DE CUBA.

La época de *La Chambelona* en Cuba

En las elecciones municipales y provinciales del 1 de agosto de 1908, 3 meses antes de las nacionales, los *Conservadores* ganaron 28 alcaldías y 3 gobernaciones provinciales, los *Liberales* eligieron 33 alcaldes y dos gobernaciones; ningún negro fue electo. Los resultados de la elección nacional fueron funestos para el *Partido Independiente de Color*. El triunfo de José Miguel Gómez fue arrollador, al ritmo de *La Chambelona*, una tonada que estaba llamada a ser muy popular en Cuba por muchos años. Las fuerzas de los EEUU comenzaron a retirarse de Cuba el 1 de febrero de 1909.

El descontento político en Cuba, sin embargo, continuó. El 15 de marzo de 1909 se produjo un alzamiento en Remedios que fue rápidamente sofocado. Una noticia que produjo intenso dolor en La Habana fue la muerte de Marta Abreu en Paris y el suicidio de su esposo el ex-vicepresidente Luis Estévez.

El presidente José Miguel Gómez logró en enero de 1910 la incorporación de Manuel Sanguily a su gabinete como secretario de estado. Un mes después Sanguily le protestó públicamente por la censura de prensa a los diarios *La Prensa* y *El Gordo* y las multas a *La Política Cómica*, *Verdad y Justicia*, todas por haber «*injuriado al Presidente.*» En Cuba veían la luz en ese momento 89 periódicos y revistas, semanales o diarios, de los cuales 38 se publicaban en La Habana.

Dibujo: DOS VISTAS DEL PALACIO DE JOSÉ MIGUEL GÓMEZ EN LA ESQUINA DE PRADO Y TROCADERO, EN LA HABANA.

La *Guerrita de los Independientes de Color*

El 22 de abril de 1910, varios líderes del *Partido de Independientes de Color (PIC)* fueron arrestados en La Habana, incluyendo Evaristo Estenoz, director del periódico *Previsión*. En los siguientes 17 días, otros miembros adicionales fueron detenidos y trasladados a La Habana. La fianza se fijó en US $ 10,000 cada uno. Todos estaban acusados de «*asociación ilícita y conspiración para fomentar una revolución armada.*» A finales de año, más de 220 miembros del partido habían sido detenidos a lo largo de la isla y enviados a La Habana para ser enjuiciados.

Esas acciones fueron preámbulo de la llamada *Guerrita de los Independientes de Color de 1912*. Muchos la consideraron uno de los pasajes más bochornosos de la historia de Cuba, por la represión inmisericorde que sufrieron los cubanos que se alzaron, muchos de los cuales habían sido pilares de la Revolución de 1895. Lo ocurrido y las causas de la guerrita han sido siempre muy polémicas para los historiadores de Cuba.

Unos la definieron como un error táctico de los alzados, que en realidad pretendían «*ejercer presión sobre el gobierno cubano para que eliminara el racismo, bajo amenaza de crear una necesidad de intervención americana.*» Otros adujeron que «*el racismo estaba en la cabeza de los hombres y no podía eliminarse con la violencia.*» Algunos historiadores inclusive plantearon que «*la guerrita fue promovida por los anexionistas, que intentaban con ella lograr una nueva ocupación del país.*»

FOTO: DIRECTIVA DEL PIC EN 1910. EVARISTO ESTENOZ (EN UN CÍRCULO).

El escándalo del canje del arsenal

En La Habana, el día 2 de julio de 1911, bajo una seria protesta de la Asociación de Veteranos, se iniciaron las gestiones para el canje de los terrenos de la *Estación de Ferrocarriles de Villanueva*, por los terrenos del *Arsenal de La Habana*.

Antes que el nombre de La Habana fuera conocido como sinónimo de un buen tabaco, ya era conocido por armadores, marinos y piratas desde 1713, como el puerto donde existía un taller, *El Arsenal*, donde se construían barcos de primera línea.

Por otra parte, en 1839 se había construido la *Estación de Villanueva* en el terreno que ocupaba el *Jardín Botánico de La Habana*. A pesar de su magnífica localización dentro de la ciudad, llegó el momento en que *Ferrocarriles Unidos* (una empresa inglesa que había heredado la estación cuando compró *Caminos de Hierro de La Habana*), pidió trasladar la estación del ferrocarril a un lugar más espacioso y más cercano al puerto. José Miguel Gómez propuso al congreso darle a *Ferrocarriles Unidos* los antiguos terrenos del *Arsenal de La Habana* (110 mil metros cuadrados) a cambio de los de la *Estación de Villanueva* (45 mil metros cuadrados); *Ferrocarriles* ofreció que, además del terreno, construiría para el gobierno cinco muelles y un incinerador y otorgaría a Cuba un préstamo de $2.5 millones para construir el *Palacio Presidencial*.

Fue una decisión que, para muchos, representó una prueba evidente de la corrupción del gobierno de José Miguel Gómez.

Dibujo: La Habana. A la izquierda, en un círculo, *El Arsenal*.

1911

Un reconocido tributo a Antonio Maceo

En 1911 comenzó la construcción de un monumento al general Antonio Maceo en el lugar donde estaba localizada la *Batería de la Reina* durante la época colonial. El monumento fue realizado en granito con esculturas en bronce, destacando cuatro momentos clave en la vida del general Maceo: las batallas de *Cacaragícara* y *La Indiana*, *Mangos de Megía* y la *Protesta de Baraguá*.

En la base del monumento se situó un bajorrelieve de Mariana Grajales, madre de Maceo. En los cuatro ángulos de la base habían figuras alegóricas que representan la Acción, el Pensamiento, la Justicia y el Derecho. Maceo se colocó de frente a la ciudad (frente al mar se acostumbraba para monumentos en honor a extranjeros, como es el caso de la estatua de Máximo Gómez), con su caballo de pie sobre sus dos patas traseras (ya que Maceo murió en combate, según el protocolo de la estatuaria ecuestre). El monumento fue inaugurado en 1916.

FOTOS: EL MONUMENTO A MACEO Y UNO DE LOS BAJO-RELIEVES.

Nuevas crisis en el gobierno de Gómez

El 6 de abril de 1911 José Miguel Gómez despidió a tres de sus ministros en medio de una crisis de credibilidad de su gobierno. El 14 de junio los obreros del alcantarillado de la Habana se fueron en huelga. El 31 de julio el general Guillermo Acevedo organizó un alzamiento que fue rápidamente sofocado. El 23 de septiembre el gobierno expulsó una docena de anarquistas españoles que hacían proselitismo en Cuba.

El 17 de enero de 1912, el embajador americano Arthur Beaupré expresó su preocupación al presidente Gómez por el avance de los *Veteranistas* tras una reunión en el Teatro Martí con el general Emilio Núñez. El 27 de febrero las más importantes figuras del *Partido Liberal* entraron en reñidas disputas. La prensa recogió declaraciones fuertes y acusatorias del Presidente Gómez, Orestes Ferrara, Alfredo Zayas y Ernesto Asbert.

El 6 de abril el *Partido Conservador* eligió como su candidato a la vicepresidencia a Enrique José Varona y a Mario García Menocal para presidente. El día 15 el *Partido Liberal* nominó a Alfredo Zayas para presidente y a Eusebio Hernández como vice.

Mientras tanto los *Independentistas de Color* reactivaron su campaña contra la *Ley Morúa* (que prohibía agrupaciones políticas organizadas racialmente) y alrededor de 1,500 militantes se alzaron en Belona, Oriente, bajo el mando de Evaristo Estenoz y Pedro Ivonnet. Se aproximaban las elecciones de 1912 y el ambiente político era sumamente turbulento.

Fotos: Sello honrando a José Miguel Gómez por la *Batalla de Arrollo Blanco* en 1896; la prensa y el alzamiento del Partido de los Independientes de Color (PIC).

1913
Fin del mandato de José Miguel Gómez

En las elecciones nacionales del 1 de noviembre de 1912 resultó electo el candidato Conservador general Mario García Menocal, veterano del asalto a Victoria de las Tunas bajo Calixto García y graduado de la Universidad de Cornell. El general Brooke lo había nombrado jefe de la policía de La Habana en 1899, cargo al cual renunció para construir en Oriente el ingenio azucarero *Chaparra*, que en la época fue uno de los mayores del mundo. Su reputación en el mundo político cubano fue impecable y le acompañaba al poder uno de los hombres de mayor prestigio, cultura, patriotismo y capacidad, don Enrique José Varona.

Unos meses antes de la toma de posesión de Menocal y Varona, a José Miguel Gómez se le vinieron todos los problemas encima. Los alzados al mando de Estenoz e Ivonnet habían tomado el pueblo de El Caney y se enfrentaron a las tropas del gobierno en Yarayabo, La Maya y Sagua de Tánamo. Para proteger las propiedades americanas desembarcaron en Daiquirí las tropas de los EEUU; tres barcos de guerra anclaron en Guantánamo con 500 infantes de marina; el acorazado *Nebraska* fondeó en La Habana y una cañonera lo hizo en la bahía de Nipe. El 14 de junio los congresistas negros se retiraron de la cámara ofendidos por la crueldad del gobierno de Gómez. El 27 de junio murió en combate Evaristo Estenoz en Mícara y el 18 de julio Pedro Ivonnet fue asesinado en El Caney. Más de 3,000 alzados encontraron la muerte y ocurrieron desórdenes políticos en Colón, Matanzas y en el parque central de La Habana.

Las únicas noticias positivas que dieron la bienvenida a Menocal fueron el arribo de los primeros barcos de la marina cubana, el *Patria* y el *Cuba*, y la inauguración de la estación terminal de trenes de La Habana en Arsenal y Ejido.

FOTOS: MENOCAL Y VARONA EN 1912; LA NUEVA ESTACIÓN DE TRENES.

1913

El primer año de Menocal en el poder

El 1 de enero de 1913 se publicó por primera vez en La Habana la revista mensual *Cuba Contemporánea*, dedicada al estudio de temas importantes para la joven república: política, temas administrativos, económicos, sociales y religiosos. El año cerró con la publicación por primera vez del periódico *El Heraldo de Cuba*.

El 14 de febrero, en uno de los actos más gallardos de la historia de américa hispana, Manuel Márquez Sterling, embajador de Cuba en México, logró que José Miguel Gómez enviara el crucero *Cuba* hasta Veracruz para ofrecer asilo político a Francisco Madero, presidente de México. Desafortunadamente tanto Madero como su vicepresidente José María Pino-Suárez fueron asesinados el 23 de febrero por tropas al mando del comandante Victoriano Huerta, iniciando la llamada *Decena Trágica Mexicana*.

El 20 de mayo tomó posesión Mario García Menocal con el lema *Honradez, Paz y Trabajo*. El 6 de agosto llegó a La Habana William González, nuevo embajador americano, hijo del exilado maestro matancero Ambrosio José González. No todo se volvió pacífico en Cuba, sin embargo. El 8 de noviembre, con apenas una semana de Menocal en el gobierno, hubo un alzamiento en Jinaguayabo, cerca de Remedios. El 16 de noviembre murió asesinado el coronel Simón Reyes, presidente de la asamblea municipal de Ciego de Ávila; el 27 la policía tomó la ciudad de Regla para sosegar los ánimos políticos exaltados y el 28 se reunieron en Güines los radicales y temidos anarquistas cubanos.

FOTOS: LA REVISTA *CUBA CONTEMPORÁNEA*;
EL PRESIDENTE MEXICANO *FRANCISCO MADERO*.

Inestabilidad en la Cuba de Menocal

La inestabilidad en Cuba continuó a pesar de las gestiones pacificadoras del presidente Menocal. El 23 de febrero de 1914 don Cosme de la Torriente substituyó a Enrique José Varona como presidente del partido conservador; el 29 de agosto renunció a ese cargo irrevocablemente. El 29 de julio también renunció irrevocablemente José Antonio González Lanuza a la presidencia de la cámara.

En Pinar del Rio dos facciones del partido conservador protagonizaron un conflicto armado. El 4 de noviembre, en la calle Dragones, frente al Teatro Martí, se enfrentaron a tiros un grupo de soldados con policías de La Habana cuando los primeros se negaron a mostrar sus pases para estar fuera de los cuarteles a las 11 de la noche. El día 6 se esparcieron por la capital rumores de golpes de estado originados en el campamento militar de Columbia y en la fortaleza de La Cabaña. El 30 de noviembre el crucero *Cuba* fue objeto de un ataque terrorista en la ciudad de Veracruz, México, causando numerosos heridos.

Todas esas malas noticias opacaron el dolor nacional ante la muerte de Salvador Cisneros Betancourt, presidente de la república durante las guerras del 68 y el 95 y los preparativos que hacía resto del mundo para la Primera Guerra Mundial.

FOTO: OFICIALES CUBANOS EN EL CAMPAMENTO DE COLUMBIA EN 1914.

1914

Los indiscutibles logros de Menocal

Mario García Menocal (1866-1941), fue uno de los presidentes de Cuba con más posibilidades de triunfar. Nació en el ingenio *Australia*, en Matanzas, que administraba su padre Gabriel, que tuvo que exilarse con toda su familia en 1869 por sus simpatías con los insurrectos. En 1895 se alzó en Oriente convirtiéndose en el más joven de los mayores generales de la guerra de independencia. Al terminar la contienda se hizo miembro del partido conservador y durante la intervención americana fue jefe de la policía de la Habana e inspector general de Obras Públicas.

Su ejecutoria, que incluyó administrar el central *Chaparra*, produjo un amplio desarrollo de la industria azucarera cubana con la introducción de tecnologías industriales en **ferrocarriles y** locomotoras, así como el desarrollo infraestructural de muchos pueblos en Cuba, entre ellos Jagüey Grande y Camagüey.

Durante su gobierno, en 1914, se hizo la primera emisión de moneda nacional, inspirada por planes de Leopoldo Cancio, terminando la circulación exclusiva en Cuba de dólares americanos y pesetas españolas. Ese año comenzó en La Habana la construcción de la aduana y el muelle de San Francisco. Se crearon en Cuba 1,293 aulas nuevas, se construyeron 100 escuelas rurales y escuelas normales en La Habana, Santa Clara y Santiago, se reorganizó la casa de beneficencia, se creó el hospital Calixto García y se nombraron numerosos maestros ambulantes.

Menocal alcanzó la presidencia **de Cuba y luego una reelección entre 1913 y 1921. Inclusive s**us detractores reconocieron su calibre como visionario, patriota y hombre de negocios.

FOTO: PRIMERAS MONEDAS CUBANAS; LA FAMILIA DE MENOCAL.

1915

Los políticos en tiempos de Menocal

FOTOS (DE IZQUIERDA A DERECHA):

Arriba, Liberales: **Fernando Ortiz** (1881-1969), miembro de la Cámara de 1917 a 1922, etnólogo; **José Manuel Cortina** (1880-1970), el mejor orador y diplomático de Cuba, senador, delegado a la *Sociedad de las Naciones*, ministro de relaciones exteriores; **Orestes Ferrara** (1876-1972), miembro del personal de Máximo Gómez durante la guerra, diplomático, escritor, senador, embajador ante los EEUU y **Cosme de la Torriente** (1872-1956), coronel en la guerra de 1895, presidente de la *Sociedad de Naciones* 1923-1924, recipiente de la *Legión de Honor* americana.

Debajo, Conservadores: **Carlos Manuel de Céspedes Quesada** (1871-1939), graduado del *Instituto Stanislas* en París, embajador ante los EEUU, recipiente de la *Legión de Honor* americana; **Alfredo Zayas** (1861-1934), poeta, alcalde de La Habana, secretario de la constituyente de 1901, vicepresidente en 1908; **Miguel Coyula** (1888-1948), comandante en la guerra de 1895, presidente de la cámara de representantes en 1917, fundador de la *Sociedad Interamericana de Prensa*; **Rafael Montoro** (1852-1933), crítico literario, historiador, fundador de la *Academia Cubana de las Artes*, miembro de la *Real Academia Española*.

La reelección de Menocal en 1916

Todos creían en Cuba que Menocal había sido electo presidente gracias a José Miguel Gómez, que había movilizado el ejército alegando que un *veterano* (Menocal) era más merecedor de ser presidente que un *no-veterano* (Zayas). El primer período de Menocal continuó el ritmo de levantamientos y corrupción. Al anunciar Menocal su intención de ser reelecto, los cubanos recordaron el caso de Estrada Palma y la posibilidad de insurrecciones y motines que provocarían otra intervención de EEUU.

Menocal recibió la aprobación de Washington y sus seguidores afirmaron que su reelección era una garantía de *«buen gobierno.»* Menocal fue reelecto. Los liberales apelaron a la *Junta Central Electoral* y a la *Corte Suprema de Cuba* con poco éxito. Algunas elecciones locales se repitieron, pero los resultados no cambiaron. Años después, "Valeriano Weyler" y "Cristóbal Colón" fueron encontrados en las listas de votantes de 1916. Lo que hizo irreversible la elección fue el pronunciamiento de Washington: *«los EEUU no reconocerán ningún gobierno que resulte de un conflicto armado.»* Cuando José Miguel Gómez se enteró de esa decisión, pidió explícitamente una tercera intervención americana. Todos rechazaron ese pedido. Manuel Márquez Sterling, condenó enérgicamente las trampas y corrupción de 1916 pero consideró que *«un presidente corrupto es preferible a otra interferencia de los EEUU.»* Una evidencia de esa posible acción fue la presencia del crucero *Minnesota* de los EEUU en el puerto de La Habana.

FOTO: LA INAUGURACIÓN DE LA EMBAJADA CUBANA EN WASHINGTON; EN EL CÍRCULO, EL EMBAJADOR EN 1916, *DON COSME DE LA TORRIENTE*.

1916

Isidora Duncan y Rosalía Abreu

En 1916 la célebre bailarina norteamericana Isadora Duncan relató sus impresiones de una visita a la residencia de Rosalía Abreu en el bosque de Palatino, en La Habana. *"Visitamos una casa, habitada por una dama de las más rancias familias cubanas, que tenía una cría de monos y gorilas. En el jardín de la casona había jaulas, donde guardaba sus animales favoritos. Nos recibió con un mono sobre el hombro y un gorila que llevaba de la mano: los animales más domesticados de su colección. Otros que no eran tan dóciles, cuando las visitas pasaban por delante de sus jaulas, se agarraban de los barrotes, lanzaban chillidos y hacían toda clase de muecas.»*

El relato de la Duncan continúa diciendo: «*Esta señora era muy hermosa, con grandes ojos expresivos, culta e inteligente. En su casa se reunían las lumbreras del mundo literario y artístico. ¿Cómo explicar su afecto hacia monos y gorilas? Me dijo que en su testamento dejaba su colección de monos al* Instituto Pasteur *de París, para experimentos relacionados con el cáncer y la tuberculosis. Me pareció una forma muy singular de demostrar a aquellos animales su cariño póstumo.»*

En 1924 una comisión la *Carnegie Institution*, declaró que «*la Quinta de los Monos de doña Rosalía Abreu, era el experimento antropológico de mayor envergadura jamás cometido, para el estudio del lenguaje de los monos, la inteligencia de humanos y primates y el comportamiento social de gorilas y chimpancés.»*

Es bueno señalar que Doña Rosalía no estuvo ajena a las causas independentistas de Cuba; sus contribuciones ayudaron generosamente a la Guerra de Independencia de 1895. Sus obras humanitarias en beneficio de la salud y la educación de los pobres, tanto en La Habana, como en su natal Santa Clara, fueron también de extraordinaria generosidad.

FOTO: LA CASA DE ROSALÍA ABREU EN PALATINO, LA HABANA.

1916

Otras cosas que ocurrieron en 1916

En enero de 1916 Conrado Massaguer lanzó *Social*, una revista de moda, literatura y arte. En sus páginas el general Loynaz del Castillo recordó que Menocal se había opuesto a la reelección de José Miguel Gómez en 1912. El 20 de mayo se inauguró en La Habana el monumento de Antonio Maceo, en medio de una larga polémica si Maceo debía estar mirando a tierra o al mar.

Los periódicos no se cansaron de reportar sucesos políticos sangrientos. En agosto, en Manguito, Matanzas, chocaron liberales y conservadores con 3 muertos y varios heridos. En octubre, en un tiroteo en Cienfuegos murió una persona y tres resultaron heridas. En Güines el concejal liberal, Gustavo O'Hallorans, nacido en Ibor City, tiroteó y mató a Alberto Cruz, presidente de la juventud conservadora. En septiembre, en un tiroteo en Quemados de Güines, murió el jefe de la policía. En Camajuaní, los liberales atacaron una manifestación conservadora, resultando un muerto y 19 heridos. En Camagüey, durante un mitin conservador, mataron a un policía municipal. En Madruga, un incendio destruyó los edificios del juzgado y la junta municipal electoral. En Manzanillo fue muerto a tiros un vocal de la junta electoral. Durante la campaña de 1916, murieron violentamente 7 liberales y 42 conservadores."

El Diario de la Marina editorializó: «*En cada incidente sangriento fuera de la capital, la policía municipal toma parte activa, no como guardadora del orden, sino como promovedora de disturbios. Los miembros de la policía municipal son meros agentes electorales de los alcaldes respectivos, individuos decididos y resueltos a los que se ha dado el colt y el tolete precisamente para eso, para que sean esbirros de las autoridades, para que en todo trance defiendan al cacique.*»

Fotos: Maqueta del escultor italiano Domingo Boni en el concurso para el monumento a Maceo y la obra terminada.

1917

La Revuelta de *La Chambelona*

Cuando Mario García Menocal decidió postularse para una reelección, el ambiente político en Cuba se tornó violento. El Dr. Alfredo Zayas, candidato de los liberales, amenazó irse al retraimiento, aunque cambió de opinión justo antes de las elecciones. Era casi inevitable, dado la inmadurez política de los cubanos, que muchos no vacilaran en organizar un movimiento armado contra el gobierno. El inspirador y líder de esa posición fue el ex-Presidente José Miguel Gómez, con el apoyo de un gran grupos de oficiales del ejército. Al fracasar un plan de secuestrar a Gómez y dar un cuartelazo en el campamento de Columbia, los opositores decidieron alzarse en Las Villas, Camagüey y Oriente en las primeras semanas de febrero de 1917. El día 13, a bordo de su yate *Julito*, Gómez desembarcó por el sur de Camagüey. Menocal inmediatamente dio órdenes al cañonero *Matanzas* y al crucero *Cuba* de reforzar las tropas en todo el este de Cuba.

En Camagüey y Las Villas se produjeron fuertes enfrentamientos, sobre todo en Jatibonico, Sancti Spíritus y Zaza del Medio. El 8 de marzo las fuerzas del gobierno tomaron prisionero a Gómez, a su hijo Miguel Mariano y a toda la plana mayor.

Ante los sucesos en Cuba, El presidente Woodrow Wilson envió un destacamento de *marines* a Santiago de Cuba para apoyar al gobierno y al mismo tiempo ayudar a escapar a los alzados y evitar baños de sangre. Bajo la presión del gobierno de los EEUU, el 19 de marzo de 1918, Menocal amnistió a todos los envueltos y forzó a Gómez y toda su familia a irse de la capital.

La Chambelona fue un canto político que decía: «*Todo liberal ya grita / Yo no tengo la culpita / Ni tampoco la culpona / Aé, Aé, Aé, Aé la Chambelona.*» En 1917 fue el himno de los liberales.

FOTOS: DEMONSTRACIONES Y CAMPAMENTOS DE LOS LIBERALES EN 1917.

Llega a Cuba *La Danza de los Millones*

El triunfo liberal y la reelección de Menocal no fue reconocida por el tribunal supremo hasta el 19 de enero de 1917, casi 80 días después de celebradas las elecciones nacionales. Una vez más la república se vio sin rumbo por un buen tiempo. Enrique José Varona, Cosme de la Torriente y Fernando Freyre de Andrade (alcalde habanero), fueron algunos de los que lamentaron lo que aparentaba ser un fraude electoral; eso dio ímpetu a la sublevación de *La Chambelona*. En el último episodio de la revuelta, 25 liberales fueron muertos en Alto Songo, Oriente. Para entonces había más de 3,000 infantes de marina en Guayabal, Camagüey, Rio Cauto, Bayamo, Guantánamo y Santiago de Cuba, dos terceras partes de los cuales se quedaron en la isla para entrenarse en zonas tropicales. Menocal se negó a correr con los gastos.

El 6 de abril de 1917 los EEUU declararon la guerra a Alemania. Cuba se declaró país beligerante contra Alemania. El azúcar cubano subió a $0.22 la libra, dando lugar a la llamada *Danza de los Millones*, que creó enormes fortunas cubanas. Más de 10,000 liberales alzados tuvieron que deponer sus armas al ser Menocal un aliado de los EEUU en guerra. Menocal concedió amnistía para todos, al mismo tiempo que prohibió las huelgas en tiempo de guerra. Aprovechando las circunstancias, deportó a España más de 150 anarquistas y socialistas españoles, en un bando especial que se mantuvo en vigor por más de tres años.

El año 1918 culminó con una cuarentena del vapor *Alfonso XIII*, en El Mariel. La fiebre contagiosa de *influenza* que trajo al país mató a varios miles de residentes de Cuba, sobre todo niños.

FOTO: LA BAHÍA DE LA HABANA REPLETA DE BARCOS MERCANTES AZUCAREROS EN PLENA *DANZA DE LOS MILLONES* DE 1917.

1919

A la opulencia siguieron las *Vacas Flacas*

El año 1919 comenzó con una inesperada serie de huelgas promovidas por anarquistas y socialistas españoles: albañiles y metalúrgicos en La Habana, portuarios en Cárdenas, estibadores y tabacaleros en Matanzas, ferroviarios en Las Villas, Camagüey y Oriente. Finalmente, huelga general en La Habana, en el año de la celebración del 400 centenario de la ciudad.

Los EEUU se mostraron preocupados por la inestabilidad cubana y enviaron a La Habana al general Enoch Crowder, como mediador de las perpetuas disputas y crisis nacionales y como nuevo embajador de los EEUU, posición que ocupó hasta 1927. El nombramiento fue fortalecido con la presencia de barcos de guerra americanos fondeados en la bahía de La Habana.

Crowder se ganó el apoyo de la Cuba pensante al proponer un nuevo *Código Electoral* para regular las elecciones: Eduardo Dolz, Cosme de la Torriente, Fernando Freyre de Andrade, Juan Gualberto Gómez, José Manuel Cortina y Fernando Ortiz, todos aprobaron su nombramiento. El congreso aprobó sus sugerencias en agosto de 1919.

Varios asuntos sin resolver salieron a la superficie en 1919: en Matanzas hubo conflictos por actos violentos atribuidos a la *brujería* y el *racismo*; en La Habana el descontento obrero por el nivel de *sueldos* y *salarios* dio lugar a manifestaciones que fueron dispersadas por la policía. El partido liberal incluyó en su programa la abolición de la *Enmienda Platt*, el *voto a la mujer* y la eliminación de *impuestos sobre ingresos* personales.

FOTO: MIEMBROS DEL EJÉRCITO DE LOS EEUU EN SANTIAGO DE CUBA EN 1919; GENERAL ENOCH CROWDER, EMBAJADOR DE LOS EEUU.

La Habana y sus fabulosos edificios de gran ciudad

Fotos: Tres edificios magníficos que se completaron en La Habana durante la presidencia de Mario García Menocal: el *Palacio del Centro Gallego*, terminado en 1914 a un costo de $3 millones; el *Palacio del Centro Asturiano*, terminado en 1920 a un costo de $2.5 millones; el *Palacio Presidencial*, terminado en 1920 a un costo de $3.7 millones.

1920

Alfredo Zayas, nuevo presidente de Cuba

El 21 de enero de 1920 Mario García Menocal inauguró en La Habana el nuevo palacio presidencial. A finales de mayo el azúcar se cotizó a 22 cts. la libra, asegurando un buen ritmo de progreso en Cuba.

El 26 de junio se batieron en duelo Ricardo Núñez Portuondo, político liberal, padre de la cirugía en Cuba, hijo del general Emilio Núñez y Sergio Carbó, periodista y editorialista conservador. Alegadamente, Carbó había ofendido al general Emilio Núñez, vicepresidente de la república.

El 11 de julio el partido liberal proclamó a José Miguel Gómez como candidato a la presidencia en el Teatro Nacional (antes Teatro Tacón).

Para consternación del gobierno, el 31 de agosto el precio del azúcar se precipitó a 10 cts. la libra. Ante temores de una fulminante crisis económica, los EEUU propusieron aumentar el número de tropas en la isla, a lo cual se opuso Menocal. Los depositarios comenzaron a retirar fondos del banco nacional. En tres días la fuga de capital se extendió por toda la isla; el gobierno proclamó una moratoria; los bancos dejaron de entregar fondos a sus clientes hasta el fin de año. Leopoldo Cancio, ministro de hacienda, renunció en desacuerdo con esa medida.

El 1 de noviembre Alfredo Zayas fue electo presidente. José Miguel Gómez impugnó infructuosamente las elecciones. La Habana presentaba una fachada estoica, celebrando el fin de año con Enrique Caruso, que debutó en *Aida* en el teatro nacional.

FOTO Y DIBUJO: ALFREDO ZAYAS, PRIMER PRESIDENTE CIVIL DE CUBA; CARICATURA DE ZAYAS OBEDECIENDO LAS INSTRUCCIONES DE LOS EEUU.

Lo que Zayas encontró al llegar a palacio

Zayas, como cuarto presidente de Cuba, fue la realización del sueño de Martí. Abogado, periodista y escritor, desterrado a España por independentista, inteligente y astuto pero sobre todo el primer presidente que no era militar. Cuando tomó posesión encontró una república en bancarrota con una deuda de $40 millones en medio de un pánico económico mundial. De hecho, desde 1902 Cuba había vivido sumida en un caos permanente. La culpa no la tenía la frustración provocada por la Enmienda Platt.

Estrada Palma, ex-presidente de la república en armas, desterrado a los EEUU, educador, hombre de excepcional honestidad, terminó accediendo a reelegirse y se dio por vencido ante el incontrolable desorden de Cuba; invocó la Enmienda Platt y trajo una segunda intervención americana a Cuba.

José Miguel Gómez, veterano de la guerra de 1895, enormemente popular pero corrupto, aplastó inmisericordemente la insurrección de *Partido Independiente de Color* hasta casi provocar una intervención americana para evitar un genocidio; se alzó armas en la revuelta de *La Chambelona*, facilitó la estafa del canje del *Arsenal*, impugnó la elección de Zayas y trató de invocar la Enmienda Platt para su propio beneficio.

Mario García Menocal, ingeniero graduado de Cornell, veterano de la guerra del 95, sirvió como presidente en medio de conflictos armados internos y rumores de golpes de estado. El desorden durante sus dos períodos fue tal que lo único que lo mantuvo en el poder fueron los pronunciamientos de Washington a su favor y la presencia de buques armados y *marines* americanos en el puerto de La Habana y en el resto de Cuba.

Peor que todo, Zayas encontró a Enoch Crowder esperándolo.

FOTO: LA ESQUINA DE PRADO Y NEPTUNO EN LA HABANA DE 1921.

1921-1925

El hombre siniestro que "controló" a Zayas

En 1921, el presidente Wilson pidió al General Enoch Crowder que fuera a La Habana para ayudar al nuevo presidente de Cuba. Bajo el control y el apoyo de Crowder, Zayas comenzó inmediatamente un programa de austeridad y un plan para conseguir un préstamo de cincuenta millones de dólares de JP Morgan & Co. La primera orden del día, sin embargo, era resolver cómo se celebrarían las elecciones de Cuba en el futuro.

Zayas, bajo la tutela de Crowder, reinstaló el *Código Crowder* de 1919; en adelante los gobernadores, alcaldes y concejales serian electos por 4 años, alternándose con la elección del presidente, para separar la elección nacional de las otras.

En cuanto a la cuestión monetaria, Cuba tenía una necesidad desesperada de un nuevo empréstito. Crowder le dejó saber a Zayas que un nuevo préstamo estaba supeditado a la adopción de serias reformas. Zayas se comprometió a hacerlas cumplir.

En marzo de 1922, Crowder dictó el primero de quince *memoranda* dirigidos en *ultimátum* al gobierno cubano para reorganizar prácticamente todos los aspectos importantes de las administraciones nacional, provincial y municipal. En junio de 1922, cuando Crowder concluyó que los miembros del gabinete no iban a inducir a nadie en el cumplimiento de las reformas. Zayas accedió a una reorganización del gabinete y Crowder «sugirió» nuevos ministros para las posiciones clave del gobierno.

Sin lugar a dudas Zayas sacó al gobierno cubano de un déficit de $2 millones en 1921 y lo llevó a un superávit cuando dejó el cargo en 1925; en el proceso, cosechó una fortuna personal estimada entre $2 y $15 millones de dólares. El gobierno de Zayas constituyó el apogeo de la corrupción gubernamental en Cuba.

Dibujo: Caricatura mostrando a Zayas tomando órdenes de Enoch Crowder mientras Cuba (Liborio) observa la situación.

1921

Un desastre económico azotó la Isla

El 28 de marzo de 1921 se suicidó en La Habana el hombre más rico de Cuba, José López Rodríguez, conocido como *Pote*. En él se combinaban pobreza, analfabetismo, necesidad, riqueza, astucia y ruina. Su primer trabajo en Cuba, al llegar de Galicia en 1880, fue como *sobrín*, esto es, como dependiente en el negocio de un pariente. Desde joven, como emigrante, ahorró la mayoría de lo que ganaba, reduciendo al mínimo sus gastos. Se casó con Ana Luisa Serrano, dueña de una de las mas grandes librerías de La Habana, *La Moderna Poesía*. Llegó a controlar el *Banco Nacional*, los centrales azucareros *Reglita* y *España*, todos los terrenos del *Reparto Miramar*, la fábrica de cemento *El Almendares* y los talleres de que imprimían los *Sellos de Correos* de Cuba. La quiebra bancaria de 1920 lo llevó a la ruina y puso fin a su vida en su propia casa.

Esa crisis forzó al gobierno a despedir el 50% de sus empleados. La libra de azúcar llegó a venderse en 1.78 ctvs., muy por debajo del costo de producción. Zayas redujo su sueldo en un 15% y el de todos los empleados públicos en un 10%. Los generales de la guerra de independencia protestaron contra la corrupción. 37 Bancos regionales quebraron. El sueldo de los soldados rasos se redujo de $30 a $24 al mes. Los ferrocarrileros se fueron a la huelga más larga de la república. Los veteranos de la guerra de 1895 fracasaron en un intento de golpe de estado. Los EEUU desmintieron rumores de una nueva intervención. Todo en Cuba estaba saliendo mal desde el final de la Guerra Mundial.

FOTOS: SEDE PRINCIPAL DEL BANCO NACIONAL DE CUBA (QUE TENÍA 16 SUCURSALES). ACCIONES DEL BANCO. UN BILLETE QUE NUNCA CIRCULÓ.

1921

Un cubano campeón mundial de ajedrez

En abril de 1921, Emanuel Lasker (1868-1941) y José Raúl Capablanca (1888-1942) compitieron por el *Campeonato Mundial de Ajedrez* en La Habana. El gran maestro cubano había estado jugando ajedrez desde los 4 años. Esa primavera en La Habana, destronó a Lasker, el gran maestro ruso que había defendido su título durante 27 años consecutivos. Capablanca fue un genio, un *bon vivant* y un tejedor de movimientos intrincados en el tablero; mejoró en el ajedrez por la práctica más que por los estudios teóricos complejos.

La historia cuenta que a los 4 años Capablanca le llamó la atención a su padre por que había hecho un movimiento ilegal en un juego de ajedrez; después de esa advertencia, venció a su padre dos veces en ese día. En 1905 Capablanca se matriculó en *Columbia University* para estudiar Ingeniería Química, pero se retiró al convertirse en el mejor jugador del *Club de Ajedrez de Manhattan* a los 18 años. En 1913 Menocal le dio el cargo de embajador de Cuba *at Large* para que pudiera dedicarse al ajedrez. Al año siguiente estableció un récord: 602 juegos en 27 ciudades de los cuales ganó 580 de ellos.

IMÁGENES: FOTO DE CAPABLANCA PUBLICADA EN LA PORTADA DE *TIME MAGAZINE*; CAPABLANCA A LOS 4 AÑOS JUGANDO AJEDREZ CON SU PADRE.

1922

La politización de la vida universitaria

En diciembre de 1922, durante un evento casi olvidado en la historia de Cuba, José Arce (1881-1968), presidente de la Universidad de Buenos Aires, ofreció una conferencia en la Universidad de La Habana sobre la participación (o co-gobierno, en el decir de la época) de los estudiantes de las universidades argentinas en el gobierno de sus instituciones, sobre todo después de la llamada *Reforma de Córdoba*. El Dr. Arce estaba en Cuba para el VI Congreso Clínico Latinoamericano. Los estudiantes de la Universidad de La Habana ya estaban en plan de activistas políticos y se habían opuesto a la decisión del rector de investir a Enoch Crowder con un *Doctorado Honoris Causa*.

Después de la visita de Arce, los estudiantes formaron el *Directorio de la Federación de Estudiantes*; su primer líder fue Nicanor McPartland, un joven nacido en La Habana, ex-alumno de *Chandler College* en Marianao, (una escuela americana de alto nivel) y de las *Escuelas Pías de Guanabacoa*, la mejor escuela católica en Cuba, de la que había sido expulsado. Nicanor fue más tarde conocido como Julio Antonio Mella. El mensaje de Arce fue:

«*Autonomía, acceso abierto, sin cuotas de inscripción de ningún tipo, libertad académica y de investigación total; institución consagrada a la ciencia y el pensamiento crítico, con una decisiva participación de los estudiantes en el gobierno institucional y con una misión social que tiene que abordar los problemas y necesidades del país.*»

Su mensaje dio impulso a la politización de la vida universitaria que tanto daño habría de hacer al país años después.

FOTOS: JULIO ANTONIO MELLA;
FOTO DEL *ALMA MATER* DE LA UNIVERSIDAD DE LA HABANA.

Desórdenes en la universidad y "los 13"

El 11 de enero de 1923, los estudiantes de la Universidad de La Habana iniciaron una huelga en el estilo sugerido por Arce y Mella. A ella se unieron los institutos de segunda enseñanza, las escuelas de comercio y las escuelas normales de toda la isla. La *FEU (Federación Estudiantil Universitaria)* ocupó la Universidad y cerró sus puertas. El 24 de enero la FEU se lanzó a la calle en una numerosa manifestación, al final de la cual don Carlos de la Torre, rector, lanzó un documento pidiendo autonomía para la Universidad. Tres semanas después don Carlos, no queriendo ser parte del desorden, renunció irrevocablemente.

La vida fuera de la Universidad continuó su curso normal. El 14 de febrero Enoch Crowder fue nombrado embajador de los EEUU. El azúcar cubano comenzó a recuperarse en precio en el mercado mundial.

Zayas autorizó la compra del antiguo *Convento de Santa Clara* a un precio 400% mayor que el estimado por tasadores del gobierno. Eso produjo un reproche severo llamado la *Protesta de los Trece* cuando, en una reunión de la *Academia de Ciencias* para honrar a Paulina Luissi, la escritora uruguaya, varios estudiantes universitarios, bajo la dirección de Rubén Martínez Villena (1899-1934), acusaron públicamente de corrupción al gobierno. El secretario de justicia Erasmo Regüeifeiros estaba presente en el acto cuando los estudiantes abandonaron la reunión en masa.

FOTO: PARTICIPANTES EN LA *PROTESTA DE LOS TRECE*: JUAN MARINELLO, RUBÉN MARTÍNEZ VILLENA, JOSÉ Z. TALLET, JOSÉ M. ACOSTA, JORGE MAÑACH, EDUARDO ABELA, ALEJO CARPENTIER, FÉLIX LIZASO, CONRADO MASSAGUER, MARIANO BRULL, EMILIO ROIG DE LEUCHSENRING, AMADEO ROLDÁN Y OTROS.

Vuelve el progreso pero surge el marxismo

Los conflictos de intereses, las rivalidades ideológicas, el nepotismo, la corrupción y el mal gobierno continuaron erosionando las posibilidades de cientos de personas talentosas que querían avanzar la causa del desarrollo de Cuba como nación. Cuba estaba cayendo en los mismos errores de muchas de las ya centenarias repúblicas hispanoamericanas.

En medio de todas esas dificultades, la esperanza renació en Cuba cuando comenzó a subir el precio del azúcar varios años después de haberse desplomado al final de la Guerra Mundial. Cuba fue uno de los primeros países del mundo que restauró sus finanzas y logró pagar las deudas con los EEUU. En 1924, se pudo aumentar el presupuesto nacional y se reanudaron varios trabajos de utilidad pública en toda la Isla.

En agosto de 1923, Rubén Martínez Villena, uno de los jóvenes de la *Protesta de los Trece*, había fundado la *Falange de Acción Cubana*, un grupo sucesor del *Grupo Minorista*, también nacido del grupo de la *Protesta de los Trece*. Pronto comenzaron a fundarse grupos radicales con ambiciones revolucionarias de diferentes proyecciones anarquistas o marxistas-leninistas en los últimos meses de la presidencia de Zayas. Julio Antonio Mella, Blas Roca, Anibal Escalante y Fabio Grobart fundaron el *Partido Socialista Popular* (luego *Partido Comunista de Cuba*); en la Universidad, Mella fundó la *Universidad Popular José Martí* y los activistas del movimiento anarco-sindical crearon la *Liga Anticlerical*.

FOTO: ASAMBLEA DEL *PARTIDO SOCIALISTA POPULAR*; EL *PSP* SE MANTUVO DISCRETAMENTE EN LA CLANDESTINIDAD HASTA 1930.

Choques entre la Iglesia y el marxismo

Al comenzar el siglo XX, la república cubana comenzó secular, pero no atea. La Iglesia Católica, mayoritaria en Cuba, dejó de ser la religión oficial del país; sus prelados, sin embargo, fueron invitados a todos los festejos oficiales; la Iglesia no necesitó inscribirse en los registros públicos para tener personalidad jurídica; el matrimonio canónico tuvo validez civil y las partidas de bautismo fueron consideradas documentos públicos del mismo rango que los certificados oficiales de nacimiento.

El estado no intervino en la vida interna de la Iglesia ni en el nombramiento de obispos, canónigos y párrocos; la Iglesia tuvo plena libertad para fundar escuelas y efectuar sus ceremonias dentro y fuera de los templos. No hubo expropiaciones forzosas decretadas por el nuevo gobierno sin ser compensadas. No hubo relaciones diplomáticas con la Santa Sede, pero se dio carácter diplomático a un delegado apostólico como representante oficioso del Vaticano en La Habana. En la Constituyente de 1901 se incorporó la invocación al favor de Dios, una fórmula aceptable de separación entre la Iglesia y el Estado y la alusión a la moral cristiana, a pesar de la oposición de los comunistas.

En el *Primer Congreso Nacional de Estudiantes*, en el año 1923, ocurrió el primer choque serio entre católicos y marxistas. Los segundos le presentaron batalla a los ex-alumnos de los colegios católicos, argumentando que, por su lealtad a la Iglesia, les faltaba patriotismo; intentaron propugnar la estatización de la enseñanza en Cuba, pero esta moción fue rechazada. La Iglesia triunfó como cubana a pesar de su pasado pro-colonialista.

FOTO: *COLEGIO DE LOS ESCOLAPIOS DE GUANABACOA*; EN 1857 FUE LA PRIMERA *ESCUELA NORMAL PARA MAESTROS* DE CUBA. EN 1902 FUE UNA GRAN CONTRIBUCIÓN DE LA IGLESIA A LA EDUCACIÓN EN CUBA.

Desorden pero elecciones en 1924

A medida que se acercaban las elecciones de 1924, las alteraciones del orden aumentaron.

En Camagüey dinamitaron un tren en medio de una huelga de ferroviarios. En New York el general Carlos García Vélez, hijo de Calixto, criticó la corrupción gubernamental en Cuba y fue despedido de su cargo de embajador. Los portuarios de La Habana se fueron en huelga y su líder sindical fue arrestado. Una intentona golpista desde los EEUU contra Zayas, apoyada por Carlos García Vélez y la *Asociación de Veteranos*, fracasó al ser los complotados detenidos por las autoridades americanas. El general Laredo Bru, veterano del 95, depuso una protesta armada del movimiento de veteranos en Cienfuegos, a cambio, según rumores, de una maleta enviada por el presidente Zayas con 60,000 pesos.

En mayo hubo una paralización ferroviaria total. En agosto, el industrial matancero José Arrechabala cayó abatido a tiros. En octubre una manifestación electoral en Camagüey terminó en una refriega a tiros entre los manifestantes y la policía, lo que movió a Zayas a prohibir portar armas en las manifestaciones.

Los trabajadores azucareros de *Cuba Cane Sugar Corporation*, una empresa que controlaba 900,000 acres de caña, se fueron a la huelga siendo respaldados por los ferroviarios de Camagüey y Santa Clara, donde tirotearon un tren donde viajaba Menocal.

Finamente, las elecciones del 1 de noviembre. Ganaron los liberales; Gerardo Machado fue electo presidente. Su lema: «*Agua, Caminos y Escuelas.*» Su contrincante perdedor, Mario García Menocal, por supuesto, tildó las elecciones de fraudulentas.

Foto: Una propiedad de *Cuba Cane* en 1924. Cuando el azúcar bajaba un centavo, Cuba perdía $100 millones, $28 per cápita.

Los últimos meses de Zayas en el poder

Los cubanos se sintieron optimistas de un mayor orden y paz nacional ante la elección de Machado. Los últimos meses de Zayas, sin embargo, fueron tan revoltosos como los anteriores. Al abrir el 1925, el director de la chocolatera *La Ambrosía* fue asesinado por cuestiones laborales. En Santa Clara hubo disturbios raciales cuando los cubanos de color protestaron por que los blancos tenían una zona de paseo mejor que la de los negros en el *Parque Vidal*. Los anarquistas españoles fundaron en Camagüey la *Confederación Nacional Obrera de Cuba* (*CNOC*); 25 de los líderes fueron expulsados de Cuba por no tener papeles legales.

La tienda *El Encanto* de La Habana elevó una protesta al gobierno por la competencia ilegal de mercaderes judíos en las calles. En el parque entre palacio y el mar, bautizado como *Parque Zayas* por el propio presidente Alfredo Zayas, ocurrió un choque violento entre la policía y grupos de estudiantes anti-Zayistas. Cosme de la Torriente, anticipando conflictos con el nuevo presidente, renunció al puesto de embajador en Washington.

Machado visitó al presidente norteamericano Calvin Coolidge antes de la toma de posesión, momento que aprovechó para pedirle la derogación de la Enmienda Platt alegando que «*ya era innecesaria.*» Coolidge le respondió «*Why?*»

Para culminar su presidencia, Zayas ordenó una estatua para colocarla en el centro del parque. No habiendo tiempo para posar para ella, adquirió una estatua de José Santos Chocano disponible en Italia porque el gobierno de Perú no la había pagado.

FOTO: EL PARQUE ZAYAS FRENTE AL PALACIO PRESIDENCIAL Y LA "ESTATUA" DEL PRESIDENTE ZAYAS.

Tres años de luna de miel con Machado

El 20 de mayo de 1925 tomó posesion de su cargo el quinto presidente de Cuba, Gerardo Machado y Morales. A los 27 años, había sido el más joven de los generales en la guerra de Independencia de 1895. Fue miembro del partido liberal toda su vida; había sido inversionista y administrador de los centrales *Carmita* y *Pastora*, asi como VP de la *Compañía Cubana de Electricidad*. Sus credenciales y su popularidad eran impecables y ganó 5 de las 6 provincias cubanas, todas excepto Pinar del Rio.

Los primeros pasos de Machado fueron muy buenos: declarar su simpatía por los EEUU pero aplicar impuestos a los inversionistas americanos; iniciar las obras de construcción de una carretera central en Cuba con 1,127 km (700 millas) de longitud y construir un capitolio o palacio legislativo. Por un tiempo Machado fue el defensor por excelencia de la soberanía nacional de Cuba; un ejemplo para otras naciones del continente.

En abril de 1928 la situación resultó ser distinta. Los estudiantes universitarios protestaron contra sus «*tendencias dictatoriales.*» Machado respondió pidiendo la expulsión de los líderes de la *Federación de Estudiantes Universitarios (FEU)*. Esos líderes, conocidos mas tarde como *La Generación del 33*, incluyeron a activistas como Aureliano Sánchez Arango, Eduardo Chibás, Carlos Prío, Antonio Guiteras y otros que, años más tarde, se alzarían exitosamente contra él.

Antes del final de su término, el congreso enmendó la constitución y Machado fue reelecto en 1928 por 6 años.

FOTO: LA VISITA DE *MACHADO* A *COOLIDGE* DURANTE SU PRIMER PERIODO PRESIDENCIAL. EN EL CÍRCULO, EL EMBAJADOR CUBANO, *ORESTES FERRARA*.

1926-1929

¿Hizo algo bueno Machado? (1)

Cuando Machado asumió el poder en 1925, confió a uno de sus amigos el estado en que encontró a Cuba:

«Las libertades civiles se han convertido en licencia para delinquir. El respeto a la vida humana ha desaparecido y en su lugar campea el matonismo. Solamente en La Habana hay 30,000 prostitutas. Los peores criminales compran indultos. En los campos nadie puede confiar en lo que siembra o cría. La función pública esta corrompida hasta la médula. La mayoría de los políticos se sirven de los fondos del estado como si fueran propios.»

Machado comenzó a poner todo eso en orden. Llevó a la cárcel o a la horca a los delincuentes peligrosos. Apoyó ejecuciones sumarias para acabar con el bandidaje en el campo. La capital comenzó a lucir como una ciudad civilizada. Su programa de gobierno consistió en los siguientes puntos:

- Estricta limitación de los poderes del estado.
- Oposición al crecimiento de la burocracia en el gobierno.
- Reforma y actualización de la constitución de 1901.
- Revisión del tratado permanente con los EEUU.
- Abolición de la enmienda Platt.
- Construcción de carreteras y mejoras en las comunicaciones.
- Construcción de escuelas.
- Mejoramiento de la salud pública.
- Profesionalización de las fuerzas armadas.
- Pago de la deuda pública.
- No creación de nuevos impuestos.
- Embellecimiento de La Habana.
- Acueducto para Santiago de Cuba.

FOTO: EL CAPITOLIO NACIONAL DE CUBA EN CONSTRUCCIÓN, 1926.

¿Hizo algo bueno Machado? (2)

En medio del primer período de Machado, el ministro plenipotenciario de España envió a Madrid un despacho que leía:

« *La llegada al poder de alguien con un programa de honradez y rectitud extremada, con unos valores morales muy distantes de los mandatarios anteriores, es una gran señal. El presidente de Cuba está restaurando la autoridad y al mismo tiempo impulsando el desarrollo económico.*»

En efecto, cuando se terminó la carretera central de Cuba fue la más larga carretera pavimentada de América, se convirtió en un poderoso factor de integración nacional al unir lo urbano con lo campesino y trajo beneficios extraordinarios al comercio.

Machado creó un impuesto especial sobre el cemento para «*dotar a la Universidad de La Habana de todas las dependencias que pudiera necesitar.*» Creó 32 escuelas primarias superiores en los principales pueblos de la isla y aumentó la inspección pedagógica de las escuelas, tanto públicas (450,000 niños) como privadas (50,000 niños). A mitad de su primer período creó escuelas secundarias, normales, de pintura y escultura, de artes y oficios, la escuela de aviación, la escuela superior de comercio y las escuelas provinciales de agricultura.

Quizás su obra más visible fue el *Plan de Urbanización de La Habana*, para lo cual contrató a Jean-Claude Nicolás Forestier, arquitecto y urbanista francés de fama mundial.

FOTO: LA CONSTRUCCIÓN DE LA ESCALINATA DE LA UNIVERSIDAD DE LA HABANA DURANTE LA PRESIDENCIA DE GERARDO MACHADO.

Forestier y Machado cambiaron La Habana

Forestier había estudiado rigurosamente las labores de embellecimiento de París durante la administración del *Barón Haussmann*; hizo tres viajes a La Habana entre 1925 y 1930. En su primer viaje realizó un vuelo en avión para poder apreciar mejor la ciudad en su totalidad. Su proyecto fue muy abarcador, desde la macro-escala de la ciudad y sus alrededores hasta la micro-escala de cosas como el diseño del piso de la *Plaza de la Catedral*, inspirado en el diseño realizado por Miguel Ángel para el piso de la plaza del capitolio en Roma. Los otros grandes proyectos fueron el *Capitolio Nacional*, el desarrollo del *Malecón* y crear un *Centro Cívico* de la República que situó en la *Loma de los Catalanes*. Forestier trabajó incansablemente con un grupo de profesionales cubanos y un grupo joven de la *École des Beaux-Arts* de Paris. Los planes y las obras incluyeron:

- Convertir la *Fortaleza del Príncipe* en un museo.
- Dotar a la *Universidad de La Habana* de una gran escalinata.
- Remodelar la *Avenida del Puerto* y la *Avenida de las Misiones*.
- Modificar el *Paseo del Prado* con árboles y mobiliario urbano.
- Rediseñar la *Plaza de la Fraternidad*.
- Actualizar y darle más esplendor al *Parque Central*.
- Embellecer las calles *G, Paseo* y *Línea* en el Vedado.
- Dotar la *Plaza de Armas* de un embarcadero.
- Rediseñar los parques de *Maceo* y del *Maine*.
- Ensanchar la calle *Teniente Rey* desde el capitolio hasta el mar.

Por razones políticas y de visión miope, el *Plan de Urbanización de La Habana* fue engavetado. Los elementos que fueron llevados a cabo hicieron de La Habana una gran capital.

FOTO: REMODELACIÓN DEL PASEO DEL PRADO POR FORESTIER EN 1928.

1925-1933

Algunas obras importantes de Machado

FOTOS: (DE ARRIBA A DEBAJO)
REMODELACIÓN DE LA AVENIDA DEL PUERTO EN LA HABANA;
CONSTRUCCIÓN Y PAVIMENTACIÓN DE LA CARRETERA CENTRAL;
FABRICA DE TUBOS PARA EL NUEVO ALCANTARILLADO DE SANTIAGO;
CONSTRUCCIÓN DEL MALECÓN DE LA HABANA.

La reelección de Machado fue un desastre

El segundo mandato de Machado fue lleno de conflictos internos; en octubre de 1929, la caída de Wall Street arrastró a Cuba hacia su peor crisis económica. De 1928 a 1932, el precio del azúcar se redujo de 2.18 cts. de dólar por libra a un mínimo histórico de 0.57 cts. El valor total de los cultivos de azúcar se redujo de casi $1 billón a $225 millones de dólares. Muchos cubanos quedaron desempleados. La baja de precio del azúcar obligó al presidente cubano a tomar medidas represivas contra las clases trabajadoras, los estudiantes y los movimientos obreros.

En marzo de 1930, ante los rumores de una nueva intervención americana, se presentó en el congreso cubano una propuesta de ley, hecha a la medida para Machado: *«cualquier cubano que busque la intervención o interferencia de una potencia extranjera en el desarrollo interno o externo de la vida nacional será encarcelado de por vida.»* Presionado por los EEUU, Machado vetó la propuesta.

Poco a poco Machado se vio convertido en el hombre más odiado de Cuba. Las organizaciones de izquierda, incluido el partido comunista, comenzaron a hacer sus primeras incursiones y demostraciones sustanciales en la isla. La oposición a su gobierno creció, y las medidas de represión se intensificaron.

En 1932, Machado suspendió la constitución, y en 1933, Franklin D. Roosevelt dio instrucciones al embajador Sumner Welles para que mediara entre Machado y las fuerzas de oposición. Los esfuerzos de Welles fueron todos en vano y una huelga general fue convocada exitosamente. El 12 de agosto de 1933, Gerardo Machado se vio obligado a dejar el poder y exiliarse.

FOTO: MANIFESTACIÓN CONTRA MACHADO EN EL BARRIO DE LUYANÓ.

1929

Unos años de revoltosos contra patriotas

Fernando Ortiz (1881-1969), uno de los ensayistas, etnomusicólogos y académicos étnicos cubanos más destacados en América, fue durante muchos años un activo participante en la política, primero como miembro de la cámara de representantes (1916-1923) por el partido liberal y más tarde como participante en movimientos de reforma durante finales de los 20. Abandonó la política en 1930, hastiado por el «*canibalismo político*» de 1928, por el culto a la personalidad de Gerardo Machado y la creciente represión de su régimen. En sus propias palabras:

«*El peligro serio en la política no es que demasiado partidos aspiran al poder; el problema es la ambición y el personalismo político en la política que heredamos de España; ese personalismo en la política es casi siempre un fraude perpetrado por un egomaníaco perverso.*»

Julio Antonio Mella (1903-1929), fundador de la *Federación Estudiantil Universitaria (FEU)*, el *Partido Comunista Cubano (PCC)* y la *Universidad Popular José Martí*, fue un revoltoso en busca de una causa; después de agitar y hacer daño al proceso civilizado de política en Cuba se refugió en México cuando fue expulsado de la Universidad de La Habana. Allí se unió a los comunistas mexicanos. Muchos de ellos lo vieron como un intruso. El 10 de enero de 1929 fue asesinado por un militante comunista en la Ciudad de México.

FOTOS: MELLA EN LA PRENSA MEXICANA Y FERNANDO ORTIZ.

1930

Anatomía de una dictadura (1)

En enero de 1930 el gobierno anunció una reducción general de los sueldos de todos los empleados públicos, excepto los soldados, y una nueva ley prohibió todas las manifestaciones públicas de los partidos políticos o grupos no registrados legalmente. En marzo, a todo lo largo de la isla, las masas protestaron la demora del gobierno en el pago de salarios a los maestros y los trabajadores agrícolas. En mayo, en Artemisa una reunión de nacionalistas fue atacada por un grupo de soldados; ocho personas murieron y hubo decenas de heridos. Muchos líderes nacionales que protestaron fueron arrestados. En junio el ejército se hizo cargo de los trenes cuando los ferrocarrileros declararon una huelga general; varios dirigentes sindicales fueron arrestados.

A finales de junio el ex presidente Menocal hizo declaraciones críticas del gobierno de Machado, el cual dejó de hablarle. En septiembre la policía bloqueó las calles alrededor de la *Universidad de La Habana* para confrontar a los estudiantes y desbandar una manifestación convocada por la *FEU*. Rafael Trejo, líder de la FEU fue fatalmente herido. En octubre Machado suspendió las garantías constitucionales, alegando que los estudiantes estaban «*siguiendo órdenes de Moscú,*» y advirtiendo que actuaría «*sin debilidad ni vacilación.*»

A finales de noviembre, todas las escuelas fueron cerradas en Cuba; el *Diario de la Marina,* se vio obligado a cerrar. También cerró sus puertas el *Havana Yacht Club* por la alegación policiaca de que está siendo utilizado por «*conspiradores y enemigos del gobierno.*»

FOTOS: RAFAEL TREJO, LÍDER DE LA *FEU* EN EL MOMENTO QUE FUE ATACADO Y MUERTO POR LA POLICÍA DE LA HABANA.

Anatomía de una dictadura (2)

En enero de 1931, todos los miembros del directorio de la *FEU* fueron arrestados, permaneciendo en prisión hasta marzo. Para evitar una disminución de los ingresos, el gobierno emitió una *Ley del Impuesto de Emergencia* que creó nuevos impuestos y aumentó varios de los ya existentes. Varios profesores universitarios fueron acusados por cargos de sedición y conspiración para derrocar al gobierno, entre ellos el Dr. Ramón Grau San Martín, futuro presidente de Cuba. En junio el congreso autorizó una nueva suspensión de las garantías constitucionales.

Cuando varios ciudadanos apelaron al tribunal supremo contra la *Ley del Impuesto de Emergencia*, el tribunal rechazó todos los argumentos. Comenzaron a circular rumores en Cuba de una revolución inminente. El Jefe de los cuerpos represivos del gobierno fue asesinado cuando le dispararon desde un vehículo en marcha. El terrorismo y la brutalidad se convirtieron en armas de uso frecuente tanto por el gobierno como por la oposición.

Mendieta y Menocal intentaron en agosto un levantamiento en el interior de la isla, supuestamente coordinado con miembros del ejército de Machado. Pocos días después fueron capturados fácilmente en Río Verde, Pinar del Río.

En septiembre, el Dr. Joaquín Martínez Sáenz organizó el *ABC*, una organización política secreta. Su objetivo fue castigar a los miembros principales del gobierno de Machado en retribución por las agresiones sangrientas contra la oposición. Machado siguió confiado que podía controlar la situación y el 23 de diciembre declaró al *Diario de la Marina* «*permaneceré en el cargo hasta el 20 de mayo de 1935, ni un minuto más ni un minuto menos.*»

Foto: Tropas al mando de Mendieta y Menocal en Rio Verde.

La poesía patriótica de Agustín Acosta

Agustín Acosta (1886-1979), fue nombrado por el congreso cubano como el tercer poeta nacional de Cuba en 1955 (después del primero, José María Heredia y el segundo, Julián del Casal). Había nacido en Matanzas de padres canarios y se graduó como Doctor en Leyes, ejerciendo como abogado y notario en Jagüey Grande, Matanzas mientras alcanzó una vida política de triunfos después de haber sufrido cárcel por su oposición al presidente Machado. En 1934 fue gobernador de Matanzas y secretario de la presidencia en el gobierno de Carlos Mendieta. Su poesía fue divulgada en muchas publicaciones importantes de Cuba como *Letras, El Fígaro, El Cubano Libre, Orto, Social, Carteles, Diario de la Marina, Las Antillas, Ariel y Archipiélago*, entre otras.

Su obra literaria, comenzó con la publicación de *Ala* (1915) y *Hermanita* (1923), esta última dedicada a su esposa María Isabel Schweyer (*manita*). Acosta fue uno de los primeros poetas líricos que rompió con el pesimismo que dominó la poesía cubana al principio de la república; fue uno de los representantes del renacimiento lírico que tuvo lugar en las provincias antes de la década del 1920, anticipando la producción artística y social de los años 1930s. En 1926 publicó *La Zafra* (*las viejas carretas rechinan, rechinan...*), considerada una de las obras maestras de la poesía cubana, la cual denunció Julio Antonio Mella «*por la carencia de una perspectiva marxista.*» Fernando Ortiz escribió categóricamente «*Todo cubano debe leer La Zafra.*» Su estilo fue inconfundible por su sencillez postmodernista. Fue precursor y posiblemente el mayor exponente de la poesía patriótica cubana; toda su creación poética expresa su amor a la tierra cubana.

FOTOS: AGUSTÍN ACOSTA EN 1910 Y EN 1978; DOS DE SUS LIBROS DE POESÍA, *HERMANITA* (1923) Y *LA ZAFRA* (1926).

Ante una férrea dictadura, tomó forma la revolución de 1933

1933

Cuba sumida en un casi total caos

En 1933 Cuba se vio inmersa en una atmósfera de odio, sangre, explosivos y huelgas. Los políticos liberales como Mendieta y Méndez Peñate y los conservadores como Menocal estaban fuera de la vida política de la república. Los comunistas maniobraban con una ideología firme pero tácticas flexibles para prevalecer fuera quien fuera exitoso al final. El *ABC*, la esperanza de Cuba, tenía un plan programático (nacionalización de las empresas de servicio público y un ultra-nacionalismo), que no era compatible con la constitución de 1901. Los estudiantes de la universidad, luchando para adecentarla, demostraron ser meros conspiradores no-académicos sino políticos. Los profesores de la universidad favorecían la autonomía pero no la participación de los estudiantes en el gobierno. Los trabajadores no estaban organizados excepto las células comunistas. Los hombres de negocios estaban buscando mejorar sus ganancias con un desdén por la política. Una rama femenina de *la Porra Machadista* disolvía demostraciones de mujeres desnudando las manifestantes.

FOTOS: REPORTAJES EN LA PRENSA DE LOS EEUU EN 1933.

1933

Para muchos, sin embargo, la vida seguía un curso normal

Fotos: carruaje frente a una residencia en El Vedado; *Xanandú*, la residencia de los DuPont en Varadero; la popular *Lancha de Regla*; una parada patriótica en La Habana.

Anatomía Final de una Dictadura

En mayo de 1933 el embajador de los EEUU, Benjamín Sumner Welles, se reunió en La Habana con el presidente Machado y el 1 de julio organizó una reunión en la embajada de EEUU que incluyó a todos los líderes de la oposición. La reunión fue cordial pero no obtuvo resultados positivos.

Mas tarde en julio, Sumner Welles insistió al gobierno que había que restituir las garantías constitucionales; Machado respondió severamente: *«El restablecimiento de las garantías es prerrogativa del Presidente y se hará cuando yo lo considere necesario.»*

A finales del mes los choferes de autobuses urbanos e interurbanos declararon una huelga general. El gobierno trató de aplacar los ánimos aprobando una ley que dio amnistía general a todos los presos políticos. Machado se dirigió al congreso. *«Las gestiones del Sr. Welles no pueden dañar nuestra soberanía, ya que se deben a su deseo personal y espontáneo y no son instrucciones recibidas del gobierno de los EEUU. Mi cargo terminará el 20 de mayo 1935 y hasta ese día estaré sirviendo a Cuba.»*

En agosto se unieron a la huelga los trabajadores de tranvías; la huelga paralizó La Habana. Para romper la huelga, Machado llegó a un acuerdo con los líderes comunistas, pero antes de que se pudiera tomar acción, el anuncio de su dimisión por una emisora de radio envió multitudes jubilosas a las calles de toda la isla. Los activistas que marchaban hacia Palacio fueron atacados por la policía; más de 20 personas murieron. La huelga continuó.

El 10 de agosto, Julio Sanguily, en una reunión en Columbia, le dijo a Machado *«para salvar a Cuba de la intervención usted debe renunciar.»* Machado renunció a la presidencia dos días después. Su régimen dictatorial había llegado a su fin.

FOTO: EL PUEBLO JUBILOSO SE LANZÓ A LA CALLE A LA CAÍDA DE MACHADO.

1933

La renuncia de Machado sacudió a Cuba

La victoria de la huelga general contra Machado significó el fracaso de la mediación de Sumner Welles y el irremediable fin de la dictadura. El periódico *La Prensa* reportó: «*El público acogió la noticia con grandes muestras de júbilo. El alto mando del ejército aceptó la transición. El ministro de guerra asumió el mando de la república.*» El presidente Roosevelt vaciló entre intervenir, basado en la Enmienda Platt, o tener que garantizar la seguridad de ciudadanos de otros países que se sentían sujetos a posibles atentados de la muchedumbre. Los alrededores del Palacio Presidencial, La Fuerza y La Cabaña fueron invadidos por millares de personas, dando pruebas de enorme regocijo, mientras insultaban a Machado *in absentia*. Varios regimientos de infantería con ametralladoras, se emplazaron para custodiar el palacio presidencial, dando órdenes de desalojar los alrededores. El general Herrera, ministro de guerra y de estado, se dirigió al pueblo por la radio, anunciando la dimisión de Machado y haber asumido el mando de la nación. En los EEUU la prensa informó que un hidroplano había salido del puerto de Mariel para trasladar a Machado y su familia a Nassau.

Al día siguiente una multitud de más de 20,000 personas invadió y saqueó palacio, apoderándose de gran número de objetos y rompiendo esculturas, libros, documentos, retratos, emblemas, y cuanto hallaron a mano. Furiosamente arrojaron los muebles por las ventanas y balcones, resultando infructuoso el intento de las tropas por contenerlos; Herrera había dado la consigna de no disparar. Un caos de proporciones nunca vistas se apoderó de la nación cubana.

FOTOS: EL PUEBLO CONGREGADO FRENTE A LAS OFICINAS DEL *ABC*; EL GENERAL ALBERTO HERRERA, AL MANDO EN CUBA AL DIMITIR MACHADO.

1933

El terror tras la renuncia de Machado
FOTOS: (DE ARRIBA A DEBAJO)
MULTITUDES VICTORIOSAS SE LANZARON A LAS CALLES;
SAQUEOS A TODOS LOS SOSPECHOSOS DE SER MACHADISTAS;
QUEMA DEL PERIÓDICO *EL HERALDO DE CUBA* DE ORESTES FERRARA;
EL ASESINO QUE MATÓ AL JEFE DE LA POLICÍA SECRETA ES ACLAMADO.

1933

No todos los Machadistas fueron malos

Orestes Ferrara fue un hombre extraordinario con casi un siglo de logros. Nació en Nápoles, hijo de un patriota italiano que había luchado con Garibaldi durante la unificación de Italia. Se enamoró de la causa de la independencia de Cuba y en contacto con Tomás Estrada Palma en Nueva York y Emeterio Betances en París se unió a la guerra de 1895 en Cuba. Peleó con Calixto García en Las Tunas, fue electo delegado a la asamblea constituyente de la Yaya en 1897, llegó a ser el brazo derecho de Máximo Gómez y al final de la guerra, trabajó con José Miguel Gómez mientras estudiaba derecho en la Universidad de Nápoles. Gobernador de Santa Clara, electo al congreso en 1911, embajador de Cuba ante los EEUU en 1912, ante Brasil en 1927 y finalmente en Washington en la época de Machado. En 1940 fue ekecto miembro de la Asamblea Constituyente.

En 1914 fundó el periódico *El Heraldo de Cuba*. En 1928 se construyó en La Habana una mansión célebre, *La Dolce Dimora*, al estilo de los antiguos palacios del renacimiento florentino. A la caída de Machado en 1933 se escapó con su hidroavión (50 impactos de armas fueron encontrados más tarde) bajo un intenso fuego de los revolucionarios. Vivió sus últimos días en Costa do Sol, Portugal, en el *Hotel Meurice* en París y en su casa de Roma, donde murió después de haber escrito varios libros académicos sobre Machiaveli, los papas Borgia y Alejandro VI.

Fotos: *Memorias de Ferrara* durante la guerra de independencia de 1895; foto con oficiales del ejército cubano en armas.

1933

Cuba trató de volver a la normalidad

Por decisión del congreso cubano, el General Herrera, renunció a la Presidencia y nombró a Carlos Manuel de Céspedes y Quesada para ocupar la primera magistratura del país. En Madrid el embajador cubano, Mario García Kohly, hizo unas importantes declaraciones proféticas al periódico *ABC*:

«El absolutismo como sistema en el poder y la revolución como procedimiento de la oposición son igualmente detestables; el absolutismo es funesto por significar que hay un poder personal que oprime y que anula todos los derechos y todos los atributos de la ciudadanía; las revoluciones, también funestas, son igualmente detestables por su incapacidad notoria para realizar otra labor que no sea la de arrastrar el crédito, destruir la riqueza y paralizar los desenvolvimientos de la vida económica y cultural de la nación.»

Carlos Manuel de Céspedes formó un gabinete que incluía elementos de la oposición; en su primera reunión acordó medidas para garantizar el orden público. Mientras tanto, la prensa de Cayo Hueso informó que *«ha llegado esta ciudad la familia de Machado a bordo del yate presidencial, junto a su esposa y el ex ministro de estado doctor Orestes Ferrara.»* El general Herrera y otros amigos de Machado habían huido a Panamá.

La situación en La Habana comenzó a normalizarse. Los tranvías reanudaron sus servicios y las fuerzas del ejército trataron de evitar desmanes de elementos perniciosos que se dedicaban a asaltar viviendas y comercios; no pudieron impedir, sin embargo, que se produjeran fuertes choques entra manifestantes y la policía. Una multitud quemó automóviles y asaltaron fincas y propiedades de ex-funcionarios por ser consideradas producto de la corrupción.

FOTO: MACHADO A SU LLEGADA A NASSAU AL ESCAPAR DE CUBA.

Una tranquilidad pasajera volvió a Cuba

El gobierno de Carlos Manuel de Céspedes comenzó a tratar de llevar a Cuba a la normalidad. Manuel Márquez Sterling fue nombrado embajador en Washington, Carlos García Vélez en España, Juan Edelman, presidente del tribunal supremo. El gobierno promulgó una amnistía que puso en libertad a los opositores presos; regresaron a Cuba los exiliados de todos los partidos perseguidos anteriormente, por lo que la acción popular se intensificó. Existía también una profunda crisis en el ejército, bien disciplinado y adicto a Machado, y ahora desmoralizado, al igual que la policía, que no lograba impedir los desmanes de las masas desbordadas. Como precaución, en el puerto habanero fondearon el *USS Taylor* y el *USS Claxton*, dos buques de guerra solicitados por Sumner Welles, el enviado especial del presidente Roosevelt, imponiendo un tono amenazador a la ciudad.

El pueblo, envalentonado cuando no vio realizadas las demandas solicitadas, exigió la destitución del gobierno de Céspedes para ser sustituido por «*otro que responda a las aspiraciones de la revolución popular.*»

Muy discretamente, en casa del estudiante Gustavo Cuervo Rubio, comenzaron a reunirse estudiantes y militares jóvenes. Participaron en las reuniones Carlos Montero, Enrique Varona, Carlos Valdés-Fauli, Manuel Goudie, Ricardo Adam Silva, Rafael Galeano Herrera y Carlos Prío Socarrás, entre otros. En el *Club de Alistados* del campamento de Columbia comenzaron también a reunirse un grupo de sargentos, entre ellos: Fulgencio Batista, Pablo Rodríguez, José Eleuterio Pedraza y Manuel López Migoya. Ambos grupos conocían los miembros del otro grupo.

FOTO: LA *IGLESIA DE REINA* Y LA CALLE QUE LLEVA SU NOMBRE EN 1933.

No Tardó en llegar un golpe de estado

A finales de agosto, Céspedes nombró al general retirado Armando Montes, que había sido secretario en el gobierno de Zayas de 1921 a 1925, como secretario de guerra. Los soldados sabían que Montes era muy dado a recortar plazas y sueldos en las fuerzas armadas; inmediatamente surgieron rumores de una reducción del ejército nacional y el ambiente de insubordinación se incrementó en el ejercito hasta provocar entre el 3 y el 4 de septiembre la sublevación de los sargentos, que ocuparon el campamento militar de Columbia y dieron un golpe militar. Céspedes no opuso resistencia sabiendo que no podía contar con nadie. Recogió un retrato de su padre que estaba en la pared detrás de su escritorio y se marchó.

El 24 de agosto de 1933, el embajador Benjamín Sumner Welles envió un lacónico telegrama al presidente americano Franklin Roosevelt, que simplemente decía:

«*Cuba está en total proceso de desintegración.*»

En efecto, la caída de Machado Cuba dio como resultado una anarquía total, pobres contra ricos, negros contra blancos y las pandillas de estudiantes comunistas pescando en río revuelto. Obreros adueñándose de Centrales, delincuentes adueñándose de casas y automóviles y asaltando a los honrados; el robo, el asesinato y las vendettas políticas a la orden del día. En La Habana la policía prácticamente dejó de funcionar. La llamada "*revolución*" no era el pueblo luchando por su libertad sino turbas de delincuentes aprovechándose de la situación.

FOTO: BATISTA CON SOLDADOS Y MARINEROS EN 1933.

Surgió una nueva fórmula: la pentarquía

El 4 de septiembre de 1933, en el campamento de Columbia, los suboficiales detuvieron inesperadamente sus superiores y tomaron el mando de las fuerzas militares de la isla. Esa *"revuelta de los sargentos"* fue organizada por Fulgencio Batista y Zaldívar.

Al darse cuenta los sargentos que necesitaban apoyo civil para mantener el poder, los sargentos se unieron al *Directorio Estudiantil Universitario* y otros elementos revolucionarios para hacer gobierno. La alianza entre los sargentos y estudiantes dio lugar a una *Junta Revolucionaria* de cinco hombres, la *Pentarquía*.

En poco tiempo, las diferencias ideológicas se hicieron evidentes: el ministro del interior que nombraron, Antonio Guiteras Holmes y el partido comunista estaban en la izquierda. Batista y la organización ABC estaban en las derechas; Grau estaba al centro. Lo más importante, sin embargo, fue que el gobierno de los EEUU no reconoció ese gobierno.

Después de tres días en el poder, la *Junta* decidió establecer una forma de gobierno presidencial con el Dr. Ramón Grau San Martín como presidente. Los representantes de todas las facciones fueron convocados al palacio presidencial e informados del hecho consumado. Los dirigentes de la oposición se sintieron frustrados y humillados porque se les había hecho creer que el nuevo presidente sería elegido de común acuerdo; no se unieron al gobierno recién formado. El gobierno de los EEUU por su parte, accedió a la decisión pero manifestó su desconfianza en Grau.

FOTO: LA PENTARQUÍA: DOCTOR RAMÓN GRAU SAN MARTÍN, EL DOCTOR GUILLERMO PORTELA, EL ABOGADO JOSÉ MIGUEL IRIZARRI, EL PERIODISTA SERGIO CARBÓ, Y EL BANQUERO PORFIRIO FRANCA.

La pentarquía solo gobernó seis días

El 9 de septiembre ya era evidente que la pentarquía y Batista no estaban en buenos términos. Batista aspiraba a tener el respaldo de una sola persona a la cual él pudiera controlar. Mientras cinco hombres eran nominalmente la autoridad suprema en el gobierno, Grau y Guiteras fueron las personalidades dominantes. Batista sabía que Guiteras era comunista. Grau tenía pobres razones para estar en el gobierno: solo su arresto en 1930 por conspirar contra Machado. Los estudiantes, por otra parte, tenían grandes simpatías por Grau; cuando le comunicaron a la pentarquía que Grau era el único nuevo presidente provisional, Grau se convirtió en presidente de Cuba por aclamación.

Una multitud de ciudadanos asistió a la inauguración y aclamaron a Grau delirantemente; no hubo representación diplomática alguna. Todos esperaron a ver cómo pensaban los EEUU.

Aunque duró sólo cuatro meses, el gobierno de Grau tomó importantes decisiones: derogó la Enmienda Platt; proclamó una reforma agraria; estableció la jornada laboral de ocho horas; dio el voto a las mujeres y frenó el poder de las empresas estadounidenses, sobre todo la Compañía Cubana de Electricidad.

Sumner Wells no quedó conforme. Utilizó toda su influencia en Washington para convencer a Roosevelt de no reconocer al gobierno de Grau por *«ser demasiado izquierdista y no poder garantizar el orden público.»*

En diciembre, Batista, que había estado en estrecho contacto con Sumner Welles, comenzó a conspirar abiertamente contra el gobierno de Grau. Secretamente, Sumner Welles comenzó a negociar con Batista, reconocido como, *«el sargento jefe de todas las fuerzas armadas de Cuba,»* para derrocar el régimen de Grau.

FOTO: MIEMBROS DE *LA PENTARQUÍA Y SUS MINISTROS EN 1933.*

Intrigas para Controlar el Poder

Una problemática pendiente cuando Grau asumió la presidencia y Batista el liderazgo de las fuerzas armadas cubanas fue qué hacer con los antiguos altos oficiales que habían sido echados a un lado cuando los sargentos asumieron el poder en el ejército. El 11 de septiembre Grau pidió a la oficialidad que se reincorporara al ejército; ellos se negaron a ser mandados por sus subordinados y comenzaron a congregarse en el ostentoso *Hotel Nacional de Cuba*. Sumner Welles, allí alojado, y muchos empleados del hotel abandonaron las premisas presintiendo problemas. El 14 de septiembre las fuerzas de Batista sitiaron el hotel.

Grau, mientras tanto, se reunió el 17 de septiembre con Martínez Saenz del *ABC*, Miguel Mariano Gómez, Mario García Menocal, Sumner Welles y varios miembros del Directorio Estudiantil Revolucionario. Su mensaje: «*No puedo controlar a Batista.*»

Batista, por su parte, se reunió 4 días después con Sumner Welles, Carlos Mendieta y Miguel Mariano Gómez, causándoles muy buena impresión. Decidieron que había que salir de Grau.

A todas estas, La Habana seguía fuera de control. El 29 de septiembre los comunistas enterraron las cenizas de Mella (asesinado en México el 10 de enero de 1929) en la *Plaza de la Fraternidad* en medio de una revuelta que causó 6 muertos y dos docenas de heridos. El ejército destruyó el improvisado monumento y comenzó a aniquilar los locales de los comunistas.

FOTO: SOLDADOS LEALES A BATISTA TIROTEANDO EL *HOTEL NACIONAL*.

Batista comenzó a hacer de las suyas

El 15 de enero 1934 Batista había reunido suficiente respaldo político para exigir exitosamente la renuncia de Grau e instalar en la presidencia al coronel Carlos Mendieta. La salida de Grau dejó a Batista como el jefe indiscutible de Cuba. Carlos Mendieta había sido un opositor conservador al régimen de Machado; estaba apoyado, al menos inicialmente, por la organización *ABC*, la mayoría de los políticos, los partidos tradicionales y los intereses empresariales españoles, cubanos y norteamericanos. Los EEUU anunciaron su reconocimiento del presidente Mendieta cinco días después de que asumió el cargo. Uno de los primeros pasos de Mendieta fue la promulgación, el 3 de febrero de 1934, de una ley constitucional que suplantó a los estatutos de Grau y revocó la constitución de 1901, así como las modificaciones que había hecho Machado en 1928.

Batista era el verdadero triunfador. En una sociedad en la que las relaciones personales eran de vital importancia para progresar, fue discriminado por ser miembro de ese sector proletario inferior que no tiene familia ni estrechos lazos de amistad con quienes ejercen el poder político y económico. Fue discriminado también por ser lo que los cubanos llamaban un *indio-mulato*.

En los próximos seis años Batista gobernó Cuba a través de una sucesión de títeres políticos, cada uno de los cuales fue depuesto tan pronto trató de hacer valer su independencia. Batista necesitaba esos hombres porque no tenía base política civil. En un país resentido por militares que controlaban el ejército, necesitaba lucir poco militarista para actuar como jefe del gobierno.

FOTO: CARLOS MENDIETA CONDECORANDO A BATISTA, SU JEFE REAL.

Ley marcial contra huelguistas en Cuba

En muchos sentidos Mendieta y Batista se complementaban. Mendieta, un hombre incorruptible, aportó una cara bondadosa a un régimen que cada día necesitaba más y más de la violencia. En una carta de Jefferson Caffery (nuevo embajador de los EEUU en Habana en 1934) a Sumner Wells (embajador precedente) Caffrey señaló: «*Batista no coincide mucho con Mendieta pero parece respetarlo más que tolerarlo.*» Batista, por otra parte, no quería parecer como un dictador tras los telones y le convenía que muchos de los errores públicos fueran atribuidos a Mendieta, que en definitiva era un héroe de la guerra de independencia.

Para Batista no fue fácil dejar de "*mandar.*" Todos los días a su oficina en Columbia llegaban hombres de negocio, periodistas, visitantes extranjeros, candidatos a cargos políticos y desempleados en general, pidiendo ayuda política. Un editorialista del *Diario de la Marina* escribió: «*Si alguien tiene dudas de quien manda en Cuba solo tiene que ir a la sala de espera de la oficina de Batista en el estado mayor del ejército.*»

En febrero y marzo de 1935 las cosas cambiaron. Una protesta de estudiantes de la Universidad de La Habana terminó en una huelga general con carácter de levantamiento popular. El hecho insólito fue que se unieron a la huelga sectores de trabajo donde no existían reclamaciones de ningún género. Mendieta suspendió la ley constitucional de 1934 (que ya no incluía la *Enmienda Platt*) en todo el territorio nacional. Mendieta y Batista actuaron en concierto, aplastando la huelga e imponiendo una ley marcial al viejo estilo español. Una ola de represión envolvió la isla; los sindicatos fueron ilegalizados, se cerró la Universidad de la Habana y miles de huelguistas fueron detenidos. En Cuba de nuevo había un rígido control militar.

FOTO: LA POLICÍA ARRESTANDO UN HUELGUISTA EN CUBA EN 1935.

Grau organizó el partido auténtico

Otros eventos importantes ocurrieron en Cuba que no eran de carácter político. En Trinidad, en 1934, ocurrieron disturbios raciales cuando ciudadanos negros irrumpieron en el Parque Céspedes, tradicionalmente reservado para blancos. El 8 de febrero de ese año se fundó el *Partido Revolucionario Cubano (Auténtico)* en La Habana, con Grau San Martín como presidente. El 22 de marzo José Ignacio Rivero, director del *Diario de la Marina*, Cosme de la Torriente y Emeterio Santovenia sobrevivieron sendos atentados y el 15 de junio Mendieta salió ileso de otro atentado. En La Habana, en abril, murió el cuarto presidente de Cuba Alfredo Zayas. El 29 de mayo los EEUU accedieron a eliminar todos los términos de la *Enmienda Platt*. Comunistas y abecedarios chocaron a tiros en el *Paseo del Prado* de La Habana con un saldo de 4 muertos y 60 heridos.

En junio de 1934 el gobierno de Mendieta recibió la renuncia de varios de sus ministros: Joaquín Martínez Sáenz en hacienda, Carlos Saladrigas en justicia, Jorge Mañach en educación y Emeterio Santovenia como secretario de la presidencia.

El 5 de abril de 1935, *La Joven Cuba*, organización revolucionaria fundada por Antonio Guiteras, secuestró a Eutimio Falla Bonet, el cual fue devuelto a su familia tras pagar $300 mil de rescate. El partido liberal postuló a Miguel Mariano Gómez y Laredo Bru para presidente y vice. El 11 de diciembre, un mes antes de las elecciones, Mendieta renunció a la presidencia.

FOTO: LOS FUNDADORES DEL PARTIDO REVOLUCIONARIO CUBANO (AUTÉNTICO) EL 8 DE FEBRERO DE 1934. GRAU SENTADO AL CENTRO; EN CÍRCULOS, MANUEL ANTONIO (TONY) VARONA Y CARLOS PRÍO SOCARRÁS.

1937

El congreso depuso al presidente electo

A finales de 1935 habían en Cuba cuatro partidos políticos: el *Conjunto Nacional Democrático* de Menocal; el *Partido Acción Republicana* y el *Partido Unión Nacionalista*, que se unieron bajo Miguel Mariano Gómez; el *Partido Liberal* que surgió de la *Conjunción Centralista Nacional* del ex-presidente Céspedes. Las cinco veces postergadas elecciones presidenciales se celebraron en enero del 1936 sin que todos los partidos acudieran y presentaran candidatos; Grau, los comunistas y el *ABC* se negaron a participar.

Esas elecciones fueron las primeras en que votaron las mujeres cubanas; Miguel Mariano Gómez fue electo presidente. Tomó el poder de las manos de José Agripino Barnet, ex-cónsul de Cuba en España, Inglaterra, Francia, Alemania y Brasil, que había asumido la presidencia provisional tras la renuncia de Carlos Mendieta. Miguel Mariano fue recibido en la presidencia con sendas bombas en los periódicos *El País* y el *Diario de la Marina*, la segunda de las cuales no explotó. El 28 de septiembre el congreso aprobó la pena de muerte por delitos de terrorismo.

Batista y Miguel Mariano muy pronto comenzaron a tener problemas. En diciembre el congreso consideró un impuesto de 9 cts. por cada saco de 325 libras de azúcar producido en el país. Como los fondos estaban destinados a escuelas cívico-militares bajo el control del ejército, Miguel Mariano amenazó vetar la ley porque «*los futuros hijos de Cuba no debían ser educados en un sistema fascista y militar.*» El congreso aprobó la ley y Miguel Mariano la vetó. En 48 horas el congreso destituyó al presidente Miguel Mariano con una votación de 22 a 12 en el senado y 111 a 45 en la cámara. Pasó a sustituirlo el vice, Federico Laredo Bru.

FOTO: LA *ESCUELA CÍVICO-MILITAR* DE CEIBA DEL AGUA, LA HABANA.

Esperanzas en el gobierno de Laredo Bru

Por primera vez desde la caída de Machado no hubo problemas en la sucesión presidencial. Doce horas después de la deposición de Miguel Mariano, Federico Laredo Bru juró su cargo el 24 de diciembre de 1936. Los EEUU dieron un reconocimiento automático debido a que *«el nuevo presidente ejecutivo había asumido sus funciones en la manera constitucionalmente prescrita.»*

Comenzando el 1937, partidarios de Guiteras formaron *Acción Revolucionaria Guiteras (ARG)*, una organización clandestina centrada en los sindicatos, enemiga de la policía de Batista y los comunistas; Menocal fundó el *Partido Demócrata*; Juan Marinello, el líder comunista cubano, fundó el *Partido Unión Republicana, (PUR)*, que aseguró su legalidad al hacer las paces con Batista.

Entre tanto, el *Partido Revolucionario Cubano (Auténtico)*, en una reunión en Tampa, expulsó al ex-presidente Grau San Martín. Grau respondió anunciando su voluntad de regresar a Cuba *«si hay una Asamblea Constituyente libre y soberana.»*

Actuando como el máximo poder en Cuba, Batista anunció un *Plan Trienal* para recuperar la economía: control del azúcar y el tabaco por el gobierno; creación de un seguro obrero; pago por días festivos; distribución de tierras; creación de una marina mercante cubana; reforma fiscal; eliminación de la moratoria hipotecaria; regulación de la minería y el petróleo; derecho a la atención médica para todos los ciudadanos. Una nueva *Ley de Coordinación Azucarera* prometió distribuir las ganancias de la industria entre trabajadores, hacendados y colonos. El 20 de noviembre de 1937, muchos sectores de la sociedad comenzaron a oponerse a esa ley.

Foto: Antonio Guiteras compartiendo con Batista en 1933.

El bochornoso incidente del *St. Louis*

El 13 de mayo de 1939, el transatlántico alemán *St. Louis* partió desde Hamburgo (Alemania) hacia La Habana. A bordo viajaban 937 pasajeros. Casi todos eran judíos que huían del *Tercer Reich*. La mayor parte eran ciudadanos alemanes, algunos provenían de europa oriental y unos pocos eran oficialmente apátridas. El 5 de mayo el presidente cubano Federico Laredo Bru había emitido un decreto por el cual para entrar a Cuba era necesario una autorización de la secretaría de estado y de trabajo de Cuba y el pago de un bono de 500 dólares que garantizaba que el interesado no iba a ser una carga pública.

Cuando el *St. Louis* llegó al puerto de La Habana el 27 de mayo, sólo se permitió el desembarco de 28 pasajeros. Cuatro de ellos eran españoles, dos eran cubanos y 22 pasajeros disponían de documentos de entrada válidos.

Cinco días antes de que el barco zarpara de Hamburgo, una enorme manifestación antisemita de 400,000 personas se había producido en La Habana. Laredo Bru se negó a permitir que los pasajeros sin documentación o con documentación falsa, entraran al país y ordenó que el barco se marchara de aguas cubanas. Bajo presiones humanitarias, el presidente accedió a admitir los pasajeros si pagaban el bono reglamentario de $500. El *St. Louis* partió hacia la Florida. En los EEUU, debido a la reciente crisis económica que había dejado a millones de americanos sin empleo, los EEUU no aceptaron a los refugiados a pesar de que el país simpatizaba con la situación en que se encontraban.

El *St. Louis* regresó a Europa el 6 de junio. De los 937 pasajeros, 254 terminaron en los campos de concentración de Hitler.

FOTO: EL *ST. LOUIS* FRENTE AL MALECÓN DE LA HABANA RODEADO DE BOTES CON FAMILIARES Y AMIGOS DE LOS REFUGIADOS EN EL BARCO.

Un período de tranquilidad y progreso

Federico Laredo Brú fue presidente de Cuba desde 1937 hasta 1940. En ese fructífero período otorgó amnistías a opositores, incluyendo a Gerardo Machado; el congreso colegio aprobó medidas de bienestar social, y leyes que crearon pensiones, seguros, salarios mínimos y horas de trabajo limitadas para la clase obrera. En 1937 Brú promovió la *Ley de Coordinación Azucarera* que organizó pequeños agricultores en cooperativas, inició la sindicalización de trabajadores agrícolas y garantizó las cosechas a los colonos (arrendatarios). Bru ayudó a fundar la *Confederación de Trabajadores de Cuba (CTC)*, un sindicato nacional que lamentablemente eligió presidente a Lázaro Peña, un notable comunista.

Aunque los EEUU habían sido una fuerza dominante en la política cubana desde 1898 causando un sentimiento anti-estadounidense entre los educados, la presencia de Estados Unidos fue disminuida bajo Brú.

A las elecciones parciales a la cámara en 1938 se negaron a concurrir los partidos *Revolucionario Cubano (Auténticos), ABC, Acción Republicana, Agrario Nacional, Partido Comunista y Demócrata-Republicano*. Los comicios estuvieron viciados de fraudes. Grau regresó a La Habana el 9 de diciembre de 1938, poniendo fin a su autoimpuesto exilio de más de cuatro años. Batista viajó a los EEUU y le prometió a Roosevelt convocar a elecciones generales y a una *Asamblea Constituyente*. Los periódicos reportaron que Grau se postularía para esa asamblea. Frente a las exigencias de los EEUU sobre reformas internas, la popularidad de Batista cayó y con ello la estabilidad de Cuba.

FOTO: BATISTA RECIBIDO POR ROOSEVELT IN 1938

Cuba se preparó para una constituyente

El 15 de septiembre de 1938, Batista legalizó el partido comunista, poniendo fin a 13 años ilegalidad en Cuba. El partido había negociado el control sobre los sindicatos y su legalidad por el apoyo político del gobierno. El diario comunista *HOY* comenzó a publicarse en La Habana. Los comunistas se lanzaron a la campaña para elección nacional y la de una asamblea constituyente. En cinco semanas los comunistas registraron 75,000 votantes. El número de militantes del partido creció de 2,800 en enero a 5,000 en septiembre. El tribunal electoral ordenó la inscripción oficial de nuevos partidos y modificó el código electoral; admitió como partido al *ABC* y a los *Partido Unión Revolucionaria, Partido Agrario Nacional, Partido Laborista Cubano, Partido Nacional Revolucionario, Partido Organización Auténtica* y al *Partido Comunista de Cuba*.

Batista pensó que podía lucir como un estadista democrático y legítimo; convocó a elecciones en noviembre de 1939 para una *Asamblea Constituyente* que redactara una nueva constitución. Los auténticos abandonaron sus tácticas abstencionistas y aceptaron participar. Grau proyectó ganar una pluralidad de asientos gracias a alianzas con otros elementos oposicionistas, controlar el montaje y elegirse como presidente de la constituyente.

La característica distintiva de los auténticos en ese momento no fue ser un gran partido progresista y de izquierda sino haberse convertido en el partido que defendía una versión civil y democrática de las reformas, en contraste con los grupos militaristas y autoritarios. Los auténticos apelaron a la creciente posición anti-Batistiana y a la tradición anti-militarista del país, nacida de los fracasos de ex-militares en la presidencia de Cuba.

FOTO: EL *TEATRO IRIJOA* (HOY MARTÍ) SEDE DE LA CONSTITUYENTE DE 1940.

Los delegados a la Asamblea Constituyente de 1940

Partido Liberal: Manuel Benítez González, César Casas, José Manuel Casanova, Miguel Calvo Tarafa, Felipe Correoso, Arturo Don, Rafael Guas Inclán, Orestes Ferrara, Quintín George, Alfredo Hornedo, José A. Mendigutía, Delio Núñez Mesa, Emilio Núñez Portuondo, Juan Antonio Vinent Griñan y Fernando del Villar.

Partido Nacionalista: Francisco Alomá, Fernando del Busto, Nicolás Duarte Cajides, Simeón Ferro Martínez, Ramón Granda, Felipe Jay Raoulx, Armando López Negrón, Juan B. Pons Jane y Francisco Prieto.

Partido Comunista: Romárico Cordero, Salvador García Agüero, Juan Marinello Vidaurreta, Blas Roca, Esperanza Sánchez Mastrapa y César Vilar.

Conjunto Nacional Democrático: Antonio Martínez Fraga, Eugenio Rodríguez Cartas y Alberto Silva Quiñones.

Partido Nacional Revolucionario (*Realista*): José Maceo González.

Partido Revolucionario Cubano (*Auténtico*): Salvador Acosta Casares, Aurelio Álvarez de la Vega, Ramiro Capablanca, Eduardo R. Chibás, Mario Dihigo, José Fernández de Castro, Ramón Grau San Martín, Alicia Hernández de la Barca, Emilio Laurent, Gustavo Moreno, Eusebio Mujal Barniol, Manuel Mesa Medina, Emilio Ochoa Ochoa, Manuel Parrado Rodés, Carlos Prío Socarrás, Primitivo Rodríguez, Miguel Suárez Fernández y María Esther Villoch.

Partido Demócrata Republicano: José R. Andreu, Rafael Álvarez González, Antonio Bravo Acosta, Antonio Bravo Correoso, Alberto Boada Miqueli, Juan Cabrera, Ramón Corona, Miguel Coyula, Pelayo Cuervo Navarro, Francisco Dellundé, Joaquín Meso, Manuel Orizondo, Mario Robau, Santiago Rey y Manuel Fueyo.

Partido Acción Republicana: Adriano Galano, Félix García Rodríguez, Carlos Márquez Sterling, Ramón Zaydín y Manuel Dorta Duque.

Partido ABC: Francisco Ichaso Macías, Joaquín Martínez Sáenz, Jorge Mañach Robato, Salvador Esteva Lora.

FOTO: HEMICICLO DE LA CÁMARA, SEDE DE LAS SESIONES EN 1940.

En la Cuba de 1940, borrón y cuenta nueva

Mientras más se acercaba la fecha de las *Elecciones Generales* y la *Asamblea Constituyente*, menos querían los partidos asociarse con los grupos de acción anti-Machadistas del pasado. Los agitadores se refugiaron en la Universidad de La Habana y en algunos sindicatos, en los que degeneraron en bandas mercenarias de gánsters. Los auténticos, el partido más numeroso del país, adoptaron un programa político mucho más moderado que en el pasado. En el partido comunista, 71% de los miembros eran trabajadores y sólo el 8% eran campesinos. En su alianza con Batista, los comunistas habían asegurado la continuación de una división casi permanentemente de las izquierdas cubanas: dos tradiciones políticas muy distintas, la populista auténtica de Grau y la autoritaria comunista, seducida y aupada por Batista..

Al final, Batista sobrestimó su propia fuerza y no pudo controlar la Constituyente. De los 76 delegados electos, 41 eran de las filas de la oposición, entre ellos 18 Auténticos.

A finales de 1939 Batista renunció a su cargo como Jefe de las Fuerzas Armadas y se postuló para la presidencia, en una coalición con el apoyo del *Partido Comunista de Cuba (PCC)* y el *Partido Unión Revolucionaria (PUR)*, que se fusionaron para formar la *Unión Revolucionaria Comunista (URC)*. Las *Elecciones Presidenciales* de 1940, y la *Asamblea Constituyente* de 1940 representaron el colofón de siete años de gobierno autoritario. Esos eventos significaron una nueva etapa en la relación entre el estado y la sociedad en Cuba. La única cuestión pendiente era: «¿Cuál debe celebrarse primero, la *Presidencial* o la *Constituyente*?»

FOTO: CIENTOS DE CUBANOS EN FILA PARA VOTAR EN 1940.

Batista decidió unirse a los comunistas

Los políticos presentaron numerosas propuestas y el 4 de febrero de 1940 llegaron a un compromiso: la *Asamblea Constituyente* podría seguir trabajando y elaborando nuevas disposiciones y, hasta que el nuevo presidente asumiera el cargo, el congreso seguiría legislando. La fecha de las elecciones generales sería el 14 de julio; Laredo Bru, cuyo mandato había expirado el 2 de mayo, acordó permanecer en funciones hasta la toma de posesión de nuevo presidente el 10 de octubre del 1940; los congresistas existentes podrían servir sus mandatos completos.

La *Asamblea Constituyente* representó todo el espectro de afiliación política, desde viejos machadistas a viejos comunistas. Fue un foro para renovar el debate sobre prácticamente todos los temas clave de la política cubana.

En las elecciones que se celebraron en julio de 1940, tras terminarse los trabajos de la *Asamblea Constituyente*, los comunistas apoyaron la candidatura de Fulgencio Batista para la presidencia de la República, como parte de la *Coalición Democrática Socialista*. Esa colaboración de los Comunistas con Batista ayudó muy generosamente a la *Unión Revolucionaria Comunista*. El día 20 de julio el *Tribunal Superior Electoral* informó que la candidatura Batista-Cuervo Rubio había triunfado sobre la de Grau-De la Cruz por la suma de 805,125 votos contra 573,526; la *Coalición Democrática Socialista* había obtenido mayoría senatorial en 5 de las 6 provincias de Cuba, todos los gobernadores provinciales y 95 actas de representantes. El bloque oposicionista había logrado 67 actas de representantes de las cuales 39 eran del *Partido Revolucionario Cubano*. La elección fue sin duda una de las más honestas en las casi cuatro décadas de la historia política de la República de Cuba.

FOTO: ANUNCIOS DEL PERIÓDICO HOY CON LA CANDIDATURA DE BATISTA APOYADA POR EL PARTIDO COMUNISTA DE CUBA EL 14 DE JULIO DE 1940.

1940-1945

La Cuba de los años 1940s (1)

FOTOS: (DE ARRIBA A DEBAJO)
VISTA PANORÁMICA DE LA HABANA TOMADA DESDE LA CABAÑA;
EL GABINETE DE BATISTA (QUE ESTA DE ESPALDAS) EN 1940;
EL HOTEL NACIONAL Y EL VEDADO A MEDIO DESARROLLAR;
CUBANOS EN UNA CAFETERÍA RODEADOS DE PASQUINES POLÍTICOS.

La Cuba de los años 1940s (2)

1940-1945

FOTOS: TRANVÍAS ABARROTADOS TRANSPORTANDO AL PÚBLICO EN LA HABANA; EL HOSPITAL DE *TOPES DE COLLANTES* INAUGURADO POR BATISTA EN 1944; *SEARS ROEBUCK AND CO.* ABRIÓ SU PRIMERA TIENDA FUERA DE LOS EE.UU. EN REINA Y GALIANO, LA HABANA; ESTUDIANTES DE LA UNIVERSIDAD DE LA HABANA A MENUDO PARALIZABAN LOS TRANSPORTES PÚBLICOS EN LA HABANA DURANTE SUS PROTESTA, PROVOCANDO ENORMES ATASCOS.

Batista, Cuba y la II Guerra Mundial (1)

El advenimiento de la Segunda Guerra Mundial provocó el colapso de la producción azucarera en Asia y Europa y trajo a Cuba una prosperidad inesperada que Batista supo aprovechar. Con el alto precio del azúcar llegó una prolongada era de paz social caracterizada por la tranquilidad del partido comunista y la actitud positiva del pueblo; los cubanos olvidaron la escasez general (racionada la gasolina, apagadas las luces de La Habana por la noche), el desempleo (más de 600 mil desempleados), la inflación (16%) y la ausencia de turistas y empezaron a disfrutar una era de optimismo y reposo.

Los únicos eventos que rompieron brevemente el sosiego fueron el asesinato del representante Modesto Maidique (había sido acusado de matar en 1931 al popular Rogerio Zayas Bazán, secretario de gobernación de Machado); la destitución, arresto y exilio del coronel José Eleuterio Pedraza como jefe del ejército (a pesar de ser íntimo amigo de Batista); las bombas que estallaron en las residencias de José Manuel Cortina, ministro de estado) y Ramón Zaidín (senador) y la sacudida que Batista propinó a su gabinete con la cesantía de 7 de sus ministros en 1941. El resto de las noticias tuvieron todas que ver con la guerra.

Toda la producción azucarera desde 1942 hasta 1945 fue vendida a los EEUU. Catorce millones de toneladas de azúcar y 1,100 libras de mieles por casi $1 billón de dólares. Las exportaciones cubanas subieron de $183 a $433 millones en cuatro años.

FOTO: BATISTA DIRIGIÉNDOSE AL CONGRESO AMERICANO.

1940-1945

Batista, Cuba y la II Guerra Mundial (2)

Sin lugar a dudas, la guerra trajo consecuencias negativas en la vida de los cubanos. En 1942 los EEUU establecieron bases de defensa temporales en San Antonio de los Baños, San Julián en Pinar del Rio y en el aeródromo de Camagüey. El gobierno cubano decidió internar en un granja en Torrens, Wajay, a los ciudadanos del eje residentes en Cuba: 3,000 alemanes, 1,500 italianos y numerosos japoneses. Meses después los trasladó al presidio modelo de Isla de Pinos.

Los barcos mercantes cubanos (críticos para poder llevar las exportaciones a su destino) fueron seriamente afectados por la guerra. En 1942, por ejemplo, los alemanes torpedearon los barcos de carga *Santiago de Cuba*, *Manzanillo*, *Mambí* y *Libertad* y los pesqueros *Lolita* y *Minina*, a un costo de 82 vidas. Cuba ripostó con el caza submarinos cubano *CZ-113* hundiendo el submarino alemán *U-176* en el estrecho de la Florida. Los barcos de la marina cubana recorrieron casi medio millón de millas en misiones de patrulla y escolta, enfrentándose a 90 U-boats alemanes.

En 1942 Cuba arrestó al espía Alemán Heinrich August Lunning, cuya misión había sido rastrear las rutas de los barcos mercantes cubanos. Sometido a juicio fue fusilado en la fortaleza de *El Príncipe* el 10 de noviembre de 1942. Por precaución, Cuba ese año estableció el *Servicio Militar Obligatorio*. Cuando los alemanes tomaron Paris en 1940, Cuba rompió con el gobierno francés pro-eje y colaboracionista de Vichy.

FOTOS: CAZATORPEDEROS Y CRUCEROS CUBANOS EN 1940-1945.

Solares y cuarterías en tiempos buenos

En los primeros meses del gobierno de Batista en 1942 apareció el periódico *Prensa Libre* en los estanquillos de periódicos de La Habana, desapareció el diario *El Fígaro*, publicado desde 1885, salió al aire la emisora *Mil Diez (1010)*, murió José Ignacio Rivero, director del *Diario de la Marina*, y se inauguró el *Edificio América* en la calle Galiano, un edificio *Art Deco* con una sala de espectáculos parecida a la del Radio City Music Hall de New York..

El salario mínimo fue aumentado por ley a $345 al año; casi un 40% de los trabajadores recibían de $30 a $55 al mes y solo una quinta parte de la población rebasaba la cifra de $450 al año. Más de 300,000 personas en La Habana, sin embargo, vivían hacinadas en condiciones precarias en solares y cuarterías. Cuba contaba con una población de 4.8 millones de habitantes.

Al finalizar el gobierno de Batista, Cuba se había convertido en el segundo país de América Latina con mayor disponibilidad de moneda nacional respaldada en oro, valorada en un total de 800 millones de dólares; solo Argentina superaba ese respaldo en oro a su moneda. Cuba tenía «*una pujante clase media y la burguesía cubana no se comparaba con ninguna de la América Hispana sino se situaba al lado de la de los EEUU,*» en palabras de Spruille Braden, embajador de los EEUU en La Habana.

El 1 de junio de 1944 se celebraron elecciones generales. Ramón Grau San Martín resultó electo; el *PRC (A)* no alcanzó la mayoría en el senado pero ganó la alcaldía de La Habana.

FOTOS: EN MEDIO DE TANTA PROSPERIDAD HABÍA BARRIOS ENTEROS EN CONDICIONES MISERABLES COMO "*LLEGA Y PON*" EN LA HABANA.

| A | A | B | B | B | B | B |

La boleta presidencial en 1944

Al llegar los auténticos al poder en 1944, el gobierno cayó bajo el asedio de una nueva generación de políticos hambrientos con un apetito voraz. El partido tenía ahora el control de puestos lucrativos, los recursos del gobierno y enormes privilegios que distribuir. No perdieron la oportunidad: malversación y corrupción comenzó a ser la orden del día en todas las ramas de los gobiernos, nacional, provincial y municipal. Sin que el público se diera cuenta, el control del país cayó en manos de matones y pistoleros; fue el principio de un gansterismo que costaría mucho esfuerzo eliminar. El entusiasmo por la reforma se evaporó en gran medida durante la presidencia de Grau (1944-1948).

En diciembre de 1945 el partido comunista desertó de la coalición de Batista y se unió al gobierno de Grau, el cual le dio en premio el control del senado. El número de votantes comunistas registrados aumentó de 90,000 en 1940 a 150,000 en 1946.

Durante las elecciones al congreso el 1 de junio de 1946, los comunistas se unieron al partido auténtico y al pequeño grupo del *ABC* en una coalición exitosa, caracterizada por Chibás, como similar a «*la jornada gloriosa del 1 de junio*» que le había dado el triunfo a Grau en 1944. Los aliados de Grau ganaron una mayoría en ambas cámaras del congreso. Esas elecciones parciales se desenvolvieron con relativa tranquilidad y lógicamente Grau pensó que «*ya no era necesario contar con el apoyo comunista.*»

Foto: LA BOLETA PRESIDENCIAL DE 1944. LA COALICIÓN AUTÉNTICA ESTÁ IDENTIFICADA AQUÍ CON UNA **A**; LA BATISTIANA CON UNA **B**.

1944

La peor decisión presidencial de Grau

La desafortunada solución de Grau a la violencia, que había sido menos frecuente antes de él gracias a la mano fuerte de Batista, fue proveer empleos públicos a los líderes revoltosos y redoblar las botellas (prebendas) para los miembros de las pandillas. Los más importantes de esos grupos en 1944 eran el *Movimiento Socialista Revolucionario (MSR)* de Rolando Masferrer, Manolo Castro, Fabio Ruiz y Mario Salabarría, la *Unión Insurreccional Revolucionaria (UIR)*, de Emilio Tró, y la *Acción Revolucionaria Guiteras (ARG)* de Eufemio Fernández y Jesús González Cartas, alias *El Extraño*.

Grau nombró a Fabio Ruiz jefe de la policía de La Habana; Manolo Castro como el director de deportes; Mario Salabarría como director de la oficina de investigaciones y Emilio Tró como director de la academia de la policía.

Los cuatro disimularon sus actividades criminales hablando en lenguaje revolucionario. Alegaron motivos altruísticos a sus comportamientos criminales. Con el favor de Grau trabajaron abiertamente; incluso trataron de ganar popularidad y la admiración de la ciudadanía en general. Con orgullo se suscribieron a la nueva profesión del *gansterismo*. No tenían objeción alguna a documentos y reportes donde se hacía referencia a ellos como *pistoleros*.

IMÁGENES (IZQUIERDA A DERECHA):
UNA CARICATURA DEL PRESIDENTE *GRAU SAN MARTÍN*; *ORLANDO LEÓN LEMUS*, EL COLORADO, LEYENDO EN LA PRENSA CUBANA EL "FIN" DEL GANSTERISMO; UN NOVATO AFILIADO A LA *UNIÓN INSURRECCIONAL REVOLUCIONARIA (UIR)*, EN LA ÉPOCA, DESEOSO DE INCORPORARSE A CUALQUIER PRECIO A UNA DE LAS PANDILLAS: *FIDEL CASTRO RUZ*.

1944

Grau defraudó las esperanzas de Cuba

A partir de 1946, el partido auténtico gobernó a Cuba, según el New York Times, «con un abandono imprudente.»

Los resultados de las elecciones de 1946 socavaron los fundamentos de la alianza Grau-PSP. El partido auténtico comenzó a disfrutar de una mayoría en el congreso y acaparó el control de la mayoría de los gobiernos provinciales y municipales. Por otra parte, dos años en el poder habían permitido que el partido expandiera la burocracia y la recompensa de partidarios estatales con las prebendas de los cargos públicos y las botellas. Vencer en números y echar a un lado al liderazgo sindical comunista permitió a los auténticos a ejercer un control total sobre el movimiento sindical y ganar el favor de las clases económicas, así como mitigar las preocupaciones de los EEUU sobre la influencia comunista.

Las elecciones de 1946, en la que los líderes del *Partido Socialista Popular PSP* (comunistas) y la *Confederación de Trabajadores de Cuba CTC*, respaldaron los candidatos *Partido Revolucionario Cubano (Auténtico)*, fueron la cima de la afiliación comunista en Cuba (que no se repetiría hasta 1960) y de la capacidad de los comunistas de ganar votos. En 1946 los comunistas solamente contaban con 37,000 miembros; sin embargo pudieron atraer 197,000 votantes para los candidatos del partido.

FOTOS: MILES DE CUBANOS EN EL PARQUE ZAYAS ACLAMANDO A GRAU EL DÍA DE SU TOMA DE POSESIÓN.

El trágico-cómico gobierno de Grau

Los sucesos que ocurrieron cada vez con más frecuencia en el gobierno de Grau San Martín parecieron formar parte de una gran charada, excepto por lo trágico que representaba para una república en pleno estado de formación.

El 16 de marzo de 1945 tuvo lugar la llamada *Conspiración del Cepillo de Dientes*, cuando un gran dispositivo militar rodeó una finca del ex-general José Eleuterio Pedraza en San Antonio de las Vegas, acusado de complotar para asesinar al presidente Grau. Cuando capturaron al general, solo encontraron en su posesión una pistola y un cepillo de dientes. Pedraza, inventor de las purgas que forzaban ingerir a sus enemigos, a punta de pistola, un litro del purgante conocido como *palmacristi*, fue condenado a un año de prisión junto a dos docenas de sus colaboradores.

El 17 de mayo de 1946 ocurrió un conato de golpe de estado en Columbia que resultó en un tiroteo del cual reportó el *Diario de la Marina*: «*En la balacera de la noche del frustrado golpe fue muerto un mulo de la impedimenta del ejército agujereado por las balas de una ametralladora.*» En el argot de la época el incidente fue conocido como la *Conspiración del Mulo Muerto*.

Con la detención en La Habana, Marianao y Pinar del Río de unas 50 personas cuyo jefe al ser apresado vestía una capa de agua de color negro, las autoridades cubanas desarticularon, el 24 de octubre de 1946, el tercero de los complots anti-Grausistas: la *Conspiración de la Capa Negra*. La revista Bohemia reportó: «*Queda demostrado que hay que aportar algo mejor que una capa de agua negra para tomar el campamento de Columbia*.»

FOTO: BATISTA CON PEDRAZA (EN UN CÍRCULO) Y SUS LEALES.

1944 - 1948

Eventos de todo tipo en la época de Grau

El 9 de abril de 1945 rompió el primer escándalo del gobierno de Grau cuando la cámara le retiró su confianza al ministro de comercio, Alberto Inocente Álvarez, por irregularidades. El 26 de junio Cuba firmó la *Carta de las Naciones Unidas* en San Francisco. El 8 de julio Grau concedió un crédito de $750,000 para las obras del *Palacio de los Trabajadores*, sede de la *CTC* comunista. El 24 de diciembre Pio XII nombró Cardenal al Arzobispo de la Habana Manuel Arteaga Betancourt. En 1946 casi 10% de los legisladores cubanos eran de la raza negra.

En enero de 1946 el *ABC* se integró al gobierno de Grau. El 28 de enero el *PSP* (comunistas) rompió con el gobierno de Grau. El 8 de marzo José Manuel Alemán fue nombrado ministro de educación. Con varios camiones del ministerio entró en la tesorería de Cuba y sustrajo 4 maletas llenas de divisas que depositó en Miami al día siguiente. El 25 de marzo se robaron el diamante del Capitolio; dos semanas después apareció inesperadamente en el escritorio del presidente Grau. El 6 de agosto resultó herido en un atentado Julio Lobo Olavarría, czar mundial del azúcar. El 6 de septiembre fue asesinado el hijo de Joaquín Martínez Sáenz, presidente del *ABC* a manos de Abelardo Fernández, *El Manquito*. El 8 de diciembre resultaron heridos tres estudiantes de la Universidad de La Habana en un tiroteo provocado por un obscuro presidente de la escuela de derecho: Fidel Castro Ruz.

En la Avenida del Puerto de La Habana se llevó a cabo el *Primer Congreso Eucarístico Nacional* con un acto masivo al que asisten más de 250,000 personas.

FOTOS: JOSÉ MANUEL ALEMÁN Y KEY BISCAYNE, MIAMI, LA ISLA QUE COMPRÓ CON LOS FONDOS SUSTRAÍDOS DEL TESORO NACIONAL DE CUBA.

1947

El apogeo de los gánsters en Cuba (1)

La violencia se había convertido en endémica en la política cubana desde la revolución contra Machado en 1933. La política cubana era competitiva e impetuosa y no reparaba en cruzar las líneas de legitimidad; con la violencia, los políticos avanzaban sus causas si los procedimientos no violentos no eran efectivos. A lo largo de la década de 1940 ningún gobierno pudo reprimir esos grupos de acción.

Carlos Prío le permitió a Fulgencio Batista regresar a Cuba en noviembre de 1948. Muy inteligentemente, Batista se mantuvo en silencio los próximos dos años, ajeno a los grupos gansteriles que se mataban entre sí, construyendo con paciencia una nueva maquinaria política que le permitiera reconquistar el poder en Cuba.

Los tres grupos gansteriles más importantes que operaban en Cuba en 1948 llevaban varios años de actividades delictivas:
- Jesús González Cartas, alias *El extraño*, al frente de *Acción Revolucionaria Guiteras* (ARG);
- Mario Salabarría (jefe de inteligencia del ejército), Rolando Masferrer y Orlando León Lemus, alias *El Colorado*, al frente del *Movimiento Socialista Revolucionario* (MSR);
- Emilio Tró (director de la academia de la policía) y Antonio Morín Dopico (jefe de la policía de Marianao), al frente de la *Unión Insurreccional Revolucionaria* (UIR).

FOTO: MANIFESTACIÓN FRENTE AL PARQUE CENTRAL EN PROTESTA POR LOS ABUSOS DEL GANSTERISMO POLÍTICO DURANTE EL GOBIERNO DE GRAU.

1947

Los escandalosos sucesos de *Orfila*

En la noche del 5 de septiembre de 1947, el automóvil de Emilio Tró (director de la academia de la policía y jefe de la *UIR*) fue impactado por más de 60 disparos. Tró no se hallaba en el vehículo; los ocupantes reconocieron como uno de los agresores al capitán Rafael Ávila, un matón del grupo de *el Colorado*. Ávila fue abatido a balazos, días más tarde. Mario Salabarría (jefe de inteligencia del ejército y líder del *MSR*) fue designado como oficial investigador del atentado a Ávila y logró pruebas de que Tró había sido el asesino de Ávila. El sábado 13 Salabarría recibió órdenes de detener a Tró.

El lunes 15, al filo del mediodía, Tró y tres de sus hombres acudieron a un almuerzo en la casa de Morín Dopico (jefe de la policía de Marianao), en 8 esquina a D, reparto *Orfila*. Hacia las tres de la tarde desde un auto patrullero se hicieron disparos contra la residencia y se generalizó un tiroteo. Entre los agresores, que eran unos doscientos, estaban Salabarría, *El Colorado* y José Fallat, alias *el Turquito*.

Cuando Tró y sus hombres decidieron rendirse ya habían llegado al lugar las tropas del ejército, enviadas por el General Quirino Uría. El primero en salir de la casa fue Morín Dopico que llevaba en brazos, herida a sedal, a su hija Miriam, de apenas diez meses de nacida. Luego, salió Aurora Soler, esposa embarazada de Morín Dopico y detrás Emilio Tró. Todo parecía haber terminado cuando se escuchó de nuevo el tableteo de una ametralladora y la esposa de Dopico, herida de muerte, cayó al suelo. A su lado cayó Emilio Tró tratando de salvarla. Tró tenía quince perforaciones en el tórax, dos en la región escapular, otras seis a flor de piel, tres en el hombro, otra en el muslo y otra más en la cara que le destrozó el maxilar superior y le vació el ojo derecho.

FOTOS: *EL TURQUITO*, PISTOLA EN MANO, ASESINÓ A EMILIO TRÓ (CÍRCULO).

1948

El apogeo de los gánsters en Cuba (2)

La elección 1948 vio, sin lugar a dudas, una reducción de la influencia comunista; el partido comunista, entonces remodelado como el *Partido Socialista Popular (PSP)*, perdió el control de las principales organizaciones laborales y el acceso al gobierno. Los grupos gansteriles, sin embargo, se dieron a la tarea de reemplazarlo como potencia en Cuba. Algunos de los incidentes más importantes que provocaron los grupos gansteriles fueron:

• El 22 de enero el líder obrero comunista Jesús Menéndez fue asesinado en un tren en Manzanillo por el capitán Joaquín Casillas Lumpuy, que tenía órdenes de arrestarlo.
• El 22 de febrero de 1948 Manolo Castro, ex Secretario General de la FEU cayó abatido a balazos a la salida del *Cinecito* en Consulado y San Rafael; implicado en el asesinato: Fidel Castro Ruz.
• El 9 de abril se produjo el famoso *Bogotazo* en Colombia tras el asesinato del líder liberal Jorge Eliezer Gaitán. Implicado en la revuelta: Fidel Castro Ruz.
• El 16 de julio el sargento de la policía universitaria Oscar Fernández Baralt fue agredido a balazos; implicado en la agresión: Fidel Castro Ruz.

FOTOS: JESÚS MENÉNDEZ, LÍDER AZUCARERO COMUNISTA; FIDEL CASTRO EN BOGOTÁ, DURANTE LAS REVUELTAS DEL 9 DE ABRIL DE 1948; MANOLO CASTRO, PRESIDENTE DE LA FEU, ASESINADO EL 22 DE ENERO; REPORTAJE EN LA PRENSA CON FIDEL CASTRO ACUSADO DEL ASESINATO.

1948

Hacia una primera transición auténtica

La ruptura de la alianza auténtico-comunista se produjo en mayo de 1947, con motivo del quinto congreso de la *Confederación de Trabajadores de Cuba:* el ministro de trabajo, Carlos Prío, fue el promotor de desalojar los comunistas de la CTC y quien más tarde lanzó una campaña de represión contra el PSP que condujo al partido bajo tierra hasta 1959.

Ese mismo año Eduardo Chibás, ex dirigente estudiantil de la generación de 1930 y miembro de los auténticos, comenzó a plantear la necesidad de honestidad en el gobierno; ante los oídos sordos de sus colegas fundó el *Partido del Pueblo Cubano (Ortodoxo)*, reclamando ser «*los verdaderos herederos de la revolución de 1933.*» Enfatizando el nacionalismo, la reforma social, y sobre todo, la honestidad en el gobierno, los ortodoxos capturaron la imaginación de la clase media cubana y de muchos estudiantes cubanos. El partido se convirtió en el depositario de los ideales de la revolución frustrada y el refugio de una nueva generación, decidida a transformar esos ideales en realidades.

Chibás se postuló para presidente en las elecciones de 1948. Los ortodoxos tenían menos de un año de edad. El 1 de junio los *auténticos-republicanos* Carlos Prío-Guillermo Alonso Pujol ganaron las elecciones cómodamente pero no abrumadoramente. Obtuvieron 890,000 votos de un total de 2.5 millones de electores votantes registrados, un 36 %; Los contrincantes fueron un gran reto: los *liberales-demócratas* presentaron a Ricardo Núñez Portuondo y ganaron 24 %; los *ortodoxos* Eduardo Chibás-Roberto Agramonte un 13 %, y los *comunistas* Juan Marinello-Lázaro Peña un 6 %. Un 22 % de los electores registrados dejaron de votar.

FOTO: CARLOS PRÍO PRESIDENTE RODEADO DE SUS COLABORADORES.

1948

Prío, Grau, Batista, Chibás y la dificultad de gobernar a Cuba

Durante la campaña presidencial de 1948 los pistoleros empacaron sus armas y permanecieron en silencio. La violencia que se había convertido en endémica y no había sido reprimida durante la década de 1940 dejó de existir brevemente. Batista fue electo en ausencia como senador de Las Villas. Se quedó tranquilo cuando regresó de Daytona Beach a Cuba, dejando a Chibás el trabajo de organizar y difundir la beligerante oposición a los auténticos. Pronto, sin embargo, comenzaron los problemas. Cuba, como habían dicho el español Martínez Campos y el americano Magoon años atrás, seguía siendo *«un lugar ingobernable.»*

FOTO: PRÍO Y GRAU; UNA CARICATURA DE BATISTA Y EL PASQUÍN DE CHIBAS EN LAS ELECCIONES DE 1948.

1949

Los gánsters cubanos de capa caída

Al comenzar el año 1949, el gobierno de Carlos Prío encontró una nómina pública inflada e ineficiente. Durante el gobierno de Grau el número de empleados públicos había aumentado de 60,000 a 131,000. El primer año del nuevo gobierno se caracterizó por numerosos atentados armados, los esfuerzos más serios de la república para acabar con el gansterismo y los más fuertes pasos para dotar al país de una estructura administrativa, legal y social adecuada. Prío supo actuar con los siguientes acontecimientos:

Apenas comenzado el año, el 4 de enero, La Habana fue sacudida por un atentado dinamitero a la tienda *La Época*; el 2 de abril Justo Fuente, VP de la *Federación Estudiantil Universitaria (FEU)* y miembro de la *Unión Insurreccional Revolucionaria (UIR)*, fue abatido a tiros; el 8 de julio el presidente de la *Confederación de Trabajadores de Cuba (CTC)*, Eusebio Mujal, resultó ileso de un atentado contra su vida; el 2 de septiembre la policía decomisó un arsenal de armas de fuego almacenado en la *escuela de agronomía* de la Universidad de La Habana; el 15 de septiembre el Senador Rolando Masferrer, ampliamente reconocido como uno de los «muchachos de gatillo alegre,» (gánster) sobrevivió un atentado armado; el 20 de septiembre murió a tiros el estudiante Gustavo Mejía, líder de la FEU; el 23 de septiembre el general Quirino Uría, el más recto y firme enemigo del gansterismo, detuvo a 28 miembros de la *UIR* y el *Movimiento Socialista Revolucionario (MSR)*; el 2 de noviembre fuerzas de la policía y el ejército rodearon en la *Loma del Chaple* (Luyanó, Habana) a Orlando León Lemus, alias *El Colorado* y a Policarpo Soler. Ambos gánsters lograron escapar.

Fue la primera vez que las fuerzas de seguridad lograban hacer mella en la violencia desatada por gánsters-revolucionarios en Cuba.

FOTO: IZQUIERDA A DERECHA: *POLICARPO SOLER*, *ORLANDO LEÓN LEMUS* (EL COLORADO) Y *ROLANDO MASFERRER*.

1949

Cuba creó su propio *Banco Nacional*

Al mismo tiempo que Prío trataba de detener atentados, abusos y tiroteos, su gobierno comenzó a avanzar el desarrollo del país con instituciones y leyes que llenaban las aspiraciones de todos los cubanos y en particular de aquellos que se sentían parte de la *Generación del 33*.

El 18 de enero de 1949 el representante Pelayo Cuervo Navarro presentó a las cortes la *Causa 82* para responsabilizar al expresidente Grau y sus ministros de una malversación de $174 millones del gobierno auténtico anterior; el 27 de enero fue nombrado Felipe Pazos como presidente del *Banco Nacional de Cuba*; el 11 de mayo el gobierno creó el *Grupo de Represión de Actividades Subversivas (GRAS)* para dar fin a la inestabilidad creada por políticos y militares ambiciosos de poder sin apego a la Constitución; el 31 de mayo la cámara aprobó y Prío refrendó la creación del *Tribunal de Garantías Constitucionales y Sociales*; el 22 de noviembre el gobierno creó y asignó fondos para la fundación de dos nuevas Universidades públicas: en Santiago de Cuba (*Universidad de Oriente*) y Santa Clara (*Universidad Marta Abreu*).

A lo largo de 1949, el gobierno de Cuba manejó con destreza varios eventos importantes: el *Estado de Israel* fue reconocido por Cuba, a pesar de haber votado en contra de su creación en las *Naciones Unidas*; en febrero la *Universidad de La Habana* se fue una vez más en huelga, esta vez sin consecuencias serias; el 11 de marzo un grupo de marinos borrachos de los EEUU profanaron la estatua de José Martí en el Parque Central. El gobierno controló una intentona popular de linchamiento y aceptó las profusas excusas del embajador J. Butler Wright de los EEUU.

Fotos: Felipe Pazos y el billete de $1 honrando a José Martí.

Reformas a la vista en 1950

Ya para 1950 Cuba tenía un alto grado de urbanización, un gran movimiento obrero organizado, y casi toda la población rural trabajando en la producción de cultivos para consumo interno o exportación. Había más capital de EEUU invertido en Cuba *per capita* que en cualquier otro país del tercer mundo, excepto en los países productores de petróleo. Unas 186,000 personas, (el 11% de la población activa), eran empleados públicos a nivel nacional, provincial o municipal, consumiendo el 80% del presupuesto anual; otras 30,000 personas estaban jubiladas en el sector público, representando otro 8% de los gastos nacionales.

Políticamente, los ortodoxos se habían convertido en una fuerza formidable; Chibás, ahora senador electo, monopolizaba la retórica de la *Revolución del 33*, y era a su vez el mejor exponente de los viejos políticos y el líder de una nueva generación que traía moralidad y honestidad a la vida pública cubana.

En febrero de 1950 Alonso Pujol, VP de la República, rompió con Prío y entró en un pacto con su viejo amigo Grau en la llamada *Alianza de la Cubanidad* o *Coincidencia Nacional*.

Los comunistas perdieron mucho terreno en 1950; nadie quiso aliarse con ellos. La membresía se redujo de 150,000 en 1948 a menos de 50,000. En las elecciones de 1950, perdieron 3 escaños en el senado y solo pudieron defender 9 asientos en la cámara. Los auténticos, por otra parte, perdieron la alcaldía de La Habana a Nicolás Castellanos Rivero (del *Partido Republicano* con apoyo de Grau y Batista) que le ganó las elecciones (52% vs. 37%) a Antonio Prío Socarrás, hermano de Carlos. Fueron posiblemente las elecciones más honestas de la historia de Cuba. Los auténticos obtuvieron una sólida mayoría en la cámara.

FOTOS: ESQUINA DE 23 Y L, VEDADO Y CALLE NEPTUNO, LA HABANA.

Buenas y malas noticias en 1951

Al comenzar el año 1951 los partidos comenzaron a organizarse para las elecciones de junio de 1952. Algunos partidarios de Batista se unieron a los auténticos y ortodoxos; la mayoría formaron el *Partido Acción Unitaria (PAU)*, único apoyo visible de Batista para su postulación. Los auténticos pactaron con los liberales; los ortodoxos decidieron seguir solos.

El 10 de enero Prío nombró presidente del *Banco de Fomento Agrícola e Industrial de Cuba (BANFAIC)* a Justo Carrillo, un distinguido economista ex-miembro de la *DEU*; Emilio Fernández Camus fue nombrado presidente del *Tribunal de Cuentas*. En ese mismo día el ex-Presidente auténtico Ramón Grau fue procesado por malversación en la Causa 82.

El 14 de julio, después de una fuerte polémica sobre malversaciones entre el ministro de educación Aureliano Sánchez Arango y el presidente de los ortodoxos Eduardo Chibás, Chibás terminó suicidándose al terminar su programa de radio dominical en la emisora radial CMQ.

A pesar de sus mejores esfuerzos, Prío no pudo terminar con la inestabilidad, el gansterismo y los atentados políticos. Durante 1951 los sindicatos organizaron 120 huelgas; el 15 de junio Policarpo Soler fue preso en el *Balneario Buey Vaquita* en Matanzas después de un fuerte tiroteo. Cuatro meses después fue arrestado de nuevo y el 25 de noviembre escapó de la fortaleza *El Príncipe* ayudado por Orlando León Lemus, *el Colorado*; el 17 de octubre los pandilleros de Rolando Masferrer tirotearon varios contrincantes en el Vedado, incluyendo el 24 de diciembre al jefe del ejército Genovevo Pérez Dámera.

FOTO: EL MULTITUDINARIO ENTIERRO DEL POPULAR EDUARDO CHIBÁS.

1952

Todo listo para las elecciones de 1952

Todo en Cuba estaba listo para las elecciones de junio 1 de 1952. De los 2,764,757 electores inscritos, 2,097,960 pertenecían a alguno de los partidos políticos. Todos habían crecido excepto el *Partido Comunista* que registró menos de los 50,000 que se esperaban. Inclusive Kid Gavilán, *Campeón Mundial Welter de Boxeo en 1952*, estaba planeando ir a Cuba el día de las elecciones.

Después de la honestidad de Prío en las elecciones de 1950, todos esperaban una elección honesta en 1952 que le daría la presidencia a los *ortodoxos*. Batista estaba apoyado por un grupo de elementos políticamente atrasados; no se le daban mayores esperanzas. Los *auténticos*, eran los mejores organizados, pero iban a perder debido al malestar con los gobiernos de Grau y Prío.

La violencia había decrecido. A pesar de eso, el 30 de enero una bomba había explotado en el hogar de María Luisa Gómez-Mena; el 5 de febrero un fuego destruyó el hogar de Diego Vicente Tejera y entre las cenizas apareció el cadáver de un conocido pandillero; el 12 de febrero fue asesinado Alejo Cossio del Pino, ex-ministro de gobernación y dueño de *Radio Cadena Habana*; el 21 de febrero tuvo lugar un atentado a Rolando Masferrer; el 3 de marzo fue bombardeado el bufete de Pelayo Cuervo Navarro, fiscal de la Causa 82. En Cuba reinaba una verdadera esperanza de mejores y más seguros tiempos.

Todo se vino al suelo la madrugada del 10 de marzo cuando un grupo siniestro de civiles y militares, acompañando al ex-presidente Fulgencio Batista, entraron subrepticiamente por la posta número 4 del campamento militar de Columbia.

FOTOS: CANDIDATOS PRESIDENCIALES EN 1952, *CARLOS HEVIA*, AUTÉNTICO, *ROBERTO AGRAMONTE*, ORTODOXO, *FULGENCIO BATISTA, PAU.*

Un último asalto a la vida constitucional puso fin a la República de Cuba

Batista rompió el orden constitucional

El 10 de marzo de 1952, a las 1:00 de la mañana, Carlos Prío estaba en su finca *La Chata*, en Arroyo Naranjo, a 20 Km de La Habana. Su ayudante Segundo Curti y varios de sus ministros estaban en el *restaurante Rio Mar*, en Primera y O en Miramar, en una cena tardía. Los habaneros ya se habían ido a sus casas después de una noche de carnaval. En ese momento tres grandes Buicks negros salieron de la *Finca Kukine*, residencia de Batista en Arrollo Arenas, cerca de La Habana. Batista, vestido con una chaqueta y portando una pistola calibre .45, iba en la procesión.

Pasearon por La Habana un buen rato para verificar que no había actividad militar en ningún lugar. Después se dirigieron a la posta número 4 del campamento de Columbia. Custodiando esa entrada estaba un oficial de bajo nivel y varios otros soldados jóvenes que les esperaban; eran parte del complot. El oficial dejó entrar la comitiva, que procedió a detener a Ruperto Cabrera, jefe del ejército nacional de Cuba y a Quirino Uría, inspector general del ejército. Se había terminado la democracia en Cuba. Batista era en 1952 el único hombre que podía hacerse cargo de la casta militar cubana sin derramar sangre.

A las 1:00 pm, la radio de La Habana estaba dando la lista de los nuevos ministros del gabinete de los golpistas; todos se conocían entre sí y ahora estaban haciéndose eco de la consigna política que Batista había utilizado: «*Batista es el hombre*.» Pretendieron ignorar que habían deshecho una docena de años de gobierno constitucional en un día de oprobio. Cada uno de ellos terminó en el exilio en 1959, cuando Batista fue expulsado del poder tras una revolución comunista violenta que en buen grado habían hecho posible ese 10 de marzo de 1952.

FOTO: BATISTA DIRIGIÉNDOSE A LAS TROPAS EL 10 DE MARZO DE 1952.

La prensa internacional y el 10 de marzo

FOTO: EL *ILLUSTRATED LONDON NEWS* CUBRIÓ EL GOLPE DE ESTADO.

Segundas partes nunca han sido buenas

Ante el hecho consumado de un golpe de estado, los sectores políticos del país reaccionaron distintamente: los *ortodoxos* lucharon contra el golpe de estado, los *auténticos* se quejaron pero no hicieron nada; los estudiantes fueron los únicos en atacar.

Dos fueron las verdaderas razones detrás de golpe de estado: Batista no podía ganar las elecciones; el *Partido Acción Unitaria (PAU)* ni siquiera pudo postular senadores en varias provincias. Además, los compinches de Batista habían sido desplazados por parásitos *auténticos* que acapararon el presupuesto del estado.

Batista, nunca había sido un gobernante democrático. Confiaba en el poder coercitivo más que en desarrollar consensos. Desde 1952 hasta 1959, suspendió las libertades civiles, la libertad de prensa y la libertad de asociación. La mayor parte de su tiempo quiso lograr una transición de dictadura militar a una presidencia electa por el pueblo, como había tratado entre 1934 y 1940; esta vez su retórica populista sonó como un piano desafinado.

La corrupción y la vida opulenta llegó a ser predominante entre sus *ad lateres*; las instituciones autocráticas perdieron su eficacia a medida que abusaban del poder. Debido a sus antecedentes de interés por lo internacional, Batista ganó el reconocimiento de su gobierno por las naciones no comunistas; solo los cubanos no toleraron ni ser gobernados a la fuerza ni aceptar la farsa de un *Consejo Consultivo* en lugar del congreso cubano.

FOTO: BATISTA Y SUS LEALES COMPINCHES MILITARES.

1952

¿Batista protegido por *Dioses Santeros*?

Batista creía firmemente en los dioses de la *Santería*. Según Guillermo Cabrera Infante, Gastón Baquero (coterráneo, amigo y consejero de Batista) le escuchó en una ocasión que «*el éxito de su golpe de estado del 10 de marzo de 1952 se debía a la Luz de Yara,*» una creencia cubana de origen aborigen. Según esa leyenda, Batista debía entrar de madrugada a Columbia, cuartel general del ejército, por una de las postas muy vigiladas. De pronto se decidió por la posta 6, donde el centinela de guardia no sabía de la conspiración militar. Batista, vistiendo el jacket que se ponía en todas sus aventuras peligrosas, llevaba en el bolsillo una .45 «*con una bala en el directo.*» Al entrar por la posta «*el centinela no pudo verlo porque lo protegía y hacía invisible la Luz de Yara.*»

Años más tarde, en medio de la casi guerra civil que Batista provocó en Cuba, se supo de Odilio Urfé, erudito de la música cubana y fanático batistiano confesó haber estado en un cuarto de espaldas a la puerta y saber cuando Batista estaba en su presencia sin siquiera volver la espalda, «*porque un halo irresistible anunciaba al general.*»

En el verano de 1958, bajo petición de Batista y usando el dinero que le había dado el General para este propósito, Urfé organizó lo que se llama en la *Santería* «*un gran Ekbó*» en la vecina villa de Guanabacoa, uno de los centros espirituales de la *Santería*. Este *Ekbó* tuvo el propósito de reunir a todos los espiritistas de Cuba en una petición al dios Olofi en el estadio de Guanabacoa. El estadio estaba atestado de prosélitos y *babalawos*, todos vestidos de blanco. La reunión fue para pedir a todos los santos que se detuviera el *río de sangre*» que anegaba la isla. Curiosa petición cuando Batista era la causa principal de los horrores que se cometían en su nombre.

FOTOS: GUILLERMO CABRERA INFANTE Y GASTÓN BAQUERO.

Las cosas empeoraron para Batista

El inmenso ego de Batista no le permitió reconocer que los políticos que él había echado a un lado el 10 de marzo no iban a participar en la vida cubana acatando sus nuevas reglas. Batista también creía que los soldados y suboficiales del ejército cubano aceptarían el mandato de los viejos jefes batistianos porque preferían a Batista en lugar de cualquier *auténtico* u *ortodoxo*. Su único punto favorable fue que el origen social que lo había mantenido al margen de la sociedad desde 1933 hasta 1944, podía ahora ayudarlo en 1952 en sus relaciones con la casta militar.

El golpe militar de 1952 había sumido el sistema político de Cuba en el caos. La represión política y la resistencia armada se convirtieron en una barrera entre el gobierno y los gobernados. Batista deshizo más de una década de desarrollo político al anular la constitución del 1940 con una revuelta cuartelaria común.

El 6 de abril de 1952. Batista sustituyó la constitución de 1940 por unos estatutos constitucionales. De inmediato comenzaron los atropellos: el nuevo *Servicio de Inteligencia Militar (SIM)* arrestó a Roberto Agramonte, Manuel Bisbé, Carlos Márquez Sterling y José Pardo Llada, todos del partido ortodoxo, por conspirar contra el nuevo gobierno. El 20 de mayo la policía disolvió violentamente una manifestación estudiantil en la escalinata universitaria. El 6 de junio en Guanajay, una asamblea de la juventud católica cubana fue disuelta a golpes. El 15 de enero de 1953, Rubén Batista, estudiante de la Universidad de La Habana, fue muerto al atacar la policía una manifestación. El 14 de abril se cerró la Universidad de La Habana.

FOTO: PRIMERA *MARCHA DE LAS ANTORCHAS* ORGANIZADA POR ESTUDIANTES DE LA UNIVERSIDAD CONTRA BATISTA EN 1953.

El ataque al cuartel Moncada de Santiago

Los partidos auténtico y ortodoxo se reunieron en Montreal en junio de 1953 y emitieron una *Declaración de Montreal* que estableció en parte: (1) la crisis cubana solo podría resolverse mediante la restauración de la constitución de 1940, (2) Batista era incapaz de restaurar las instituciones políticas y organizar elecciones nacionales, (3) después de Batista, un gobierno provisional podría restaurar el código electoral de 1943 y garantizar la neutralidad en una futura elección; (4) las organizaciones políticas que firmaban la *Declaración* rechazaban y condenaban los atentados contra personas, el gansterismo y el terrorismo como formas de la lucha; (5) los dos partidos se ofrecen para nombrar comisiones que estructuren estos esfuerzos sin que ello implique estar formando una coalición electoral.

Batista prestó oídos sordos a ese posible desenlace. Para debilitar a la oposición, eliminó el requisito que establecía un número mínimo de votantes registrados para inscribir un partido. El 10 de diciembre de 1953, nueve partidos se habían registrado para participar en las elecciones de noviembre de 1954. Meses más tarde la mayoría de ellos se disolvieron.

El 26 de julio de unos 120 Hombres encabezados por Fidel Castro atacaron el *Cuartel Moncada* en Santiago de Cuba. El ataque fracasó y los sobrevivientes se adentraron en las montañas de Oriente, de donde los rescató Mons. Enrique Pérez Serantes, arzobispo de Santiago. En los EEUU, el *partido comunista norteamericano*, por medio de su periódico *Daily Worker*, descalificó la acción del Moncada por «*putshista y pequeñoburguesa.*»

Foto: vista aérea del *Cuartel Moncada*, Santiago de Cuba.

1953

El ataque al cuartel Moncada

FOTOS (DE ARRIBA A DEBAJO):
CUARTEL MONCADA ANTES Y DESPUÉS DEL ATAQUE DEL 26 DE JULIO. SE HA DICHO QUE, CON EL FIN DE HACER LUCIR LA AVENTURA MAS HEROICA, MUCHAS MARCAS DE BALA SE AÑADIERON AÑOS DESPUÉS DE 1959 POR PARTIDARIOS DE LOS ATACANTES;
LOS PRESOS DEL MONCADA, CON CASTRO A LA DERECHA;
EL INTERROGATORIO DE CASTRO TRAS SU DETENCIÓN Y ANTES DE SER ENVIADO A LA PRISIÓN DE BONIATO, EN ORIENTE.

El ataque al Moncada: mitos y realidades

El ataque al Moncada ha sido objeto de muchas leyendas, muchas de las cuales son falsas pero nunca han sido repudiadas.

- Ninguno de los atacantes era miembro del *partido comunista* o la *juventud socialista*, con excepción de Raúl Castro, hermano de Fidel, que no había notificado al partido sus intenciones de unirse al ataque.
- Fidel, nominalmente miembro del partido ortodoxo, no había consultado sus planes con la dirección del partido. Desde ese punto de vista, la declaración del periódico comunista *Daily Worker* de los EEUU que el ataque había sido una acción «*putshista y pequeñoburguesa,*» es cierta.
- El ataque fracasó, muchos de los atacantes murieron pero Fidel Castro escapó a las montañas dejando atrás sus compañeros.
- Castro nunca entró en la guarnición; se negó a someterse a una prueba de parafina, por lo tanto nunca se sabrá si él disparó su arma. Insistió que el informe final debía demostrar que él SI había disparado su pistola y que estipulara ese hecho.
- Una prueba de parafina después del encuentro mostró que el hermano Raúl nunca disparó su arma.
- Los prisioneros rebeldes no fueron torturados, sus ojos no fueron retirados de sus órbitas, nadie fue castrado o mutilado, nadie tuvo que sufrir quemaduras con una herramienta de marcar ganado. Por otra parte, es cierto que 30 de los rebeldes fueron ejecutados por los militares después que se habían rendido.
- De los 99 atacantes que sobrevivieron al Moncada, 27 se volvieron contra Castro cuando se declaró *marxista-leninista*, 14 se unieron al gobierno de Castro del 1 de enero de 1959; el resto se marchó a sus casas sin involucrarse a favor o en contra de la revolución.

FOTO: SOLDADOS Y VÍCTIMAS EN LOS ALREDEDORES DEL MONCADA.

Batista trató de legitimizarse en 1954

En 20 mayo de 1954, Batista ofreció una amnistía a exiliados y presos políticos (con excepción de los moncadistas) y se comprometió a celebrar elecciones el 1 de noviembre 1954. Simultáneamente aprobó la creación del *Bureau de Represión de Actividades Comunistas (BRAC)*. El 14 de agosto, para postularse, renunció a la presidencia en favor de Andrés Domingo Morales del Castillo, secretario de la presidencia y del consejo de ministros.

La contienda electoral de 1954 procedió con poco entusiasmo. Grau, líder del *Partido de la Cubanidad* viajó y habló mucho durante una campaña que fue acompañada por actividades insurreccionales y medidas represivas. El 30 de octubre de 1954, un día antes de las elecciones, Grau retiró su candidatura presidencial «*reclamando insuficientes garantías cívicas*,» dejando a Fulgencio Batista como único contendiente.

La participación de los votantes se redujo de 80% por ciento en 1948 a 53% en 1954. Batista fue respaldado por el gobierno, las fuerzas armadas, los funcionarios públicos, el gobierno de los EEUU y los intereses norteamericanos en Cuba.

Hubo evidencia que Batista pidió a muchos de sus partidarios votar por Grau; Batista se proclamó presidente de la república e insistió que los seguidores de Grau habían votado a pesar del mandato de su líder. Si los partidarios de Grau hubieran votado, el *Partido de la Cubanidad* tenía derecho a 18 de los 54 escaños en el senado cubano. Batista rápidamente anunció los nombres de los 18 candidatos ganadores por el partido de oposición.

FOTO: PASQUINES ELECTORALES EN PRADO Y NEPTUNO EN 1954.

1955

Batista se negó a transigir por la paz

En mayo de 1955, contra la opinión de varios de sus ministros, Batista derogó las medidas que le permitían invocar la *ley marcial* en Cuba, declaró una amnistía general y puso en libertad a Fidel Castro (prisionero 4914), su hermano Raúl y otros 18 presos condenados por el ataque al Moncada. Los ortodoxos le ofrecieron a Castro un papel importante en el partido, pero optó por irse a México y fundar allí un movimiento armado.

Dos eventos importantes tuvieron lugar en Cuba en 1955.

En febrero de 1955, Jorge Mañach (1898-1961), miembro de la generación del 1933, ex-ministro de relaciones exteriores y profesor de la Universidad de Columbia en New York, se unió a Rufo López Fresquet, Luis Botifoll, Justo Carrillo y José Pardo Llada para lanzar el *Movimiento de la Nación (MN)*, con el propósito de resolver la crisis institucional cubana.

En noviembre, Don Cosme de la Torriente (1872-1956), un veterano general de la guerra de independencia formó, con la ayuda de líderes auténticos, ortodoxos, y estudiantes universitarios, la *Sociedad de Amigos de la República (SAR)*, tratando de encontrar una solución a la situación de estancamiento político creado por los simulacros de elecciones de 1954.

Todos los partidos políticos excepto los comunistas y los ortodoxos seguidores de Castro participaron el 19 de noviembre 1955 en una manifestación convocada por la *SAR* en La Habana. Batista ignoró los esfuerzos de la *SAR* y el *MN*, así como las reuniones exploratorias del llamado *diálogo cívico*. Así se continuaban cerrando todas las posibilidades de reconciliación nacional

IMÁGENES: FOTO DE BATISTA CON DON COSME DE LA TORRIENTE. A LA DERECHA, UN DIBUJO DE JORGE MAÑACH.

Las fuerzas de oposición no transigieron

En 1955, Batista estaba bajo presión para liberar presos políticos, pero también quería legitimar su régimen creando un nuevo clima de libertad política, que había sido muy restringida durante las elecciones de 1954. Ahora en 1955 se sentía muy seguro pensando que la mayoría de los grupos de la oposición se estaban desintegrando.

El incidente del Moncada se olvidó relativamente pronto pero no así las medidas represivas adoptadas por Batista en contra de sus enemigos y muchos disidentes cubanos. Abogados, sacerdotes, laicos católicos, estudiantes y educadores comenzaron a defender a las víctimas de la represión del gobierno. Castro, *ortodoxo* de profesión política, podría haberse vuelto a unir al partido como lo habían hecho Bisbé, Pardo Llada, Agramonte y otros líderes, y pasar los próximos años en una oposición discreta al régimen de Batista. No fue así. Al salir de la cárcel, Castro se convirtió en un célebre héroe e hizo una entrada triunfal en La Habana. Ahora no estaba dispuesto a respaldar a ningún otro líder político. El 8 de julio formó en México el *Movimiento 26 de Julio*, fecha en que su grupo había asaltado el cuartel Moncada.

El 11 de agosto Prío retornó a Cuba gracias a la amnistía promulgada por Batista. El 30 de diciembre José Antonio Echeverría, presidente de la *FEU*, hizo pública la existencia del *Directorio Revolucionario Estudiantil (DRE)* que fomentaría la lucha armada contra Batista. El *PSP* condenó al directorio, a Prío y al Movimiento 26 de Julio. La sangre no tardaría en correr.

FOTO: ESTUDIANTES UNIVERSITARIOS PROTESTANDO CONTRA BATISTA.

1956

Se recrudeció la crueldad del gobierno

Durante 1956, los enfrentamientos entre estudiantes y la policía fueron frecuentes y sangrientos debido a una política sistemática de brutalidad sin paliativos que había sido explícitamente aprobada por Batista. El *Consejo Universitario* decidió cerrar la Universidad de La Habana a principios de año, lo cual eliminó el centro principal de organización clandestina de estudiantes y sus simpatizantes. No por eso se detuvo la ola de violencia.

En enero de 1956 el *Directorio Revolucionario Estudiantil (DRE)* y el *Movimiento 26 de Julio* hicieron explotar bombas en La Habana y Santiago de Cuba. El 11 de marzo Batista, lleno de orgullo, rechazó vigorosamente las propuestas de la *Sociedad de Amigos de la República (SAR)*. Pocos días después, el 4 de abril fracasó un conato de alzamiento militar conocido como la *Conspiración de los Puros*; entre los más de 200 participantes fueron detenidos los coroneles Ramón Barquín, y Manuel Varela y los comandantes Enrique Borbonet y José Orihuela, así como Justo Carillo de la *Agrupación Montecristi*.

El 29 de abril la *Triple A* y la *OA*, ambas de membresía auténtica, atacaron el *Cuartel Goicuría* de Matanzas; los participantes fueron cruelmente asesinados por el general de brigada Pilar García y su hijo Irenaldo García Baéz.

Ante la intransigencia y la crueldad del gobierno de Batista, la opción insurreccional se volvió cada vez más atractiva y legítima, sobre todo dentro de los sectores profesionales y de clase media.

FOTOS: LA INSENSIBLE CRUELDAD EN EL *CUARTEL GOICURÍA* EN 1956.

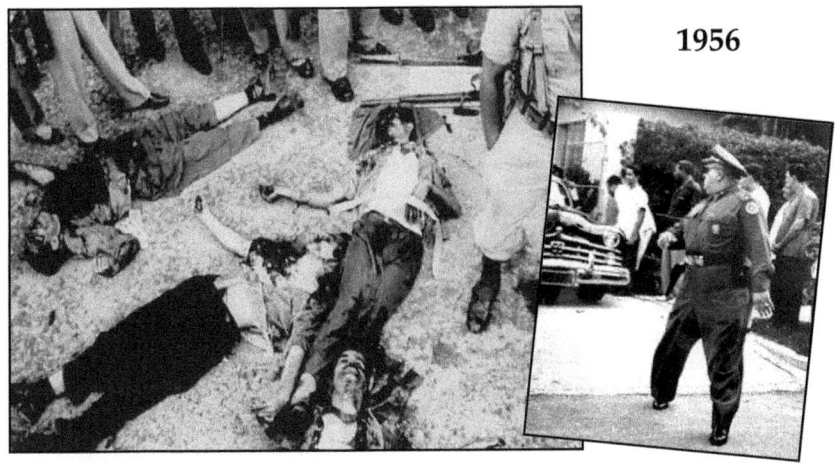

1956

Atentados y levantamientos contínuos

Una última esperanza de paz y democracia se había desmoronado en marzo de 1956 con el rechazo de Batista a un *Diálogo Cívico*; se sentía demasiado fuerte y sin necesidad de hacer concesión alguna. Unos días después el *Directorio Revolucionario (DR)* y el *Movimiento 26 de Julio (M-26-7)* emitieron conjuntamente el *Pacto de México*, un documento denunciando cualquier posible solución electoral y reafirmando su compromiso con la insurrección. En el texto de la declaración, las palabras «*cualquier participación en las elecciones convocadas por el régimen será considerado una traición a los sublevados.*»

El *DR* continuó su campaña de sabotaje y terrorismo urbano contra el gobierno, desdeñando la opción guerrillera; el *M-26-7* continuó creando una atmósfera de tensión, incertidumbre y miedo en todo el país asegurando que el éxito estaba en levantamientos y no en actos violentos.

Por parte del directorio, el 28 de octubre Rolando Cubela y Juan Carbó Serviá dieron muerte al Coronel Antonio Blanco Rico, jefe del *SIM*, en el *Cabaret Montmartre* en La Habana. El 31 de octubre cayó Rafael Salas Cañizares, jefe de la policía, en un atentado perpetrado en la embajada de Haití en La Habana.

Por parte del *M-26-7*, el 30 de noviembre ocurrió un levantamiento exitoso en Santiago de Cuba dirigido por Frank País, seguido de levantamientos frustrados en Guantánamo, Mayarí y Holguín, todos en la provincia de Oriente y todos anticipando un desembarco inminente del *M-26-7* desde México.

FOTOS: VÍCTIMAS DEL ATENTADO EN MONTMARTRE; RAFAEL SALAS CAÑIZARES EN LA EMBAJADA DE HAITÍ UNOS MINUTOS ANTES DE MORIR.

1956

Violencia y crueldad de ambos lados

FOTOS: A PARTIR DE 1956 NO HUBO DESCANSOS EN LA CRUELDAD DEL GOBIERNO Y LA VIOLENCIA POR PARTE DE LA OPOSICIÓN: BOMBAS, TIROTEOS, ATENTADOS, MANIFESTACIONES, VELORIOS, ANGUSTIAS Y SUFRIMIENTO.

1956

El fatídico desembarco del granma

El 2 de diciembre de 1956, 82 miembros del *M-26-7* salieron del puerto de Tuxpan, en México y después de un viaje difícil en aguas mexicanas, desembarcaron, bajo un nutrido bombardeo de la fuerza aérea cubana, en *Playa de los Colorados*, Oriente, una costa pantanosa llena de insectos y pequeños cangrejos. Carlos Prío había conseguido para ellos un yate de 58 pies de eslora, el *Granma*, y les había facilitado $50,000 para sus gastos. El desembarco fue cerca de *Central Niquero*, propiedad del magnate azucarero Julio Lobo, uno de los hombres más ricos de Cuba.

Los rebeldes incluían a Fidel Castro y su hermano Raúl. Perdieron la mayoría de sus hombres en las playas y solo un puñado sobrevivió y se internó en la Sierra Maestra. La fuerza aérea cubana intentó acorralarlos sin éxito por varios días; pronto cesaron las operaciones creyendo que todos los insurrectos habían perecido. El éxito del desembarco dio lugar a asesinatos masivos en Oriente por parte del coronel Fermín Cowley; de igual forma comenzaron a explotar numerosas bombas en La Habana, una de ellas en el famoso *Cabaret Tropicana*.

El gobierno suspendió las garantías constitucionales y estableció la más estricta censura de prensa en la historia de la república. Los hermanos Castro y una docena de sobrevivientes, comenzaron a librar una guerra de guerrillas contra el régimen de Batista.

El 8 de diciembre falleció en La Habana don Cosme de la Torriente. Con el desaparecieron las últimas esperanzas de paz.

FOTOS: DESEMBARCO DEL YATE *GRANMA* EN ORIENTE; FERMÍN CROWLEY.

Castro le tomó el pelo al *NY Times*

Después del desembarco del *Granma*, las fuerzas del M-26-7 desaparecieron por muchas semanas en los bosques de la Sierra Maestra. Con pocos reclutas y pocas armas, las esperanzas de poder derribar al gobierno de Batista cada día parecían más remotas. En enero de 1957, Castro envió un mensaje a La Habana invitando a los periodistas a subir a la sierra para entrevistarlo. Ni Sergio Carbó, director de *Prensa Libre*, ni Miguel Ángel Quevedo, propietario de la *Revista Bohemia*, accedieron a ello.

Desalentado por esa reacción, Castro buscó entonces un periodista extranjero. Felipe Pazos, presidente del Banco Nacional de Cuba, conocía a Rubí Hart Phillips, corresponsal del *New York Times* en La Habana y por medio de su hijo Javier, miembro del M-26-7 le preguntó si alguien del *New York Times* estaba interesado en la aventura de subir la Sierra Maestra. Phillips llamó por teléfono a Herbert Matthews, director de la página editorial del periódico. Matthews había sido corresponsal de guerra en Etiopía y España y decidió hacer personalmente la entrevista.

La reunión Castro-Mathews se hizo famosa en todo el mundo. Castro engañó a Mathews convenciéndolo que tenía cientos de seguidores en sus filas, cuando en realidad eran solo 18 hombres; los insurrectos caminaron una y otra vez en círculos alrededor de la mesa donde estaban sentados Castro y Mathews y este se impresionó con el *"volumen"* de las tropas al mando de Castro.

Después de la publicación de la entrevista, a Castro nunca le faltaron ni reclutas ni nuevos fondos. En las vallas anunciadoras del *NY Times* en los subways de Nueva York aparecieron anuncios que mostraban una foto de Castro diciendo: «*Yo conseguí mi trabajo gracias al NY Times.*»

Fotos: LA ENTREVISTA MATHEWS-CASTRO EN LA SIERRA MAESTRA.

La insurrección a las puertas de palacio

La incapacidad de los burócratas de Batista quedó demostrada en 1957. El sábado 16 de febrero había sido la reunión Castro-Mathews en *Los Chorros*, cerca de Jibacoa. El Domingo 24, el *NY Times* publicó la entrevista. El lunes 25, un grupo de inspectores con tijeras entró en el local del *NY Times* en La Habana y se dedicó a recortar la foto de Castro con Mathews en cada copia de la edición del domingo. Fue el acto más idiota en la historia de la república. El miércoles 27 Batista llamó a *Prensa Libre* en La Habana alegando que las fotos eran un truco; *Prensa Libre* publicó lo dicho por Batista el 28 de febrero. Más gente conoció los hechos por Batista que por el *NY Times* del domingo 24.

Durante todo el 1957 la violencia arreció en Cuba. El 2 de enero un grupo de jóvenes fue abatido en Santiago por protestar en la calle. El 15 Batista suspendió las garantías constitucionales. El 17 un grupo de alzados atacó el *Cuartel La Plata*, desarmaron los soldados y confiscaron sus armas. El 1 de marzo Batista declaró la Sierra Maestra libre de insurrectos y el país en paz.

Diez días después, el 13 de marzo un grupo del *Directorio* y los *auténticos*, con Menelao Mora al frente, atacaron sin éxito el palacio presidencial con Batista en el tercer piso. Simultáneamente el *Directorio*, bajo José Antonio Echeverría, tomó posesión de la emisora de radio *CMQ* y trasmitió noticias falsas del asesinato de Batista en palacio. Menelao Mora y José Antonio Echeverría perecieron en sus intentos. Batista sobrevivió el atentado.

FOTO: EL EJÉRCITO TRATANDO DE CONTROLAR LOS ATACANTES A PALACIO.

1957

La pérdida irreparable de manzanita

José Antonio Echeverría Bianchi (1932-1957), cariñosamente conocido como *manzanita*, fue el último gran dirigente de la *Federación Estudiantil Universitaria (FEU)* de Cuba. Había nacido en la ciudad de Cárdenas, Matanzas y cursó estudios en el Colegio Champagnat de los Hermanos Maristas. Fue estudiante de arquitectura en la Universidad de La Habana, habiendo sido electo a la presidencia de la FEU en septiembre de 1954.

Echeverría era una persona pacífica, idealista, muy sensible, inteligente y muy dedicado como líder estudiantil. Por muchos años fue miembro de la Juventud Católica. Después de haber sido detenido, golpeado y encarcelado en varias ocasiones por las fuerzas de Batista fue que fundó con otros el *Directorio Revolucionario*, que se convirtió en el brazo armado de la *FEU*. Nunca dejó de luchar contra Batista después de eso.

El 13 de marzo de 1957, como parte del plan de asalto al Palacio Presidencial, irrumpió en Radio Reloj en La Habana, tomó sus micrófonos y anunció que el tirano había sido ejecutado. Cuando estaba entrando aceleradamente de nuevo a la Universidad, murió en un tiroteo con la policía.

FOTOS: EL PERIÓDICO *PRENSA LIBRE* EL DÍA DE LA MUERTE DE ECHEVERRÍA;
MANZANITA EN UN DESFILE AL FRENTE DE LA UNIVERSIDAD;
SU FOTO DE GRADUACIÓN DE BACHILLERATO.

Castro reconoció no tener respetabilidad

Al fracasar el ataque a palacio, la policía de Batista lanzó uno de sus peores episodios de represión y asesinato. En particular, el liderazgo del *Directorio* fue completamente destrozado, con sus líderes en la cárcel o muertos. El liderazgo de Castro, por otra parte, todavía carecía de la respetabilidad, la madurez y la confianza necesaria de la clase media para convertir al *Movimiento 26 de Julio* en el centro de una coalición de todos los constitucionalistas anti-Batistianos. La lucha, sin embargo, continuó.

El 19 de abril, Esteban Ventura Novo asesinó en un edificio situado en Humboldt 7, La Habana, a miembros del *Directorio* que habían participado en el ataque a la *CMO*; el asesinato fue posible por la denuncia de un conocido miembro de *PSP*.

El 26 de mayo de 1957, el ex-presidente y líder *auténtico* Carlos Prío Socarrás organizó una expedición a Cuba en su yate *Corintia*, al mando del líder auténtico Calixto Sánchez, que desembarcó en Mayarí, Oriente. Todos fueron capturados y fusilados.

El problema de la escasez de seguidores respetables de Castro se alivió cuando dos líderes altamente considerados subieron a la Sierra Maestra y firmaron con Castro el *Manifiesto de la Sierra Maestra* del 12 de julio 1957. El *Manifiesto* atraía el apoyo de los moderados al pedir la formación de un frente liberal-democrático y revolucionario, proponía celebrar elecciones para presidente una vez derrotado Batista y unificaba la oposición prometiendo un tipo de gobierno que tranquilizaba a *auténticos* y a *ortodoxos*.

FOTO: LA REUNIÓN QUE DIO LUGAR AL *MANIFIESTO DE LA SIERRA MAESTRA*; DE IZQUIERDA A DERECHA, RAÚL CHIBAS, FELIPE PAZOS Y CASTRO.

Malos presagios al comenzar el año 1958

El año 1958 parecía traer malos augurios para el régimen de Batista. Varios eventos a finales del 1957 complicaban los esfuerzos del gobierno de traer paz y tranquilidad a la nación.

El 30 de julio José Salas Cañizares, hermano de los conocidos policias asesinos Rafael y Juan, apaleó, golpeó y torturó en el *Callejón del Muro*, Santiago de Cuba, al jefe del *Movimiento 26 de Julio* y de la lucha clandestina en Oriente, Frank País García.

El 5 de septiembre se produjo un levantamiento de la *Marina de Guerra* en Cienfuegos que dio lugar a un bombardeo por la fuerza aérea de Batista. Al recuperar la plaza, Dionisio San Román, jefe de los alzados, fue llevado a La Habana, torturado y asesinado en la casa de José Rodríguez Hernández, contralmirante de la marina de guerra, en el reparto siboney de la capital.

El 30 de noviembre se firmó el *Pacto de Miami*. Por los *ortodoxos* firmaron Roberto Agramonte y Manuel Bisbé; por los *auténticos* Carlos Prío y Manuel Antonio de Varona; por la *FEU*, Carlos Prendes; por el *Directorio*, Faure Chaumont; en nombre de los *Sindicatos* en el exilio, Angel Cofiño y por el *M-26-7*, Felipe Pazos, Mario Llerena y Lester Rodríguez, estos últimos sin conocimiento ni consulta con Castro. Fidel, para asombro de nadie, desautorizó el *Pacto de Miami* desde la sierra el 14 de diciembre de 1957.

Para poner las cosas aun más críticas, el desempleo en Cuba aumentó de 7% en marzo a 18% en diciembre. Peor aún, la represión política había enemistado a la clase empresarial que, en busca de tranquilidad, antes había defendido al gobierno.

FOTOS: LA BASE NAVAL DE CIENFUEGOS Y LA *REVISTA BOHEMIA* DE SEPT. 5 CON LA FOTO DE DIONISIO SAN ROMÁN.

Batista decidió incrementar la represión

En enero de 1958, el *Directorio*, recuperado del duro golpe de marzo de 1957, estableció una base en las montañas del Escambray, en el centro de Cuba. Castro había ya consolidado su liderazgo político y el *Directorio* optó por aceptar el liderazgo del *26 de Julio* cuando un grupo relativamente pequeño de Oriente llegó a hacerse cargo de las operaciones en el centro del país.

El ejército de Batista era ya el único instrumento de poder del gobierno y un vehículo de abuso con prácticas no disimuladas de corrupción, tortura y asesinato. Inteligentemente los insurrectos proclamaron su Ley #1 en febrero: «*Pena de Muerte, sin excepciones, por delitos de asesinato, rapiña o tortura.*» La discordia, comenzó a socavar la moral de las fuerzas armadas, sobre todo cuando empezó a trasmitir *Radio Rebelde* el 24 de febrero de 1958. Favorecidos por una campaña psicológica radial, los *barbudos* comenzaron a derrotar una y otra vez las fuerzas de Batista.

El 9 de abril la oposición declaró una huelga general en toda la isla. En La Habana un grupo de jóvenes asaltó la armería de la calle Mercaderes y comenzó a repartir armas al pueblo. El Cotorro, Guanabacoa, Sagua la Grande y otras poblaciones cayeron en manos de la oposición. La huelga, sin embargo, fracasó. Los comunistas se negaron a incorporarse y el régimen reaccionó brutalmente. El 24 de mayo Batista respondió a la huelga lanzando una ofensiva de verano con infantería, carros blindados, apoyo aéreo y bombardeo naval. De los 24 batallones que estaban asignados, el régimen solo pudo utilizar 6. El ejército nacional comenzaba a dale problemas a Batista.

FOTOS: EL EJERCITO DE BATISTA ORGANIZANDO LA *OFENSIVA DE VERANO*; EN EL CENTRO, EN UN CÍRCULO, EL GENERAL *FRANCISCO TABERNILLA*.

1958

La lucha llegando a su final en el 1958

FOTOS: CARLOS FRANQUI TRANSMITIENDO POR *RADIO REBELDE* DESDE LA SIERRA; BATISTA TRATANDO DE OFRECER BUENAS NOTICIAS A LA PRENSA; EL GOBIERNO TRATANDO DE GANAR ADEPTOS ENTRE LOS INSURRECTOS; COLUMNAS DE ALZADOS EN LAS MONTAÑAS DEL ESCAMBRAY.

1958

Huelga en toda la isla el 9 de abril

Desde las primeras horas del 9 de abril de 1958, grupos de militantes anti-comunistas en toda Cuba se prepararon para un levantamiento general con la intención de derrotar a la tiranía Batistiana. Varias estaciones de radio transmitieron simultáneamente una llamada a la acción: «*Atención cubanos, atención! Una huelga general se ha organizado para hoy. A partir de este momento Cuba entra en la lucha final para derrocar a la dictadura de Fulgencio Batista. ¡Todo el mundo a la calle! La huelga ha comenzado.*»

Cientos de jóvenes cubanos salieron a las calles, lucharon y murieron en el intento. Algunos autobuses fueron asaltados; varias tiendas fueron atacadas; muchos incendios se iniciaron en las calles; la mayoría de las escuelas cerraron sus puertas, pero pocas empresas lo hicieron. Hubo acciones significativas en La Habana, Santa Clara, Ciego de Ávila, Camagüey y Santiago de Cuba. En La Habana los huelguistas tuvieron el control absoluto de Guanabacoa durante varias horas, pero al mediodía la huelga comenzó a retroceder. La mala coordinación y falta de armas hizo que muchos jóvenes fueran masacrados por la policía de Batista. La huelga resultó ser un fracaso total.

Entre los muchos muertos en ese día estuvieron Ciro Hidalgo Pérez, de 22 años, Presidente de la *Juventud Estudiantil Católica (JEC)* en Manzanillo, Luis Morales Mustelier, Presidente de la *JEC* en Oriente y Juan Fernández Duque, miembro del Secretariado Nacional de la *Juventud Católica*. Fueron hechos presos en las oficinas de la *JEC* en Calle L 461, La Habana, y brutalmente torturados y asesinados.

FOTOS: CIRO HIDALGO PÉREZ, LUIS MORALES MUSTELIER Y JUAN FERNÁNDEZ DUQUE.

1958

Bombas y destrucción a lo largo de Cuba
Fotos: BOMBAS DIARIAS TANTO EN CIUDADES COMO EN EL CAMPO.

El ejército nacional ni peleaba ni se rendía

En mayo y junio de 1958 los insurrectos impresionaron a las fuerzas armadas al tomar Merino, El Jigüe, Santo Domingo, Las Vegas de Jibacoa, Santa Cruz del Sur y Las Mercedes. En una conferencia en Caracas en julio de 1958 se organizó un *Frente Cívico Democrático Revolucionario* que abarcó la casi totalidad de las fuerzas anti-Batistianas; eso, unido al erosionamiento del apoyo del gobierno de los EEUU, dio lugar a otra formidable ofensiva planeada contra la guerrilla en la Sierra Maestra.

En agosto la campaña del gobierno fracasó por la ineptitud de las fuerzas armadas. Los *comunistas* se aliaron con el *M-26-7*, en previsión de su papel en la Cuba post-insurreccional.

El *Frente Cívico Democrático* comenzó a entrar en funciones en agosto. José Miró Cardona, coordinador; Castro, comandante en jefe; Manuel Urrutia, presidente de Cuba en armas. Tropas de Camilo Cienfuegos y Ernesto Guevara se movieron hacia el oeste para unirse a las del *Directorio* y fortalecer un segundo frente.

La aceptación del irremediable final fue tan amplia que los ingenios y las industrias comenzaron a pagar sus impuestos a los insurrectos. Un decreto de la Sierra Maestra estableció que *«los participantes en las elecciones convocadas por Batista para el 3 de noviembre serían condenados a treinta años de prisión o la muerte.»*

Las elecciones se llevaron a cabo según convocadas con poca participación en La Habana, Pinar del Rio y Matanzas y ninguna en Oriente y Las Villas. El *NY Times* las caracterizó como *«uno de los actos más corruptos y fraudulentos de la historia de la República.»*

FOTO: LA PRENSA DE CARACAS REPORTANDO SOBRE EL PACTO.

Por fin, para todos llegó el fin...

Andrés Rivero Agüero derrotó a Grau, un *auténtico*, y a Carlos Márquez Sterling, un *ortodoxo*, en las elecciones de noviembre de 1958. Rivero Agüero estaba tan identificado con la brutalidad del ejército de Batista que ni los cubanos ni los americanos lo reconocieron. En su lugar el embajador Earl Smith, y grupos de negocios cubanos, propusieron reemplazar a Batista con una junta militar o con un nuevo gobierno compuesto por elementos conservadores. Ninguna de esas alternativas encontró apoyo.

Castro gozaba en ese momento de grandes simpatías, principalmente por sus promesas de elecciones y reformas en el gobierno. Había también una razón cívico-romántica: era insólito que un ejército rebelde que nunca tuvo más de dos mil miembros, tuviera poca dificultad en tomar el poder de manos de un enorme ejército completamente desmoralizado y desintegrado.

En diciembre, los alzados tomaron Palma Soriano, Cabaiguán, Caibarién, Remedios, Fomento, Guantánamo, Sancti Spíritus, Santa Clara, Sagua de Tánamo y El Caney y sitiaron Santiago de Cuba. Con los insurrectos controlando el este de la isla, se llevó a cabo la llamada *"Batalla de Santa Clara,"* donde fuerzas bajo el mando del Che Guevara y Camilo Cienfuegos compraron la lealtad de oficiales a cargo de defender el gobierno, causaron el descarrilamiento de un tren con tropas y armamentos de Batista y precipitaron el derrumbe final de su ejército.

No encontrando fuerzas militares ni defensas fiables que los protegieran en La Habana, el 31 de diciembre de 1958 Batista, su familia y sus hombres de confianza huyeron de Cuba.

FOTO: EL TREN DESCARRILADO EN LA *"BATALLA DE SANTA CLARA."*

1958

Triunfadores y Derrotados: una Incógnita
FOTOS: LO ÚNICO SEGURO FUE QUE DESAPARECIÓ LA REPÚBLICA.

1958

La Prensa Mundial y el Año 1958 en Cuba

Fotos: Periódicos de Madrid, Bogotá, Paris, Santiago de Chile.

Epílogo

El final de la república no se hizo esperar. El gobierno de Cuba, mal habido, mal dirigido y carente de espuelas morales para defender la república, cayó en las manos ambiciosas y mendaces de truhanes insaciables apañados por el comunismo internacional.

Los buenos cubanos, agotados por una larga sucesión de políticos deshonestos, cifraron sus mejores esperanzas en cualquier alternativa que reemplazara la que sobrellevaban. El peso acumulado de muchos años de pugnas internas e iniquidades de políticos charlatanes y malandrines no pudo ser disimulado muchos años más. Los miles de hombres y mujeres rectos que anhelaban una Cuba próspera y virtuosa como la habían soñado y merecían tantos próceres, perdieron la batalla.

La depredación de los últimos años de la república no fue algo ingénito en el acontecer cubano. Fue la atormentada herencia de muchos años de declive político que sufrió España desde comienzos del siglo XIX con los desaciertos de Fernando VII y el perseverante fervor por el absolutismo. Ese mismo patrimonio lo han adquirido y han seguido padeciendo, aun un siglo después de la independencia, todas las naciones de la América Hispana, e inclusive la propia España del siglo XXI.

Al desaparecer la república de Cuba en diciembre de 1958, más de dos millones de cubanos rechazaron la propuesta marxista y se esparcieron por todo el planeta. Sus éxitos como ciudadanos de otros países y los éxitos de sus descendientes, han demostrado la extraordinaria pérdida de capital humano que sufrió Cuba. Una dislocación de la cual está siendo muy difícil recuperarse.

Apéndices

I   Dos Cartas de Víctor Hugo a las Mujeres cubanas en 1870, durante la Guerra de Independencia de 1868.

II   Presidentes y Mandatarios en Cuba.

III   Manifiesto del 10 de Octubre de 1868.

IV   La Política de Reconcentración de Weyler.

V   Cronología política y personal de Martí.

VI   Cronología de la Guerra de 1868-1878

VII   Cronología de la Guerra de 1895-1898

Apéndice I

Primera Carta de Víctor Hugo
«A las mujeres de Cuba»

Mujeres de Cuba: yo comprendo vuestra súplica. ¡Oh!, desesperadas, os dirigís a mí. Fugitivas, mártires, viudas, huérfanas, demandáis socorro a un vencido. Proscriptas, os tornáis hacia otro proscripto; las que no tienen hogar llaman en su ayuda a quien no tiene patria. Cierto, nuestro agobio es grande, vosotras no tenéis más que vuestra voz, y yo no tengo más que la mía; vuestra voz gime, la mía advierte. Ambos hálitos, en vosotras el sollozo, en mí el consejo, he ahí todo lo que nos queda. ¿Qué somos? ¿La flaqueza? No, somos la fuerza. Porque vosotras sois el derecho y yo soy la conciencia.
La conciencia es la columna vertebral del alma; mientras la conciencia se mantenga recta, el alma se mantiene en pie; sólo tengo en mí esa fuerza, pero ella basta. Y hacéis bien en dirigiros a mí.
   Hablaré por Cuba como he hablado por Creta.
Ninguna nación tiene el derecho de asentar su garra sobre otra, no más España sobre Cuba, que Inglaterra sobre Gibraltar. Un pueblo no posee a otro pueblo así como un hombre no es dueño de otro hombre. El crimen es más odioso aún sobre una nación que sobre un individuo; he ahí todo. Ampliar la magnitud de la esclavitud es acrecentar su indignidad. Un pueblo tirano de otro pueblo, una raza que vampiriza a otra raza, es como la succión monstruosa del pulpo, y esta opresión espantosa es uno de los hechos terribles del siglo XIX. Se ve en esta hora a Rusia sobre Polonia, a Inglaterra sobre Irlanda, a Austria sobre Hungría, a Turquía sobre Herzegovina y Creta, a España sobre Cuba. Venas abiertas y vampiros sobre cadáveres por doquier.
   Cadáveres, no. Borro esa palabra. Ya lo he dicho antes: las naciones sangran, pero no mueren. Cuba tiene toda su vida y Polonia tiene toda su alma.
   España es una noble y admirable nación, y yo la amo; pero no puedo amarla más que a Francia. Y ¡bien! Si Francia tuviese todavía a Haití, de la misma manera que digo a España: ¡Redimid a Cuba!, diría a Francia: ¡Redimid a Haití!
   Y, hablándole así, yo probaría a mi patria mi veneración. El respeto se compone de consejos justos. Decir la verdad es amar.

Mujeres de Cuba, que me decís tan elocuentemente tantas angustias y sufrimientos, me prosterno de rodillas ante vosotras y beso vuestros pies adoloridos. No dudéis; vuestra perseverante patria será recompensada de su pena, tanta sangre no habrá manado en vano, y la magnífica Cuba se erigirá un día libre y soberana junto a sus augustas hermanas, las repúblicas de América.

En cuanto a mí, puesto que demandáis mi pensamiento, os envío mi convicción. En esta hora en que Europa está cubierta de crímenes, en esta obscuridad en que se entrevé sobre las cumbres no se sabe qué fantasmas, que, son infamias portando coronas, bajo el montón horrible de acontecimientos desalentadores, yo levanto la cabeza y espero. Siempre he tenido por religión la contemplación de la esperanza. Poseer por intuición el porvenir basta al vencido. Mirar hoy lo que el mundo verá mañana, es una fortuna. En un instante determinado, cualquiera que sea la obscuridad del momento presente, la justicia, la verdad y la libertad surgirán, y harán su entrada espléndida sobre el horizonte. Doy gracias a dios por concederme desde ahora la certeza; la felicidad que le queda al proscripto en las tinieblas es ver el alba en el fondo de su alma».

Víctor Hugo

Hauteville-House, St. Peter Port in Guernsey, United Kingdom, 15 de enero de 1870.

Segunda Carta de Víctor Hugo
«Por Cuba»

Esos a quienes llaman insurgentes de Cuba me piden una declaración, hela aquí.
En este conflicto entre España y Cuba, la insurgente es España. Al igual que en la lucha de diciembre de 1851, entonces el insurgente era Bonaparte. Yo no miro donde está la fuerza sino donde está la justicia. Pero se dice: ¡la madre patria! ¿Acaso la madre patria no tiene derechos? Entendámonos.

Ella tiene el derecho de ser madre, ella no tiene el derecho de ser verdugo. Pero, en la civilización ¿no existen pueblos mayores y pueblos menores? ¿Los mayores no tienen la tutela de los menores? Entendámonos una vez más.

Dentro de la civilización, la edad mayor no es un derecho, es un deber. Ese deber, en verdad, concede derechos; entre otros el derecho de colonizar. Las naciones salvajes tienen derecho a la civilización como los niños a la educación, y las naciones civilizadas se la deben.

Pagar su deuda es un deber; también es un derecho. De ahí, en los tiempos antiguos, el derecho de la India sobre Egipto, de Egipto sobre Grecia, de Grecia sobre Italia, de Italia sobre la Galia. De ahí, en la época actual, el derecho de Inglaterra sobre Asia y de Francia sobre África, a condición, sin embargo, de no civilizar los lobos por los tigres; con la condición de que Inglaterra no posea a Clyde ni Francia a Pélissier.

Descubrir una isla no da derecho a martirizarla; esta es la historia de Cuba; no es menester partir de Cristóbal Colón para llegar a Chacón.

Que la civilización implique la colonización, que la colonización implique la tutela, sea; pero la colonización no es la explotación; la tutela no es la esclavitud. La tutela cesa de pleno derecho cuando el menor arriba a la mayoría de edad, ya sea el menor un niño o un pueblo. Toda tutela prolongada más allá de la minoridad es una usurpación; la usurpación que se hace aceptar por hábito o tolerancia es un abuso; la usurpación que se impone por la fuerza es un crimen. Este crimen donde quiera que yo lo vea lo denuncio.

Cuba es mayor de edad.

Cuba sólo pertenece a Cuba.

Cuba, en esta ahora, sufre un horrendo e inefable suplicio. Es acosada y maltratada en sus bosques, en sus valles, en sus montañas. Tiene todas las angustias del esclavo prófugo.

Cuba lucha, espantada, soberbia y ensangrentada, contra todas las ferocidades de la opresión. ¿Vencerá? Sí. Entre tanto, sangra y sufre. Y, como si la ironía formara parte de las torturas, se percibe no sé qué burla en este destino feroz que a través de sus diferentes gobernantes, le da siempre el mismo verdugo, sin apenas molestarse en cambiarle el nombre, y que, después de Chacón, envía a Concha, como un saltimbanqui que vuelve al revés su disfraz.

La sangre corre de Puerto Príncipe a Santiago; la sangre corre en las montañas del Cobre, en los montes Carcacunas (¿?), en los montes Guajabos (¿del Guayabo?); la sangre enrojece todos los ríos, el Canto (Cauto), y el Ay (¿Sagua?) la Chica; Cuba pide socorro.

Este suplicio de Cuba, es responsabilidad de España, a quien yo lo denuncio, porque España es generosa. No es el pueblo español el culpable, es el gobierno. El pueblo de España es magnánimo y bueno. Sustraed de su historia al sacerdote y al rey, el pueblo de España sólo ha hecho el bien. Ha colonizado pero como el Nilo que se desborda, fertilizando. El día en que sea el amo, retomará Gibraltar y entregará Cuba. Cuando se trata de esclavos, se crece con lo que pierde. Cuba emancipada engrandece a España, porque crecer en gloria es crecer. El pueblo español tendrá este anhelo: ser libre en su casa y grande fuera de ella».

VÍCTOR HUGO

Hauteville-House, St. Peter Port in Guernsey, United Kingdom, 3 de junio de 1870.

Apéndice II

Presidentes y Mandatarios en Cuba

Bajo la Constitución de Guáimaro
- Carlos Manuel de Céspedes (1869-1873)
- Salvador Cisneros Betancourt (1873-1875)
- Juan Bautista Spotorno (1876)
- Tomás Estrada Palma (1876-1877)
- Francisco Javier de Céspedes (1877)
- Vicente García González (1877-1878)

Bajo la Constitución de Baraguá
- Manuel de Jesús (Tita) Calvar (1878)

(*Desde mayo de 1878 hasta mayo de 1895 no existió la República*)

Bajo la Constitución de Jimaguayú
- Salvador Cisneros Betancourt (Partido Revolucionario Cubano, 1895-1897)

Bajo la Constitución de La Yaya
- Bartolomé Masó y Márquez (Partido Revolucionario Cubano, 1897-1899)

Durante la Primera Intervención de los EEUU
- John R. Brooke (Gobernador Militar, 1899)
- Leonard Wood (Gobernador Militar, 1899-1902)

Durante la Constitución de 1901
- Tomás Estrada Palma (Independiente, 1902-1906)

Durante la Segunda Intervención de los EEUU
- William Howard Taft (Gobernador Provisional Civil, 1906)
- Charles E. Magoon (Gobernador Civil, 1906-1909)

Durante la Constitución de 1901 una vez restaurada
- José Miguel Gómez (Partido Liberal, 1909-1913)
- Mario García Menocal (Partido Conservador Nacional, 1913-1921)
- Alfredo Zayas y Alfonso (Partido Popular Cubano, 1921-1925)
- Gerardo Machado y Morales (Partido Liberal, 1925-1933)

Tras la caída de Machado y la Revolución de 1933
- Alberto Herrera (Interino, 12 de agosto de 1933-13 de agosto de 1933)
- Carlos Manuel de Céspedes y Quesada (Interino, 13 de agosto de 1933-4 de septiembre de 1933)
- Junta de Gobierno o *"La Pentarquía"* Ramón Grau San Martín - Sergio Carbó - Porfirio Franca - José Miguel Irisarri y Guillermo Portela y Möller (4 de septiembre de 1933-10 de septiembre de 1933)
- Ramón Grau San Martín (Directorio Estudiantil Universitario, 10 de septiembre de 1933-16 de enero de 1934)
- Carlos Hevia y Reyes Gavilán (Designado por Antonio Guiteras, Secretario de Gobernación, 16 de enero de 1934-18 de enero de 1934)
- Manuel Márquez Sterling (Interino, 18 de enero de 1934)
- Carlos Mendieta y Montefur (Gobierno de Facto, 18 de enero de 1934-10 de diciembre de 1935)
- José A. Barnet y Vinajeras (Gobierno de Facto, 11 de diciembre de 1935-1936)

- Miguel Mariano Gómez (Partido Acción Republicana, 1936-24 de diciembre de 1936, destituido por el Congreso)
- Federico Laredo Brú (Partido Unión Nacionalista, 24 de diciembre de 1936-1940)

Bajo la Constitución de 1940
- Fulgencio Batista y Zaldívar (Coalición Socialista-Popular, 1940-1944)
- Ramón Grau San Martín (Partido Revolucionario Cubano Auténtico, 1944-1948)
- Carlos Prío Socarrás (Partido Revolucionario Cubano Auténtico, 1948-1952)

Bajo los Estatutos de 1952, tras el Golpe de Estado en 1952.
- Fulgencio Batista y Zaldívar (Gobierno de Facto, 1952-1954)
- Andrés Domingo Morales del Castillo (Interino, 1954-1955)
- Fulgencio Batista y Zaldívar (Partido Acción Progresista, 1955-1959)
- Anselmo Alliegro (Interino como Presidente del Senado, 1959)
- Carlos Piedra (Interino como Presidente del Tribunal Supremo, 1959)

(*A partir del 31 de diciembre de 1958 dejó de existir la República de Cuba*)

Apéndice III

Manifiesto lanzado por Carlos Manuel de Céspedes el 10 de Octubre de 1868

Al rebelarnos contra la tiranía española, queremos que el mundo sepa las razones de nuestra acción.

España nos gobierna con sangre y hierro; nos impone gravámenes e impuestos que le plazcan; nos ha privado de libertades políticas, civiles y religiosas; estamos sometidos a la ley marcial en tiempos de paz; sin el debido proceso, y en desafío de la ley española, los cubanos somos detenidos, exiliados e incluso ejecutados. Se nos prohíbe la libertad de reunión, y si se les permite reunirse a los cubanos, es sólo bajo la atenta mirada de los agentes del gobierno y sus militares; si alguien clama por un remedio a estos abusos, o por cualquiera de los muchos otros males, España lo declara un traidor.

España nos agobia con burócratas rapaces que explotan nuestro tesoro nacional y consumen el producto de nuestro noble trabajo. Así que no podemos conocer nuestros derechos, nuestro pueblo se mantiene ignorante de esos derechos, y para asegurar que las personas se mantienen ignorantes, se evita que las personas participen en la administración pública responsable.

Sin inminente peligro militar, y sin ninguna razón o justificación, España nos impone una presencia militar innecesaria y costosa, cuyo único propósito es aterrorizar y humillarnos.

El sistema de aduanas de España es tan perverso que ya hemos padecido de su miseria que explota la fertilidad de nuestra tierra, mientras aumenta el precio de sus frutos. Ella impone todos los obstáculos imaginables para impedir el avance de nuestra población criolla. España limita nuestra libertad de expresión y la palabra escrita, y nos impide participar en el progreso intelectual de otras naciones.

Varias veces España se ha comprometido a mejorar nuestra condición y nos ha engañado una y otra vez. Ahora no nos queda otro recurso que portar armas contra su tiranía, y tenemos que hacer esto para salvar nuestro honor, nuestra vida y nuestra propiedad.

Apelamos ahora a Dios Todopoderoso, y a la fe y la buena voluntad de las naciones civilizadas. Nuestras aspiraciones son lograr nuestra soberanía y el sufragio universal.

Nuestro objetivo es disfrutar de los beneficios de la libertad, para cuyo uso, Dios creó al hombre. Sinceramente profesamos una política de fraternidad, tolerancia y justicia, y consideramos a todos los hombres iguales, sin excluir a nadie de estos beneficios, ni siquiera los españoles, si desean permanecer y vivir en paz entre nosotros.

Nuestro objetivo es que las personas participen en la creación de leyes y en la distribución y la inversión de las contribuciones.

Nuestro objetivo es la abolición de la esclavitud y compensar los que merecen una compensación. Buscamos la libertad de reunión, la libertad de prensa y la libertad de traer de vuelta una gobernabilidad honesta; para honrar y practicar los derechos inalienables de los hombres, que son los fundamentos de la independencia y la grandeza de un pueblo.

Nuestro objetivo es liberarnos del yugo español, y establecer una nación libre e independiente.

Si España reconoce nuestros derechos, tendrá en Cuba una hija cariñosa; si ella persiste en subyugarnos, estamos resueltos a morir antes de quedar sujetos a una brutal dominación.

Hemos elegido un comandante a quien se le dará la misión de luchar contra esta guerra. Hemos autorizado un administrador provisional para recoger aportaciones y gestionar las necesidades de una nueva administración.

Cuando Cuba sea libre, tendrá un gobierno constitucional creado de una manera inteligente.

Firmado:
Carlos Manuel de Céspedes,
Jaime M. Santisteban,
Bartolomé Masó,
Juan Hall,
Francisco J. Céspedes,
Pedro Céspedes,
Manuel Calvar,
Isaías Masó,
Eduardo Suástegui,
Miguel Suástegui,
Rafael Tornés,
Manuel Santisteban,
Manuel Socarrás,
Agustín Valerino,
Rafael Masó y
Eligio Izaguirre.

Apéndice IV

La Política de Reconcentración de Weyler

La reconcentración fue una política del general Weyler para destrozar militarmente el levantamiento independentista cubano de 1895. Fundamentalmente ordenaba a los a campesinos a concentrarse en poblados cercados, con el fin de evitar contactos con los insurrectos de su medio natural para que no pudieran los combatientes recibir ayuda alguna.

El bando o proclama de Weyler en 1895 decía textualmente:

- Todos los habitantes de las zonas rurales o de las áreas exteriores a la línea de ciudades fortificadas, serán concentrados dentro de las ciudades ocupadas por las tropas en el plazo de ocho días. Todo aquel que desobedezca esta orden o que sea encontrado fuera de las zonas prescritas, será considerado rebelde y juzgado como tal.

- Queda absolutamente prohibido, sin permiso de la autoridad militar del punto de partida, sacar productos alimenticios de las ciudades y trasladarlos a otras, por mar o por tierra. Los violadores de estas normas serán juzgados y condenados en calidad de colaboradores de los rebeldes.

- Se ordena a los propietarios de cabezas de ganado que las conduzcan a las ciudades o sus alrededores, donde pueden recibir la protección adecuada.

Apéndice V

Cronología política y personal de Martí

1853
   28 de enero. Nace José Martí Pérez en La Habana.
1859-1865
   Comienza su instrucción en una escuela de barrio y la sigue en el Colegio "San Anacleto".
1865-1866
   Pasa a la Escuela Municipal de Varones, dirigida por Don Rafael María de Mendive.
1866-1867
   Se inscribe como alumno del Colegio "San Pablo" dirigido por Mendive.
   Publica su soneto "*10 de Octubre*" en el periódico "El Siboney".
   Edita el único número de *"El Diablo Cojuelo"*, redactando el artículo de fondo.
   Publica el drama *"Abdala"*.
1869
   Es condenado a seis años de prisión por la carta que hace conjuntamente con Fermín Valdés Domínguez.
1870
   Es indultado y enviado a la Isla de Pinos.
1871
   En enero parte para España, deportado.
1871-1874
   Escribe *"EL Presidio Político en Cuba"* y *"La República Española ante la Revolución Cubana"*.
   Termina sus estudios de bachillerato y obtiene los títulos de Licenciado en Derecho Civil y Canónico y de Licenciado en Filosofía y Letras.
1875
   Llega a México, donde radica a la sazón la familia.
   Se vincula a la intelectualidad mexicana y comienza a colaborar en la Revista Universal.
   Conoce a Manuel A. Mercado y a la que sería su esposa, Carmen Zayas Bazán.

1877
Hace un rápido viaje a Cuba bajo el nombre de Julián Pérez y de regreso se instala en Guatemala, donde es nombrado catedrático en la Escuela Normal. Vuelve a México para contraer matrimonio y regresa casado con Carmen Zayas Bazán a Guatemala.

1878-1879
Al firmarse el Pacto del Zanjón regresa a Cuba.
Trabaja con el Comité Revolucionario de Nueva York.
En agosto estalla la Guerra Chiquita y en septiembre es detenido y deportado a España.

1880
Sale de España y desembarca en Nueva York.
Vuelve a trabajar con el Comité Revolucionario.
Pronuncia en el *Steck Hall* su primera oración política de gran envergadura.
Fracasa la *Guerra Chiquita* por falta de apoyo en Cuba.

1881
Embarca para Venezuela.
  Enseña francés y literatura.
Escribe en *"La Opinión Pública."*
Funda su célebre *"Revista Venezolana"*.
Lo expulsan de Caracas y regresa a Nueva York.

1882
Escribe para la "Opinión Nacional" de Caracas.
Escribe para "La Nación", el gran diario de Buenos Aires.
Se escribe con Flor Crombet sobre ideas independentistas.
Traduce manuales franceses e ingleses.
Es designado vicecónsul de Uruguay.
Colabora en la revista "La América", editada en Nueva York.
Se escribe con Gómez y Maceo sobre trabajos conspirativos.
Compone *"Ismaelillo"*.

1883
Se dedica intensamente al periodismo.
Colabora en la revista *"América"* .
Expresa su admiración por Bolívar y prepara los escritos de "Nuestra América." **1884-1885**
Pronuncia un discurso en el *Tammany Hall* el 10 de octubre, aniversario del Grito de Yara.

1886-1887

Pronuncia, un elocuente discurso en el *Masonic Temple* el 10 de octubre.

1888

Se funda en Brooklyn el *Club de los Independientes*.
Pronuncia un discurso el 10 de octubre, llamando a la unión y a la concordia.
Escribe para el *"Partido Liberal"*, conocido diario mexicano.

1889-1890

En el verano lanza la revista "La Edad de Oro", dedicada a los niños de América.
Ante la 1ra. Conferencia de Naciones Americanas, presenta su formidable discurso conocido como *"Madre América"*.
Es designado cónsul en Argentina y Paraguay.

1891

Se reúne la Conferencia Monetaria Internacional de Washington, a la que asiste como delegado de Uruguay.
Renuncia al consulado de Argentina por exceso de trabajo.
En el Club "Ignacio Agramante" de Tampa, el 26 de noviembre, presenta el discurso conocido por *"Con todos y para el bien de todos"*, que inicia con estas palabras: *"Para Cuba que sufre, la primera palabra..."*
Pronuncia, el día 27, su discurso *"Los Pinos Nuevos"*.
Escribe en Cayo Hueso las bases del *Partido Revolucionario Cubano*, aprobadas junto con los estatutos secretos, por todos los *Clubes de los Independientes*.

1892

El 14 de marzo publica el primer número de *"Patria"*, órgano del *Partido Revolucionario Cubano*,
fundado para *"lograr la independencia absoluta de la Isla de Cuba y fomentar y auxiliar la de Puerto Rico."* Acepta la elección como Delegado del Partido (máxima figura ejecutiva).
Visita Cayo Hueso, Tampa, Ocala, Jacksonville y San Agustín, estimulando la fundación de clubes revolucionarios.
Visita a Máximo Gómez en Santo Domingo..

1893

Viaja a Nueva Orleans con rumbo a Centro América para entrevistarse con Maceo.
Viaja a la Florida, Filadelfia, Tampa, Cayo Hueso y Jacksonville.

1894
Entrevista en Nueva York con Máximo Gómez.
Nuevo viaje a la Florida, sigue a Costa Rica y Jamaica.
Viaja a México.
Organiza el *Plan de Fernandina*, señalando el alzamiento en armas para el 8 de diciembre de 1894.

1895
Escribe a Maceo, relatándole el fracaso del plan de Fernandina. A Máximo Gómez también le escribe con la misma finalidad.
El 29 de enero le dirige a Juan Gualberto Gómez una nueva orden de levantamiento para la segunda quincena del mes de febrero.
El 24 de febrero estalla en Cuba el movimiento revolucionario minuciosamente preparado por José Martí.
Desde el 7 de febrero se encuentra en Santo Domingo, en compañía de Mayía Rodríguez, Enrique Collazo y Manuel Mantilla, para unirse a Gómez con quien había de salir hacia Cuba.
El 25 de marzo, firma con Máximo Gómez el *Manifiesto de Montecristi*, y redacta y envía la despedida a su madre.
El 11 de abril llega a las costas cubanas en Playitas de Cajobabo, en compañía de Máximo Gómez.
El día 15 de abril, Martí es proclamado Mayor General.
El 25 de abril hacen contactos con fuerzas del General José Maceo.
El 5 de mayo se celebra la entrevista de *La Mejorana*, entre Gómez Martí y Antonio Maceo.
El 19 de mayo, después de dirigirse en un discurso a las tropas del General Bartolomé Masó, se produce en *Boca de Dos Ríos* una violenta escaramuza en donde pierde la vida.

Apéndice VI

Cronología de la Guerra de 1868-1878

10 de octubre de 1868, el Levantamiento de la Demajagua y el Manifiesto del 10 de Octubre.

11 de octubre de 1868, Ataque a Yara.

20 de octubre de 1868, Ataque y Toma de Bayamo, Letra del Himno Nacional en Bayamo.

4 de noviembre de 1868, Primera carga al machete en Pinos de Baire.

4 de noviembre de 1868, Levantamiento de las Clavellinas.

26 de noviembre de 1868, Reunión de Minas.

Enero de 1869, Acciones de los voluntarios en La Habana.

11 de enero de 1869, Incendio de Bayamo.

10 de abril de 1869, Asamblea de Guáimaro.

15 de enero de 1871, Deportación de Martí hacia España.

Julio de 1871, Inicio de la Invasión a Guantánamo.

4 de agosto de 1871, Combate del Cafetal La Indiana.

8 de octubre de 1871, Rescate de Sanguily.

1871, Se publica la obra *El Presidio Político en Cuba* de José Martí.

27 de noviembre de 1871, Fusilamiento de los Estudiantes de Medicina.

1873, Se publica *La República Española ante la Revolución Cubana* de José Martí.

11 de mayo de 1873, Muerte de Ignacio Agramonte en Jimaguayú.

27 de octubre de 1873, Destitución de Carlos Manuel de Céspedes en Bijagual.

9 de noviembre de 1873, Combate de La Sacra.

2 de diciembre de 1873, Combate de Palo Seco.

10 de noviembre de 1874, Combate del Naranjo.

27 de febrero de 1874, Muerte de Céspedes en San Lorenzo.

15 al 19 de marzo de 1874, Batalla de las Guásimas.

6 de mayo de 1875, Cruce de la Trocha.

17 de abril de 1875, Sedición de Lagunas de Varona.

4 de agosto de 1876, Muerte de Henry Reves en Yaguaramas.

10 de mayo de 1876, Máximo Gómez se retira del territorio.

11 de mayo de 1877, Sedición de Santa Rita.

5 de julio de 1877, Carta de Maceo a Vicente García.

4 de febrero de 1878, Combate de Juan Mulato.

7 de septiembre de 1878, Combate de San Ulpiano.

10 de febrero de 1878, Firma del Pacto del Zanjón.

15 de marzo de 1878, Protesta de Baraguá.

Apéndice VII

Cronología de la Guerra de 1895-1898

1880 : En enero, Martí se establece en New York.
En febrero, las cortes españolas decretan el fin de la esclavitud.
En mayo Calixto García llega a Cuba con 20 hombres.
En septiembre se da por terminada la Guerra Chiquita.

1881: Se inicia el servicio telefónico en La Habana.
En julio Martí es expulsado de Caracas por el dictador Antonio Guzmán Blanco.

1883: En diciembre Ramón Leocadio Bonachea es capturado en Manzanillo y fusilado.

1884 : En octubre, Maceo y Máximo Gómez se entrevistan con Martí en Nueva York. Discrepan sobre el mando de la guerra. Martí le escribe a Máximo Gómez «Un pueblo no se funda, General, como se manda un campamento.»

1885: En mayo, el general Limbano Sánchez desembarca en Baracoa. Muere en septiembre.

En noviembre muere don Alfonso XII y hereda el trono Isabel II. Como regente comienza a actuar su madre, María Cristina.

1886: En junio, nace como hijo póstumo el rey Alfonso XIII.
En noviembre, fallece en La Habana Rafael María de Mendive.

1889: En enero se inaugura el tendido eléctrico en La Habana, Cárdenas y Camagüey.
En junio muere en Guanabacoa el pintor costumbrista Víctor Patricio Landaluce.

1890 : En enero, Maceo regresa a Cuba y se entrevista en Santiago con Flor Crombet.
En julio, Martí publica *La Edad de Oro*.
Se inauguran en La Habana el *Teatro Alhambra* y en Cienfuegos el *Teatro Terry*.

1891 : Tratado comercial reciprocidad entre España y EE.UU.
En abril, el diputado español Romero Robledo presta a Trasatlántica Española 5 millones de pesetas del Tesoro de Cuba. Por su arbitraria corrupción, se considera uno de los responsables del auge del independentismo cubano. En noviembre Martí pronuncia los discursos *Para Cuba que Sufre...* y *Los Pinos Nuevos*.

1892 : En enero, Martí funda el Partido Revolucionario Cubano. Polavieja dimite como capitán general. Por Real Decreto se eliminan los títulos doctorales de la Universidad de La Habana.

1893 : En junio, Maura presenta el proyecto de gobierno autónomo para Cuba y Puerto Rico.
En octubre, muere en La Habana Julián del Casal.

1894: En agosto, Martí se entrevista en México con Porfirio Díaz.
En diciembre, Martí aporta sus ahorros para el Plan de Fernandina.

1895 : En enero, el Plan de Fernandina fracasa por una delación.
En febrero, el Grito de Bayate o de Baire.
En abril, Maceo y Flor Crombet desembarcan en Duaba y Martí y Máximo Gómez en Playitas. Flor Crombet muere en combate en pocos días. Martí se reune con José Maceo cerca de Guantánamo.
En mayo, Martí se encuentra en *La Mejorana* con Maceo. Unos días después Martí muere en Dos Ríos a los 42

años.

En julio Maceo derrota a Santocildes y Martínez Campos en Manzanillo.

En septiembre, Betancourt Cisneros es nombrado presidente en Jimaguayú.

En octubre Maceo inicia la invasión de Cuba partiendo de Mangos de Baraguá.

En noviembre, Máximo Gómez ordena la destrucción de vías férreas y haciendas.

1896 : En enero, Maceo entra en Alquízar, provincia de La Habana y en Cabañas, Mantua y Guane, provincia de Pinar del Rio. Weyler releva a Martínez Campos por orden de la Corona (Cánovas).

En febrero Maceo, en pocos días, amenaza a Artemisa, Batabanó, Matanzas y Cárdenas mientras Máximo Gómez asedia a Las Villas.

En abril, Maceo derrota las fuerzas de Weyler en Peladero de Tapia, Pinar del Rio.

En julio muere José Maceo en Loma del Gato, Oriente.

En Octubre, Weyler lanza en Bando de Reconcentración. En La Habana mueren 52,000 personas en los próximos seis meses.

En Diciembre, Maceo muere en combate en Punta Brava. Junto a él cae Panchito Gómez Toro, hijo de Máximo Gómez.

1897 : En marzo, el desembarco de la expedición del *Laurada*, con Carlos Roloff y Joaquín Castillo Duany, refuerza las tropas de Calixto García.

En agosto, Calixto García toma Victoria de Las Tunas. Cosme de la Torriente se incorpora a las tropas de Máximo Gómez. Antonio Cánovas muere asesinado por el anarquista Angiolillo.

En octubre se aprueba la Constitución de la Yaya en Guáimaro, Camagüey. Ramón Blanco releva a Weyler como Capitán General, por orden de Sagasta.

En noviembre, Calixto García toma Guisa. Madrid decreta una amplia amnistía para los alzados que se presenten. Máximo Gómez responde con un Bando advirtiendo a cualquier oficial que se acoja sufrirá la pena de muerte.

1898 : En enero, comienza el gobierno autónomo en Cuba. EEUU envía el *Maine* a la Habana.

Un Bando del gobierno cubano en armas señala que no aceptará ningún final de las hostilidades que no incluya la independen cia.

En febrero ocurre la extraña voladura del acorazado *Maine* en la bahía de La Habana.

En marzo, describen en el Senado las inhumanas condiciones de vida que presenció un senador ede EEUU n Cuba. El capitán general Blanco ofrece a Máximo Gómez un frente común ante los americanos. Comienza a for marse en Cádiz una fuerza naval para defender a Cuba de los EEUU.

En abril, el presidente McKinley aprueba una propuesta del Congreso exigiendo la retirada española de Cuba. Es paña rompe relaciones diplomáticas con EE.UU. Was hington ordena al cónsul de EEUU en La Habana a aban donar la ciudad. La tropa del almirante Cervera arriba a Cabo Verde. El almirante declara «Vamos a un sacrificio tan estéril como inútil...»El Congreso americano produce la Resolución Conjunta. La tropa de Calixto García se ins tala en Bayamo.

En junio, Shafter desembarca 6,000 hombres en Daiquiri, 3,000 en Siboney. Entre cubanos y americanos ya son mas de 22,000 hombres combatiendo en Santiago y los alrededores. La flota americana bloquea la bahía de San tiago con 19 naves. La flota comienza a bombardear los fuertes de La Socapa y El Morro. En la ciudad escasean los alimentos.

En julio, la flota de Cervera en obligada por el capitán general Ramón Blanco a salir de la bahía de Santiago. Días después se rinde en Santiago el ejército y la marina española. El gobierno español solicita el armisticio. A fi nales de mes los EEUU y España abren negociaciones en Paris.

Indice de Temas

A

ABC, 302, 305, 308, 311, 314, 316, 317, 320, 323, 324, 325, 333. 337
Acción Republicana, 323
Acción Revolucionaria Guiteras (ARG), 321
Acción Unitaria (PAU), 346, 351
Acera del Louvre, 133
Agustín Acosta, 303
Alameda de Paula, 72, 117
Aldama, 117, 121, 125, 129, 134, 135, 161, 167, 171, 182
Alfonso, 121, 129, 182, 280, 383, 394
Alfonso XII, 182
Alfredo Zayas, 255, 260, 261, 264, 270, 275, 279, 283, 293, 319, 383
Alonso Pujol, 341, 345
Anarquistas, 149, 270, 272, 280, 281, 290, 293
Anibal Escalante, 290
Apodaca, 99
Aponte, 98, 126
Arango y Parreño, 58, 76, 77, 80, 95, 97, 102, 106, 107, 116
Aróstegui, 58, 60, 62, 95
Arrechabala, 292
Asamblea Constituyente, 200, 236, 310, 321, 323, 324, 326, 327
Asamblea del Cerro, 228
Asiento, 41, 54
Asociación de Veteranos, 268, 292
Astilleros, 85, 86
Atarés, 68, 113
Avellaneda, 125, 137
Azúcar, 10, 28, 60, 80, 85, 104, 110, 131, 245, 248, 254, 280, 283, 286, 289, 290, 292, 299, 320, 321, 330, 337

B

Bachiller y Morales, 58, 99
Banco Nacional, 286, 344, 364
Baracoa, 22, 23, 26, 33, 98, 182, 190
Baraguá, 4
Bartolomé de las Casas, 23
Bartolomé Masó, 166, 191, 196, 207, 237, 242, 383, 386, 391
Batalla de Trafalgar, 87, 110
Bayamo, 23, 26, 42, 63, 106, 116, 140, 141, 143, 160, 164, 180, 191, 197, 208, 218, 236, 258, 280, 392, 396
Bejucal, 56, 80, 104, 110, 202
Betancourt Cisneros, 103, 121, 123, 395
Bijagual, 160, 166, 392
Blas Roca, 290, 325
Bohemia, 336, 364, 368
Bonachea, 171, 181, 393
Borbones, 64, 65, 85, 86, 138
Bry, 31
Bucaneros, 26, 27, 46
Bureau de Represión de Actividades Comunistas (BRAC), 357

C

Cabrera Infante, 352
Cacaragícara, 269
Cádiz, 60, 68, 94, 97, 99, 101, 105, 107, 119, 132, 396
Caffery, 318
Calixto García, 33, 62, 156, 159, 164, 174, 176, 177, 180, 207, 208, 209, 216, 218, 221, 222, 226, 228, 237, 271, 310, 393, 395, 396
Caminos de Hierro, 268
Canarios, 55, 104, 303
Cánovas del Castillo, 136
Caribes, 13
Caridad del Cobre, 43
Carlos Prío, 294, 312, 319, 325, 338, 341, 343, 349, 363, 367, 368, 384
Carlos Roloff, 168, 197, 206, 395
Catedral, 36, 61, 71, 194, 244, 297
Cauto, 33, 206, 208, 250, 280, 381
Cayo Hueso, 176, 311, 390
Cervera, 213, 216, 219, 221, 224, 396
Céspedes, 58, 125, 140, 141, 144, 146, 147, 148, 155, 156, 157, 160, 161, 162, 166, 169, 170, 194, 247, 275, 311, 312, 313, 320, 382, 383, 386, 392, 393

RAÍCES CUBANAS 397

Chambelona, 266, 279, 280, 284
Chaparra, 271, 274
Charada China, 253
Charles Magoon, 260, 264
Chopin, 117, 125
Cimarrones, 22, 83
Cirilo Villaverde, 99, 124, 127, 129, 149
Cisneros Betancourt, 121, 160, 162, 165, 166, 191, 200, 237, 239, 273, 382
CMO. 346, 365, 367
Coalición Democrática Socialista, 327
Cojímar, 50, 65
Colegio Carraguao, 112
Collazo, 191, 228, 391
Comité de Tregua, 171
Comité del Centro, 169, 171
Compostela, 71, 184
Concha, 127, 138, 156, 381
Conde de Villanueva, 102, 108. 110
Confederación de Trabaiadores de Cuba (CTC), 323, 343
Conjunción Centralista Nacional, 320
Constitución de 1812, 94, 95, 101, 105, 107, 116, 119
Contramaestre, 4, 195
Corsarios, 26, 27, 30, 34, 35, 44, 46, 49, 53, 63, 244
Cortes, 94, 95, 96, 99, 106, 107, 114, 119, 129, 131, 132
Cosme de la Torriente, 273, 275, 276, 280, 293, 358, 363, 395
Cristóbal Colón, 10, 18, 26, 224, 381
Cuartel Moncada, 354, 355
Cuba Cane, 292

D

Daiquirí, 216, 218, 271
Dauntless, 206
De Inteligencia Militar (SIM), 353
De la Nación (MN), 358
Diálogo cívico, 358
Diario de la Marina, 141, 207, 252, 263, 278, 301, 302, 303, 318, 319, 320, 332, 336
Diego Grillo, 45
Domingo del Monte, 111, 119, 120, 121, 125, 130
Domingo Dulce, 134, 136, 138, 143, 146
Donato Mármol, 143, 155, 164
Dos Ríos, 195, 242, 391, 394

E

Echeverría, 141, 359, 365, 366
Eduardo Chibás, 294, 341, 346
Ejército Nacional, 258
El Aserradero, 218
El Caney, 218, 222, 224, 271, 374
El Cobre, 28, 191
El Extraño, 334
El Fígaro, 181, 303, 332
El Heraldo de Cuba, 272, 309, 310
El Louvre, 133
El Morro, 35, 50, 65, 68, 396
El Olonés, 26, 46
El País, 181, 184, 320
El Príncipe, 68, 331, 346
El Templete, 74
El Vedado, 50, 306, 328
Emilio Nuñez, 180, 237, 255, 270, 283, 325
Emilio Tró, 334, 338, 339
Encomiendas, 20
Enmienda Platt, 227, 239, 242, 247, 248, 250, 255, 257, 258, 260, 281, 284, 293, 308, 315, 318, 319
Enoch Crowder, 281, 284, 285, 288, 289
Enrique José Varona, 115, 181, 235, 270, 271, 273, 280
Esclavitud, 182
Esclavos, 22, 29, 31, 38, 39, 40, 41, 54, 64, 67, 75, 80, 83, 98, 100, 113, 117, 120, 121, 122, 128, 141. 157, 182, 382
Espada, 71, 89, 112, 153
Espejo de Paciencia, 42
Estados Unidos, 25, 72, 84, 124, 183, 215, 226, 232, 233, 234, 239, 247, 256, 261, 323
Estanco del Tabaco, 55. 57
Estatuto Real. 114
Esteban Ventura, 367
Estrada Palma, 168, 170, 234, 242, 243, 245, 246, 247, 249, 250, 253, 254, 255, 256, 257, 258, 259, 263, 276, 284, 310, 382, 383
Eusebio Mujal, 325, 343
Evaristo Estenoz, 264, 267, 270, 271

F

Facciolo, 127

Federación Estudiantil Universitaria, 289, 300, 343, 366
Felipe Pazos, 344, 364, 367, 368
Felipe Poey, 58, 112
Félix Varela, 71, 78, 97, 100, 106, 119, 130
Fermín Valdés Domínguez, 130, 143, 186, 388
Fernando VII, 91, 95, 101, 102, 107, 118, 119, 377
Ferrocarriles. 268
Fidel Castro Ruz, 334. 337. 340
Finca Kukine, 349
Flor Crombet, 182, 186, 190, 199, 389, 394
Flota de Indias, 29
Forestier, 296, 297
Fortaleza del Príncipe, 297
Francis Drake, 26, 46
Francisco Maceo, 136, 140
Francisco Vicente Aguilera, 112, 136, 140, 147, 148, 155
Frank País. 361, 368
Frente Cívico Democrático, 373
Fuerza Vieja, 30
Fulgencio Batista, 312, 314, 327, 338, 347, 357, 371, 384

G

Galvanic, 141, 147
Gansterismo, 333, 334, 338, 343, 346, 354
Gastón Baquero, 352
Gener, 106, 107, 120, 128
Generación del 33, 294. 344
Genovevo Pérez Dámera, 346

Gerardo Machado, 292, 294, 296, 299, 300, 323, 383
Gilberto Girón, 42
Goicuría, 129, 130, 131, 147, 360
Goya, 70, 74, 91, 93
Grau, 302, 314, 315, 316, 317, 319, 320, 321, 323, 324, 325, 326, 327, 332, 333, 334, 335, 336, 337, 338, 342, 343, 344, 345, 346, 347, 357, 374, 383, 384
Grito de Yara, 141, 389
Guáimaro, 4, 126, 147, 148, 236, 382, 392
Guanabacoa, 56, 63, 80, 103, 105, 257, 288, 291, 352, 369, 371, 394
Guanahatabeyes, 12
Guantánamo, 33, 46, 49, 155, 180, 191, 197, 247, 271, 280, 361, 374, 392, 394
Guerra Chiquita, 174, 180, 389
Guerra de los 30 Años, 44
Guerrita de Agosto, 256, 257
Guillermón Moncada, 155, 177, 180, 190, 191, 199
Guiteras, 255, 294, 314, 315, 319, 321, 334, 338, 383

H

Haití, 19, 21, 75, 83, 116, 120, 132, 187, 361. 379
Hatuey, 20, 21, 33
Henri Morgan, 26
Herbert Matthews, 364
Heredia, 103, 106, 115, 179, 194, 303
Holguín, 140, 155, 156, 159, 164, 170, 177, 197, 206, 208, 361

Hotel Nacional, 316, 328
Humboldt, 76, 80, 367

I

Iglesia Católica, 227, 291
Inglaterra, 34, 46, 49, 53, 54, 64, 90, 91, 111, 114, 131, 133, 134, 261, 320, 379, 381
Insurrectos, 143, 201, 206, 274, 363, 364, 365, 369, 370, 373, 374, 387
Isabel II, 117, 118, 130, 131, 132, 133, 134, 138, 141, 160, 182, 230, 247, 394

J

Jacques de Sores, 26, 30, 35, 194, 244
Jagüey Grande, 188, 191, 274, 303
Jardín Botánico, 77, 268
Jesuitas, 25, 36, 61, 69. 71
Jesús del Monte, 56, 57, 104
Jiguaní, 33, 140, 160, 164, 191, 208, 218
Jimaguayú, 4, 126, 160, 200, 236, 382, 392, 395
Jorge Mañach, 289, 319, 325, 358
Jorrín, 112, 134
José Antonio Echeverría, 365
José Antonio Saco, 71, 113, 114, 116, 119, 121, 129, 135, 136, 177
José Miguel Gómez, 250, 253, 255, 256, 264, 265, 266, 268, 270, 271, 272, 276, 278, 279, 283, 284, 310, 383
José Pardo Llada, 353, 358
José Raúl Capablanca, 287

Juan Gualberto, 130, 144, 186, 188, 191, 209, 237, 239, 254, 255, 257, 261, 281, 391
Julián del Casal, 137, 184, 188, 303, 394
Julio Lobo, 337, 363
Julio Sanguily, 168, 307
Junta Cubana, 129, 131, 147, 157
Junta de Información, 136, 137
Justo Carrillo, 346, 358
Juventud Católica, 366, 371
Juventud Estudiantil Católica (JEC), 371

L

La Cabaña, 30, 50, 70, 262, 273, 308, 328
La Chata, 349
La Edad de Oro, 186, 390, 394
La Española, 18, 19, 21, 22, 23, 38
La Florida, 64
La Ilustración Española, 251
La Joven Cuba, 319
La Luisiana, 64, 84
La Mejorana, 190, 391, 394
La Pepa, 94
La Punta, 35, 50, 68
La Voz de Cuba, 204
La Yaya, 207, 236, 383
Lagunas de Varona, 165, 167, 168, 170, 393
Lanuza, 232, 273
Laredo Bru, 292, 319, 320, 321, 322, 327
Las Guásimas, 156, 159, 218, 223
Las Tunas, 156, 159, 165, 166, 168, 207, 208, 310, 395
Laurada, 206, 395
Lawton, 224
Leonard Wood, 223, 227, 233, 234, 235, 249. 383
Ley de Coordinación Azucarera, 321, 323
Ley Morúa, 250, 270
Leyenda Negra, 31
Library of Congress, 8
Limbano Sánchez, 182, 209, 393
Lotería, 99, 250, 253, 255
Luz y Caballero, 75, 78, 112, 119, 120, 121, 237

M

Madame Griffon, 181
Maine, 211, 213, 214, 215, 297, 395
Mal Tiempo, 197, 198, 200
Manolo Castro, 334, 340
Manuel Bisbé, 353, 368
Manuel Sanguily, 115, 232, 237, 239, 255, 266
Manzanillo, 140, 141, 156, 164, 181, 191, 278, 331, 340, 371, 393, 395
Manzanita, 366
María Cristina, 118, 138
Marines, 279, 284
Mario García Menocal, 257, 260, 264, 270, 271, 272, 274, 279, 282, 283, 284, 292, 316, 383
Mario Salabarría, 334, 338, 339
Marquesa de Merlín, 99
Márquez Sterling, 272, 276, 312, 325, 353, 374, 383
Martínez Campos, 138, 147, 155, 169, 170, 171, 172, 174, 176, 177, 187, 191, 197, 198, 199, 201, 342, 395
Martínez de Pinillos, 102, 108, 110, 113
Martínez Sáenz, 302, 319, 325, 337
Martínez Villena, 289, 290
Masferrer, 334, 338, 343, 346, 347
Matanzas, 45, 63, 67, Mayarí Arriba, 155
Mayía Rodríguez, 191, 391
Médico Chino, 123
Mella, 288, 289, 290, 300, 303, 316
Méndez Capote, 207, 232, 250, 255, 256, 258
Mendieta, 302, 303, 305, 316, 317, 318, 319, 320, 383
Menelao Mora, 365
Mestre, 141, 157
Miahle, 64, 72, 130
Miguel Coyula, 275, 325
Miguel Mariano Gómez, 265, 316, 319. 320. 384
Miró Cardona, 373
Mojacasabe, 159
Montecristi, 190, 360, 391
Montoro, 130, 209, 261, 264, 275
Morales Lemus, 134, 136, 141, 147
Morell de Santa Cruz, 65
Morín Dopico, 338, 339
Movimiento 26 de Julio, 359, 360, 361, 367, 368

Movimiento Socialista Revolucionario (MSR), 334, 338, 343
Movimiento Veteranista, 264

N

Narciso López, 97, 119, 121, 124, 129
New York Herald, 162
New York Sun, 162
New York Times, 162, 208, 223, 335, 364
New York Tribune, 162, 265
Nicolás Castellanos, 345
Nicolás de Mahy, 105, 106
Nuestra América, 187, 389
Núñez Portuondo, 283, 341

O

O'Donnell, 120
O'Reilly, 58, 70, 153
Orestes Ferrara, 270, 275, 294, 309, 310, 311, 325
Orlando León Lemus, 334, 338, 343, 346

P

Pacto de Zanjón, 164, 169, 171, 176
Palacio Presidencial, 308
Palo Seco, 156, 159, 392
Panchito Gómez Toro, 203, 204, 252, 395
Papel Periódico de la Habana, 78
Paris, 120, 125, 129, 179, 226, 266, 297, 331. 376, 396
Partagás, 128
Partido Acción Republicana, 320, 325, 384
Partido Comunista, 290, 300, 323, 324, 325, 326, 327, 347
Partido Comunista Cubano (PCC), 300
Partido Conservador, 258, 270, 383
Partido de la Cubanidad, 357
Partido del Pueblo Cubano. 341
Partido Demócrata, 321, 325
Partido de Independientes de Color, 264, 266. 284
Partido Laborista Cubano, 324
Partido Liberal, 245, 255, 256, 258, 270, 320, 325, 383, 390
Partido Liberal Histórico, 258
Partido Moderado, 245, 255, 258
Partido Nacional Liberal, 254
Partido Republicano, 254, 255, 345
Partido Revolucionario Cubano, 187, 319, 321, 325, 327, 335, 382, 383, 384, 390, 394
Partido Socialista Popular PSP, 335
Partido Unión Nacionalista, 320. 384
Partido Unión Republicana, 321
Paseo del Prado, 117, 297, 319
Pata de Palo, 26, 45
Patria, 143, 144, 187, 235, 271, 390
Pedraza, 312, 330, 336
Pedro Ivonet, 264
Pelayo Cuervo, 325, 344, 347
Pentarquía, 314, 315, 383
Peralejo, 196, 197
Piratas, 26, 30, 34, 35, 41, 44, 45, 46, 49, 63, 194, 244, 268
Plácido, 120, 127
Plaza de Armas, 102, 297
Plaza del Cristo, 47
Polavieja, 180, 186, 394
Porra Machadista, 305
Pote, 286
Pozos Dulces, 124, 131, 134, 135
Prensa Libre, 332, 364, 365, 366
Protesta de Baraguá,, 269
Protesta de los Trece, 289, 290
Puerto Príncipe, 22, 23, 49, 63, 106, 121, 126, 381

Q

Quesada, 42, 141, 147, 148, 157, 196, 237, 260, 275, 311, 383

R

Rafael Trejo, 301
Ramiro Guerra, 235
Ramón Barquín, 360
Ramón Blanco, 174, 177, 207, 213, 395, 396
Ramón de la Luz, 75
Rayos y Soles de Bolívar, 103, 106
Real Compañía de Comercio, 55, 60, 62
Reconcentración, 203, 207, 378, 387, 395
Reformismo, 76
Remedios, 26, 63, 266, 272, 374
República en Armas, 200, 237
Revolución Americana, 73

Rius Rivera, 242, 255
Roberto Agramonte, 341, 347, 353, 368
Rogerio Zayas Bazán, 330
Roosevelt, 215, 233, 243, 247, 257, 260, 299, 308, 312, 313, 315, 323
Rosalía Abreu, 277
Rough Riders, 223, 224, 233
Rubén Darío, 184
Rufo López Fresquet, 358

S

Salas Cañizares, 361, 368
Sampson, 216, 218, 219, 221, 224
San Alejandro, 74, 77, 108, 130
San Carlos, 71, 78, 100, 183
San Gerónimo, 58, 71
San Juan, 58, 63, 218, 222, 224, 249, 257
Sancti Spíritus, 22, 23, 49, 63, 121, 181, 197, 203, 279, 374
Santa Clara, 257, 274, 277, 289, 292, 293, 310, 344, 371, 374
Serafín Sánchez, 198, 203, 209
Sergio Carbó, 283, 314, 364, 383
Serrano, 109, 134, 135, 138, 160, 286
Shafter, 216, 218, 221, 222, 396
Siboney, 130, 216, 218, 388, 396
Siboneyes, 12, 13
Sociedad de Amigos de la República (SAR),, 358
Someruelos, 91, 93, 95
Spottorno, 165, 166, 168
St. Louis, 322
Sumner Welles, 299, 307, 308, 312, 313, 315, 316

T

Tabacaleros, 56, 128, 281
Tabaco, 10, 13, 14, 54, 55, 56, 57, 60, 62, 85, 104, 108, 128, 203, 208, 268, 321
Tacón, 47, 62, 71, 109, 110, 113, 114, 116, 117, 119, 122, 283
Taínos, 12, 13, 14, 21, 33
Teatro Coliseo, 72
Teatro Nacional, 283
Teatro Principal, 72, 117, 130
Teatro Villanueva, 144, 146
Teodoro de Bry, 31
Theodore Roosevelt, 215, 223, 224, 233, 234
Tomás Romay, 48, 77. 89
Tribunal de Cuentas, 346
Trinidad, 23, 26, 46, 49, 55, 63, 80, 86, 121, 129, 197, 319
Trocha, 165, 191, 200, 393

U

Unión Insurreccional Revolucionaria (UIR), 334, 338, 343

V

Valmaseda, 138, 141, 143, 147, 153, 155, 168
Vegueros, 56, 57, 67
Velázquez, 20, 23, 25, 28, 31, 41
Vermay, 23, 74
Vicente García, 159, 160, 165, 166, 168, 171, 176, 382, 393
Víctor Hugo, 111, 149, 179, 378, 379, 380, 382
Virginius, 161, 162
Voluntarios, 144, 146, 161, 163
Vuelta Abajo, 129, 134

W

Weyler, 141, 155, 175, 203, 206, 207, 213, 276, 378, 387, 395

Z

Zenea, 155, 157

Raúl Eduardo Chao recibió su doctorado de la Universidad Johns Hopkins a los 25 años y después de un breve paso por la industria estuvo 18 años en el mundo académico, como profesor titular y Director de los Departamentos de Ingeniería Química en las Universidades de Puerto Rico y Detroit. En 1986 fundó una empresa de consultoría enfocada a ayudar a empresas y agencias gubernamentales para desarrollar un ambiente de trabajo positivo e implementar técnicas de mejora de procesos para asegurar mejoras simultáneas en productividad y calidad.

El *Grupo Systema* tuvo como clientes empresas de las catalogadas como Fortune 100 y diversdas organizaciones federales y estatales, tanto en los EE.UU. como en el extranjero. Como Presidente de Systema, Chao ha escrito una docena de libros y numerosos artículos en periódicos y revistas de negocios. Él y su esposa Olga viven en Lakeland, Florida y pasan largos períodos de tiempo en París.

Este libro ha sido impreso en los Estados Unidos.
La fuente utilizada en todo el texto ha sido *Palatino Linotype*, unode los estilos tipograficos clásicos inspirados en diseños del calígrafo Giambattista Palatino, italiano del siglo 16.
Esa fuente fue reeditado en 1948 por Hermann Zapf para la *Linotype Foundy*, la empresa creada por Ottmar Mergenthaler, un inmigrante alemán de los EEUU que inventó la revolucionaria máquina de composición de líneas que se utilizó por primera vez en 1890 el periódicoNew York Tribune.
La fuente utilizada en las portadas, páginas de título, títulos y adornos es P22 Franklin Caslon, una interpretación fiel del tipo utilizado por Benjamin Franklin en la década de 1750 en su taller de impresión y sobre todo en su *Almanaque del Pobre Richard*.
Esta fuente fue desarrollada en 2006 por la Cámara Internacional de Fuentes para el Museo de Arte de Filadelfia para conmemorar el 300 cumpleaños de nuestro Padre Fundador más notable.
El tipo de letra que acompaña a las fotografías e ilustraciones está Verdana; un tipo de letra humanista sans-serif diseñada por Matthew Carter por Microsoft Corporation, con variaciones hechas por Tom Rickner, entonces en Monotype.
La demanda de un tipo de letra tan clara y fácil de leer fue reconocido por Virginia Howlett del grupo tipográfico de Microsoft.
El nombre "*Verdana*" se basa en una mezcla de verde (algo verde, como el campo en el área de Seattle y Ana (el nombre de la hija mayor de Howlett).

www.ingramcontent.com/pod-product-compliance
Ingram Content Group UK Ltd.
Pitfield, Milton Keynes, MK11 3LW, UK
UKHW022229230426
12048UKWH00016BA/1145